西北师范大学青年文丛

古代西北地区民族与社会问题研究

黄兆宏◎著

中国社会科学出版社

图书在版编目（CIP）数据

古代西北地区民族与社会问题研究／黄兆宏著．—北京：中国社会科学出版社，2017.8

（西北师范大学青年文丛）

ISBN 978-7-5203-0753-6

Ⅰ.①古… Ⅱ.①黄… Ⅲ.①民族地区-社会问题-研究-西北地区-古代 Ⅳ.①D691.9

中国版本图书馆 CIP 数据核字(2017)第 174634 号

出 版 人　赵剑英
责任编辑　王　茵
责任校对　胡新芳
责任印制　王　超

出　　版　中国社会科学出版社
社　　址　北京鼓楼西大街甲 158 号
邮　　编　100720
网　　址　http://www.csspw.cn
发 行 部　010-84083685
门 市 部　010-84029450
经　　销　新华书店及其他书店

印　　刷　北京明恒达印务有限公司
装　　订　廊坊市广阳区广增装订厂
版　　次　2017 年 8 月第 1 版
印　　次　2017 年 8 月第 1 次印刷

开　　本　710×1000　1/16
印　　张　17
插　　页　2
字　　数　246 千字
定　　价　69.00 元

序

一

向来辛勤钻研和所流汗水，是凝结成学术成果的主要因素，而博览群书和运用科学的方法技巧，是撰成高水平学术成果的关键所在。黄兆宏同志即将出版的《古代西北民族与社会问题研究》，在字里行间展现了古代西北地区各民族及其诸多方面社会生活，可称得上是一部有助于了解和认识古代西北各民族社会特点、人文状况颇为有益的佳作。从本著作所运用写作方法与技巧来看也较纯熟，且逐渐有所提高。

在一部新的著作出版之际，我们去评述其优点和不足，目的在于找到一个新的出发点与一架供继续向上攀登的梯子，一旦新的出发点和供攀登的梯子找到了，之后的学术研究之路就好走多了。

二

这部著作包括汉唐时期对西北地区的经略、西夏建国前的“党项”社会、历代河西多民族移民、历代西北经济与文化、宋代以后西北教育等问题。在书中对以上诸方面做了较为详细的探讨，尤其对汉唐时期经略西北地区问题用力较多，读后印象较为深刻；对“党项”部族兴起与发展，及其为西夏立国奠定基础问题的论述具有一定新意；历代河西各民族迁移和经济文化的发展，是造成古代西北社会多次兴衰的推动力等问题，说理颇为透彻。由此看来，这部著作具有综合性特点。

这部著作把古代西北地区视为一个多民族活动的大舞台，在这一大舞台上展现了古代各民族人民政治、经济、军事、地理、文化等的纷繁活动，其中霍去病西征路线、关陇节度使、“党项”族名释义、高丽人与回鹘人入迁河西、伊斯兰经堂教育、清代义学及自然灾害等问题的研究都有一定开拓与创新。

这部著作虽然在较长时间内所完成，但在行文方面基本上保持了同一种风格。阅览全文，语言通畅，文字基本简练，论述问题清楚明白，读后对所论问题有一个较为清晰的概念。

三

这部著作也存在一些欠完美之处，其中包括对古代西北地区的丝绸之路、长城、茶马互市等问题尚未专题探讨；对部分问题探讨不够集中、深入；同时也有向“深沉”方面锤炼文句的必要等。考虑到以上方面的不足，现将史学界习用且行之有效的方法、技巧归纳于后，以供参考。

在学术界，有一个传承已久的说法，这就是“学无止境”之说。若细思之，“学无止境”之说，实际上具有“广”与“深”两个层面的意涵。学术界一般多留意亦多重视“广”的意涵，并身体力行，希望成为学术研究的多面手。其实，“广”的层面若把握不好，容易导致所做学问停留在问题的表面，这样的文章虽多，但价值不大。做这种“广”度的学问，虽无什么大错，可是却把做学问的主要方面“深”的要求忽略了。做学问应把主要功夫和精力用在所研究每一问题“深”的层面上。“深”是为了揭示隐藏在史料里面的历史问题奥秘，是为了揭示所研究历史问题的真相和本质。这样就可以把所研究历史问题在学术前沿上向前推进一步。所以说，做学问应“深”、“广”结合，以“深”为主。

若要把学问做得“深”，首先要选择那些在学术领域有价值、别人鲜有触及的小问题，并把其本质性内涵作为研究重点，接着进行深入、广泛的探讨，进而得出一个科学结论，再将科学结论作为自己的学术见解，运用“小题大做”式的方法，论证自己见解的科学性与正确性。如果将这一方法坚持下去，就能在史学研究上较快达到入门入行，就能在“学无止境”的道路上做到学术成果累累。

侯丕勋

2015年10月10日

目 录

第一章 汉唐时期对西北地区的经略 …………………………… (1)
第一节 元狩二年春季汉将霍去病西征路线与汉唐时期东段丝绸之路北道 …………………… (1)
第二节 元狩二年霍去病两次出征河西的战术 ………… (10)
第三节 居延汉简反映的汉代河西地区戍卒、田卒问题 … (14)
第四节 西汉河西地区防御工程体系及相关问题 ………… (26)
第五节 西汉河西走廊“都尉”建置问题 ………………… (40)
第六节 有关河西节度使诸问题 ……………………………… (51)
第七节 有关陇右节度使诸问题 ……………………………… (58)

第二章 入迁河西诸民族社会及其影响 ……………………… (69)
第一节 永嘉乱后中原社会群体入迁河西及其影响 ……… (69)
第二节 隋唐时期高丽人入迁河西 …………………………… (81)
第三节 8—9世纪吐蕃入迁河西及其影响 ………………… (88)
第四节 回鹘入迁河西及其影响 ……………………………… (97)

第三章 西北各地社会经济与文化 ………………………… (107)
第一节 从河西地区新石器时代文化遗址看人类活动的状况 ………………………………… (107)
第二节 汉代河西走廊产业结构的变迁 …………………… (126)
第三节 敦煌汉简所见几种农作物及相关问题 …………… (135)
第四节 《吐鲁番出土文书》中的“床” ……………………… (147)
第五节 历代西北防治自然灾害的对策及经验 …………… (159)

第四章 “党项”社会与西夏的建立 …………………………（170）
第一节 “党项”词意辨析 ……………………………………（170）
第二节 党项与吐谷浑关系探析 ………………………………（174）
第三节 7—9世纪吐蕃与党项关系 ……………………………（181）
第四节 党项拓跋部的兴起与西夏王朝的建立 ………………（189）
第五节 西夏政权的奠基人——李德明 …………………………（199）

第五章 封建社会后期的甘肃社会与教育 ……………………（209）
第一节 宋辽夏金元时期甘肃的教育 …………………………（209）
第二节 明清时期甘肃社学及其性质 …………………………（216）
第三节 清代甘肃的义学 ……………………………………（224）
第四节 甘肃书院教育 ………………………………………（229）
第五节 伊斯兰教经堂教育 …………………………………（237）
第六节 藏传佛教寺院教育 …………………………………（244）

参考文献 ……………………………………………………（253）

后 记 ………………………………………………………（263）

第一章

汉唐时期对西北地区的经略

经略御边是中国古代国家较为重要的职能，它直接关系到一个统一王朝的边疆安全、疆域的开拓和国家的盛衰，因此历代王朝都很注重采取各种御边措施保障自身安全。汉、唐王朝是中国古代最强盛的两个时期，其政治之安定、经济之繁荣、文化之昌盛、军事之强盛、民族关系之融洽、国际交往之开放在当时的国际社会上都是空前的。研究汉、唐时期的经略御边措施可以为我国当今的国防安全提供一定的借鉴。本章就汉唐时期对河西和陇右地区的开拓、经略等问题进行探讨。

第一节　元狩二年春季汉将霍去病西征路线与汉唐时期东段丝绸之路北道

汉武帝元狩二年（前121）春、夏，汉政府曾两次派将军霍去病率军渡过黄河，出击匈奴右部①。经过这两次打击，匈奴不仅失去了今河西走廊地区，发出了“亡我祁连山，使我六畜不蕃息；失

---

① 匈奴在冒顿单于时期，曾征服了许多邻族。先后向东破灭东胡，向西击走月氏，南并楼烦、白羊河南王，北服浑庾、屈射、丁令、鬲昆、薪犁各族；后又击灭月氏，平定楼兰、乌孙、乌揭及其旁各族；控地东尽辽东，西至葱岭，北抵贝加尔湖，南达长城。为了便于统治，将其统辖范围分为三部分，一是单于庭（首脑部），直辖的地区在匈奴中部，其对着汉地的代郡和云中郡；二是左贤王庭（东部），管辖的地区在匈奴东部，其南对着汉地的上谷郡，东面连接秽貉、朝鲜；三是右贤王庭（西部），管辖的地区在匈奴西部，其南对着汉地的上郡，西面连接月氏和氐、羌。

我焉支山，使我妇女无颜色"[①] 的叹歌，而且还引起了整个匈奴内部的矛盾，"其秋，单于怒浑邪王、休屠王居西方为汉所杀虏数万人，欲召诛之。浑邪王与休屠王恐，谋降汉"[②]。他们先派人向汉朝边将联系，当时，正在黄河边监督修筑边防设施的大行李息，将此事上报朝廷，武帝得知此信，喜出望外，但又不十分相信，遂令霍去病率兵渡河迎降。这时，休屠王中途反悔，结果为浑邪王所杀，浑邪王遂率河西匈奴各部四万余人归汉。

浑邪王降汉及河西地区归汉，对匈奴是一个沉重的打击。汉朝取得河西，不仅占据了一片辽阔的宜耕宜牧的土地，增强了抵御匈奴的力量，而且也隔断了匈奴与羌族的关系，使匈奴失掉了羌族在物力和人力上的巨大支援，匈奴从西部包抄汉朝的严峻形势顿时改观，"金城河西，西并南山至盐泽，空无匈奴，匈奴时有候者到，而希矣"[③]。这样，大大改善和加强了汉朝在对匈奴战争中的战略地位。汉朝得到河西，不仅保障了陇右和关中的安全，而且打通了连接西域各国的通道，加强了自己的地位，削弱了匈奴对西域的控制，进而能与匈奴在西域的势力展开斗争。

一　元狩二年春季汉将霍去病西征路线

关于霍去病第一次西征匈奴的经过，《史记》、《汉书》、《册府元龟》、《资治通鉴》都有较完整的记载，而《汉书》本于《史记》，并有许多补充，《册府元龟》又取于《汉书》，现以《汉书》为基准，将所反映的资料引录如下：

> 元狩二年（前121）春，［霍去病］为骠骑将军，将万骑出陇西，有功。上曰："骠骑将军率戎士隃乌盭，讨遬濮，涉狐奴，历五王国，辎重人众摄訾者弗取，几获单于子。转战六日，过焉支山千有余里，合短兵，鏖皋兰下，杀折兰王，斩卢

① 司马迁：《史记》卷110《匈奴列传》注《史记正义》引自《西河故事》，中华书局1959年版，第2909页。

② 《史记》卷110《匈奴列传》，中华书局1959年版，第2909页。

③ 班固：《汉书》卷61《张骞李广利传》，中华书局1962年版，第2691页。

侯王，锐悍者诛，全甲获丑，执浑邪王子及相国、都尉，捷首虏八千九百六十级，收休屠祭天金人，师率减什七，益封去病二千二百户。”①

这条史料给我们提供了这样一些信息。霍去病这次西征是从陇西出发，行程千有余里至皋兰，途中隃乌盭、讨遫濮、涉狐奴、历五王国、过焉支山，取得了杀折兰王、斩卢侯王，执浑邪王子及相国、都尉、捷首虏八千九百六十级，收休屠祭天金人的战绩。有关这次西征的起止点，《史记》、《汉书》、《册府元龟》等史籍有明确的记载。② 下面依次对史料中所出现的概念进行分析。

出陇西。“陇西”是霍去病西征的起点。“出”，即从什么地方出发。一般而言，陇西有两层含义。一是指行政区划单位，秦昭襄王三十五年（前272）为陇西置郡之开始，“秦昭王时，义渠戎王与宣太后乱，有二子。宣太后诈而杀义渠戎王于甘泉，遂起兵伐残义渠。于是秦有陇西、北地、上郡，筑长城以拒胡”③。汉因秦制，仍保留陇西郡的名称；《汉书·地理志下》载：“陇西郡，秦置。莽曰厌戎。”④ 二是指陇山西面的地方。陇山，指六盘山，汉至唐代通称陇山，位于宁夏、陕西、甘肃三省区交界处，北起宁夏海原西华山，南经西吉、固原、隆德、泾源延入甘陕。山体南北走向，逶迤200余公里，宽30—60公里，是陕北黄土高原和陇西黄土高原的界山，也是渭河与泾河的分水岭，山脊海拔一般过2500米。秦昭襄王二十七年（前280），秦“使司马错发陇西，因蜀攻楚黔中，拔之”⑤；《汉书·地理志下》在陇西郡条注释中记载：“应劭曰：‘有

---

① 《汉书》卷55《卫青霍去病传》，中华书局1962年版，第2479页。

② 《史记》卷110《匈奴列传》载：“其明年（公元前121）春，汉使骠骑将军去病将万骑出陇西，过焉支山千余里，击匈奴，得胡首虏（骑）万八千余级，破得休屠王祭天金人。”中华书局1959年版，第2908页。《汉书》卷6《武帝纪》载：“春三月戊寅，遣骠骑将军霍去病出陇西，至皋兰，斩首八千余级。”中华书局1962年版，第176页。《册府元龟》卷982《外臣部·征讨一》载：“元狩二年三月，遣骠骑将军霍去病出陇西，至皋兰，斩首八千余级。”王钦若等：《册府元龟》，中华书局1960年版，第11537页。

③ 《史记》卷110《匈奴列传》，中华书局1959年版，第2885页。

④ 《汉书》卷28下《地理志下》，中华书局1962年版，第1610页。

⑤ 《史记》卷5《秦本纪》，中华书局1959年版，第213页。

陇坻，在其西也。’师古曰：‘陇坻谓陇阪，即今之陇山也。此郡在陇之西，故曰陇西。坻音丁计反，又音底。’”“出陇西”，应该理解为从陇山以西某个地方出发。

隃乌盭。“乌盭”，《史记》注解引《汉书音义》曰：“盭，音戾，山名也。”《汉书》颜师古注：“隃与踰同。盭，古戾字也。乌盭，山名也。”在此，颜师古将“隃”字作“逾越”讲，并肯定“乌盭”是山名，我们认为是对的。王宗维先生根据陈梦家先生所著《汉居延考》一文，认为“《史记》在转述上谕时，将‘踰乌盭’和‘踰居延’并提，都用‘踰’作动词，居延是水名，乌盭也应该是水名”；同时指出：“《汉书》在抄录上谕时，将‘踰居延’改为‘济居延’，济为渡水、深渡，这就很容易令人理解居延是水名；然而，在乌盭前仍保留‘踰’字，这就容易给人以假象，居延是水名，乌盭是山名”①。这正好说明班固转录上谕时，在措辞上的缜密，“乌盭”应该是山名，而不是水名，更不是今天的庄浪河，即汉代的乌逆水。那么，“乌盭”何指？我们认为即今天的屈吴山。屈吴山地处靖远县东南端，坐落于甘肃、宁夏两省区交界地带，属祁连山东端余脉，地质构造上因祁（连山）秦（岭）褶皱隆起形成，大体呈西北—东南走势，东南与六盘山支脉相接连，逶迤起伏，绵延不绝，古为兵家必争之地。北宋时，李宪败夏兵处即在山下。宋元丰四年（1081）十月乙亥，李宪率军进至屈吴山，招降以裕藏颖沁萨勒为首领的蕃部，进至打城川驻营（打城，后讹为打拉池，在今平川区共和乡）。蕃部大首领禹藏郢成四及汪家等族首领六人并其部归附。“屈吴”一词，应与汉代的“狩离”、“乌盭”、“祖厉”及后来的“乌兰”互为对音。

在确定“乌盭”即屈吴山之后，霍去病西征就要面对渡黄河问题。如何渡黄河，首先要选择渡口，根据近代地理学研究成果表明，渡口地理应具备以下条件：其一，两岸固定，河道狭窄，水位涨落影响都较小，易于通过；其二，趋向单一河道，避免分叉河道；其三，河道必须保持稳定之水深；其四，水道须直，水流须

---

① 王宗维：《汉代丝绸之路的咽喉——河西路》，昆仑出版社 2001 年版，第 41 页。

缓；其五，陆上道路辐辏之处或两岸道路之焦点；等等。总之，须有良好之地貌与水文条件为之配合。① 而今靖远县、平川区境内及与景泰县相接的黄河段有多处地方具备这样的条件。据刘满先生实地考察与研究，这段黄河自上而下古渡口有祖厉古城渡（平滩堡渡）、鹯阴河口渡（迭烈孙渡）、阳武下峡渡（索桥渡）② 等。汉代时，曾在此设祖厉、鹯阴二县，除带有“因河为塞”、“因河为固”的军事防御性质以外，还应该具有渡口性质。至于霍去病西征从哪个渡口渡河，史籍无明确记载，又无考古资料证明，一时还难以确定。

讨遬濮。“遬濮”，也别作“须卜”，《史记·索隐》载：“遬，音速。濮，音卜。崔浩云：‘匈奴部落名。’”它是匈奴的贵种。《史记·匈奴列传》记载，“呼衍氏、须卜氏常与单于婚姻”；又《后汉书》卷89《南匈奴列传》记载，匈奴“单于姓虚连题，异姓有呼衍氏、须卜氏、丘林氏、兰氏四姓，为国中名族，常与单于婚姻。呼衍氏为左，兰氏、须卜氏为右，主断狱听讼，当决轻重，口白单于，无文书簿领焉”③。遬濮活动的区域，据王宗维先生考证，“遬濮王所在当在武威郡以东，北地郡以西，腾格里沙漠以南。换言之，遬濮部的分布地区，约在大河（黄河）以西，腾格里沙漠以南，今武威县以东，庄浪河以北，及今景泰及其附近地区，该部王治所在今景泰北”④。所谓“讨”，是汉武帝对该部王曾俘获张骞，并传送给单于所作的报复与打击。

涉狐奴。“狐奴”，《史记·集解》载：“晋灼曰：‘水名也。’”可见，狐奴为水名。据专家们考证，即今天流经武威市的石羊河。石羊河在汉代时称为“谷水”，《汉书·地理志下》记载，姑臧“南山，谷水所出，北至武威入海，行七百九十里”⑤。谷水水源有五，即西营河、南营河、杂木河、黄羊河、古浪河，上述诸水，在

---

① 魏晋贤：《甘肃省沿革地理论稿》，兰州大学出版社1991年版，第35页。
② 刘满：《西北黄河古渡考》（二），《敦煌学辑刊》2005年第4期。
③ 范晔：《后汉书》，中华书局1965年版，第2944—2945页。
④ 王宗维：《汉代丝绸之路的咽喉——河西路》，昆仑出版社2001年版，第45页。
⑤ 《汉书》卷28下，中华书局1962年版，第1612页。

姑臧以南，水量不大，只有到姑臧附近，诸水汇合，水量增加，才成为一条较大的河流，故《汉书》在此用“涉”，颇为贴切。

历五王国。“五王国”的具体名称因史籍缺载，难以考稽。按《史记·匈奴列传》记载，匈奴政权建立之后，单于是最高的统治者，其下置有左右贤王、左右谷蠡王、左右大将、左右大都尉、左右大当户、左右骨都侯等24长，他们分别统率军队，“大者万余骑，小者数千”，且“各有分地”(即各有被划定的游牧地区)。24长之下又各设置千长、百长、什长、俾小王、相、都尉、当户、且渠等官属。单于及24长都是世袭的，单于由挛鞮氏继承，24长则由一些显贵氏族及家族世袭。都尉、当户、且渠等都是一些中下级的带兵官，他们各以部众多少为区别权力大小及地位高下的标准。①“历五王国”意指霍去病在西征过程中先后穿越过右部匈奴的五个王国或部落所统辖的势力范围。

过焉支山。据《甘州府志》记载：“焉支山，林木茂多，禽兽繁盛……为甘、凉咽喉。”《山丹县志》载：“删丹山在今范家营南谷。名大黄山，古焉支山也，峰岭比次，每朝日初上，其阳承晖色若丹，而其阴凝烟为深碧，丹碧相间如‘删’字，汉初取以名县矣。山水之奇观也。”焉支山也名删丹山、大黄山，位于今山丹县城东南50公里处，历来不绝于史书。焉支山又名“燕支山”，因山北出产的越年生草本植物红花——燕支花而得名。晋崔豹《古今注》卷下《草木篇》记载：“燕支，叶似蓟，花似蒲公，出西方，土人以染，名为燕支。中国亦谓为红蓝，以染粉为妇人色，谓为燕支粉。”可能古时匈奴人采摘燕支花的花瓣制成红色颜料，作为妇女化妆用品，这种用燕支花制成的颜料，又称胭脂。燕支与胭脂同音，所以焉支山又叫作“胭脂山”。“过焉支山”意指霍去病率军击匈奴，在千里行程中经过了焉支山。

鏖皋兰，杀折兰王，斩卢侯王。“皋兰”是霍去病西征的终点。“皋兰”，《汉书·卫青霍去病传》各家注中有不同的解释：应劭曰：“陇西白石县塞外河名也。”苏林曰：“匈奴中山关名也。”李

---

① 林幹：《匈奴史》，内蒙古人民出版社1977年版，第29页。

奇曰："津名也。"师古曰："皋兰，山名也。言苦战于皋兰山下而多杀虏也。"后世学者在确定"皋兰"的位置时，有的认为就是今兰州的皋兰山，这种定位是受《元和郡县志》及《读史方舆纪要》等地理著作影响而做出的判断。《元和郡县志》说兰州是"取皋兰山以为名"；《读史方舆纪要》卷60《兰州条》记载："皋兰山，州南五里，州之主山也。山下地势平旷，可屯百万兵。《汉书》霍去病为骠骑将军击匈奴，屯兵皋兰山下，即此。山峡有五眼泉，相传去病屯兵时士卒疲渴，以鞭卓地，泉涌者五，隋因以山名州。"① 其实，"凡具有特征的山，都称之为皋兰"②。贞观二十一年（647），"铁勒回纥等十三部内附"③，唐政府置六都督府七州以安置，其中浑部就安置在皋兰州的鸣沙；开元元年（713）复以九姓部落置皋兰。此处的"皋兰"指山，是贺兰的音转。其实，对霍去病西征途中的"皋兰"是否是今天兰州的皋兰山，陇右学者张维就有怀疑。他在《陇右方志录》一书中指出，《汉书》说元狩二年春霍去病"鏖皋兰下"的皋兰已"过焉支山"，与此无关。可惜他未确定皋兰的位置。清人陶保廉在《辛卯侍行记》一书中指出："去病鏖战之皋兰，去焉支山千余里，当今甘州之合黎山"，同时进一步认为，"盖合黎即贺兰之原音"④。此结论颇有见地。

综上所述，霍去病西征路线是从陇山以西出发，越过屈吴山区，在今靖远县、平川区及景泰县相接的渡口渡过黄河，进入今景泰县境（即汉代的媪围县），并在此痛击匈奴贵种遬濮部，然后向西进入河西走廊，渡过石羊河，穿越匈奴五王国辖区（即浑邪王和休屠王领地），经过了焉支山，在合黎山一带同折兰王、卢侯王领军遭遇，经过激战，杀折兰王，斩卢侯王，完成了元狩二年春季的西征，这次西征，历时六天，汉军损失也很严重，万余骑仅存活三千余人。

---

① 顾祖禹：《读史方舆纪要》，中华书局2005年版，第2874页。

② 魏晋贤：《甘肃省沿革地理论稿》，兰州大学出版社1991年版，第99页。

③ 王溥：《唐会要》，中华书局1955年版，第1314页。

④ 陶保廉：《辛卯侍行记》，甘肃人民出版社2002年版，第246页。

二 汉唐时期东段丝绸之路北道

汉代自都城长安出发，西经咸阳，沿渭河，过宝鸡，再沿千水，过陇县，沿陇山东麓西北上，越过六盘山，经平凉、固原，再从靖远地区渡黄河到达武威，这条道路为汉代丝绸之路东段北道所经。[①]《居延新简》编号：EPT59：582 记载："媪围至居延置九十里，居延置至角桒里九十里，觻里至揟次九十里，揟次至小张掖六十里。"据李并成先生考证，汉媪围县城即今甘肃景泰县芦阳镇吊沟古城，居延置位于今景泰县寺滩乡白茨水，角桒里位于今古浪县大靖镇，揟次县位于今古浪县土门镇西三公里的王家小庄一带，小张掖即汉武威郡张掖县，位于今武威市东河乡王景寨古城。[②]

从长安至今靖远县、平川区及景泰县相接黄河地段的道路，在秦代就已开通，称"回中道"。始皇二十七年（前 220），"始皇巡陇西、北地，出鸡头山，过回中焉"[③]。秦始皇这次出巡，从咸阳出发，过回中（今陇县西北至华亭的陇山东麓地区），上鸡头山（又作笄头山，今平凉西北崆峒山以西，为过六盘山之要道），到北地（今宁夏东南部和甘肃东北部地区）。[④] 可见，所经过的地区大部分就是这条道路。元狩二年（前 121），霍去病两次出击匈奴，汉王朝占领河西地区，为了加强对新地区的统治，汉武帝曾多次沿这条道路出巡。元封四年（前 107）冬十月，"行幸雍，祠五畤。通回中道，遂北出萧关"[⑤]。汉代的回中，据《汉书·武帝纪》注记载："应劭曰：'回中在安定高平，有险阻，萧关在其北，通治至长安也。'孟康曰：'回中在北地，有山险，武帝故宫。'如淳曰：'《三辅黄图》云回中宫在汧也。'师古曰：'回中在安定，北通萧关。应说是也。而云治道至长安，非也。盖自回中通道以出萧关。孟、如

① 杨建新、卢苇：《丝绸之路》，甘肃人民出版社 1988 年版，第 111 页。

② 李并成：《河西走廊东部新发现的一条汉长城——汉揟次县至媪围县段长城勘察》，《敦煌研究》1996 年第 4 期。

③ 《史记》卷 6《秦始皇本纪》，中华书局 1959 年版，第 241 页。

④ 杨建新、卢苇：《丝绸之路》，甘肃人民出版社 1988 年版，第 112 页。

⑤ 《汉书》卷 6《武帝纪》，中华书局 1962 年版，第 195 页。

二家皆失之矣。回中宫在汧者，或取安定回中为名耳，非今所通道。'”对此，我们认为应劭与颜师古之说是对的。汉武帝以前，由长安至高平（今宁夏固原），一般由咸阳向西至汧（今陕西千阳），再向北经华亭而北。汉武帝从回中道另辟大路，经萧关而北。萧关，今宁夏固原县东南部，其确定位置，古今多有歧义。汉代回中道，属于驰道，为天子所行，它是长安通往高平的交通大道，对以后的长安至凉州（今甘肃武威市）北道的形成，奠定了基础。此后，汉武帝多次沿此路西巡，其走向与今固原到西安的公路相同。

秦汉时期，这条联系关中与甘肃的重要通道，也是北方匈奴南下的一条道路。据《史记·匈奴列传》记载，汉孝文帝十四年（前166），“匈奴单于十四万骑入朝那、萧关，杀北地都尉卬，虏人民畜产甚多，遂至彭阳。使奇兵入烧回中宫，候骑至雍甘泉。于是文帝以中尉周舍、郎中令张武为将军，发车千乘，骑十万，军长安旁以备胡寇。而拜昌侯卢卿为上郡将军，宁侯魏遬为北地将军，隆虑侯周灶为陇西将军，东阳侯张相如为大将军，成侯董赤为前将军，大发车骑往击胡。单于留塞内月余乃去，汉逐出塞即还，不能有所杀。”①

唐代时，这条道路仍然发挥着重要作用。《元和郡县图志》卷40《陇右道·凉州条》载，凉州“东北至上都，取秦州路二千里，取皋兰路一千六百里”②。严耕望先生认为，“北”为“南”之伪，取秦州路者（丝绸之路东段南道），经兰、临、渭、秦、陇五州及凤翔府至长安；“皋”为“乌”之伪，取乌兰路者（丝绸之路东段北道），经会、原、泾、邠四州至长安。他通过分析考证，凉州至长安，取兰秦道约2000里；取会州乌兰关道，驿路约1800里，若乌兰至会州取直道，则共约1730里；唐会州州治会宁县的位置在今陡城堡地区，或稍东的黄河东岸（即今平川区水泉镇陡城村一带），并在会宁县设会宁关，在河对岸设乌兰关（今景泰县治东），

① 《史记》卷110，中华书局1959年版，第2901页。
② 李吉甫：《元和郡县图志》，中华书局1983年版，第1019页。

两关对夹河津，具舟五十待行旅，是为关内河西交通军事之要冲。[①]这些见解具有独到之处，也是比较合乎实际的。

从关中至河西走廊，走丝绸之路东段之北道，比取南道捷径，霍去病西征，其目的在寻找匈奴主力决战，符合汉武帝打击匈奴采取迅速出击、迅速撤退的战略方针。霍去病元狩二年（前121）夏季西征匈奴，基本上也走的是这条路线[②]，汉政府通过这两次西征，对拓展西汉疆域、向西延伸丝绸之路具有巨大的政治、经济、军事作用。

第二节　元狩二年霍去病两次出征河西的战术

西汉初年，汉政府无力抗击匈奴的侵扰，被迫采用和亲策略换取暂时的安宁。经过60多年的休养生息，至汉武帝时，中央集权得以加强，社会稳定，人口增加，经济发展，国力强盛。汉武帝改变和亲策略为主动出击，于元狩二年（前121）春夏，派霍去病两次出击河西，最终将河西走廊纳入西汉王朝的版图。

匈奴作战，多为骑兵、军团作战。纵观古代战史，凡握有强大骑兵部队的，一般均可在战略上做到主动，战术上灵活，其进攻时多实施集团突击，战斗力较强。《史记》对匈奴的战斗特点的记载是："利则进，不利则退，不羞遁走。苟利所在，不知礼义"[③]；"故其战，人人自为趋利，善为诱兵以冒敌。故其见敌则逐利，如鸟之集；其困败，则瓦解云散矣"[④]。

西汉王朝用兵最多的对象就是匈奴。西汉初年，匈奴骑兵占着绝对优势，他们利用骑兵的机动灵活性，出入无常，以少击众，不

---

① 严耕望：《唐代交通图考·河陇碛西区》，台湾商务印书馆1985年版，第341—419页。

② 陈秀实：《汉将霍去病出北地行军路线考——〈汉书〉"涉钧耆济居延"新解》，《西北师大学报》1998年第6期。

③ 《史记》卷110《匈奴列传》，中华书局1959年版，第2879页。

④ 同上书，第2892页。

断侵扰汉朝边境。汉朝西北边疆数千里，防不胜防，与匈奴交战又完全处于被动挨打的地位。西汉政府想要彻底解决西北边患，就必须改变战略，变被动防御为主动出击，与匈奴争夺战争主动权。而面对匈奴铁骑和草原戈壁，建设强大的骑兵集团对抗匈奴是汉政府反击匈奴的一项重要而根本的任务。

因此，在汉武帝时，西汉政府凭借众多的马匹和精兵悍将，建立了强大的骑兵集团，在骑兵作战方面逐渐形成了自身的特点。根据《史记》和《汉书》的记载，可以看到在汉武帝时期，对匈奴作战中，以卫青、霍去病为代表的将领，凭借骑兵，一改以前的和亲政策和保守防御的战法，开始采用主动进攻的战术。实施了积极进攻、深入大漠、出其不意、速战速决、千里迂回等战术，开始运用具有灵活机动的骑兵集团对匈奴作战。元狩二年霍去病的两次西征就是如此，这也充分发挥了骑兵在作战中的优势。

一　速战速决战术

汉朝要在战争中发挥骑兵的长处，最好是用骑以出奇，取其神速。元狩二年春，霍去病受汉武帝之命，升任为骠骑大将军，率军西入河西，远征匈奴。

从霍去病第一次西征的记载来看，“讨遬濮，涉狐奴，历五王国”，“转战六日，过焉支山千余里”，便是充分体现了速战速决的战术原则，这种作战方法也正如《孙子兵法·计篇》所言：“攻其无备，出其不意。”①

霍去病西征，为什么到焉支山南面的祁连山北麓又东返呢？这是他出于战术方面的考虑，元狩二年（前121）春，霍去病第一次出兵河西是孤军奋战，是试探性的轻骑奇袭匈奴，在作战中，共捕斩匈奴“首虏八千九百六十级”②。

在首战告捷后并没有恋战，而是立即从前线回师，这无疑采取的是速战速决的原则。此次出兵不但在军事上取得了较大的胜利，

① 李零：《孙子译注》，中华书局2009年版，第6页。

② 《汉书》卷50《卫青霍去病传》，中华书局1962年版，第2479页。

还了解到了河西的地理环境及匈奴的一些情况，为再次更大规模出兵河西积累了经验。其实，元狩二年（前121）夏也采取了速战速决战术。霍去病攻祁连山，到达觻得（即张掖郡治），击破匈奴右贤王主力后立即撤退。①

这两次战争中，霍去病在匈奴毫无防备的情况下，速战速决，不仅取得了成功，而且也保存了汉军的实力。

二 寻找主力决战战术

当时河西匈奴族首领主要有浑邪、休屠二王。元狩二年，霍去病第一次西征，歼灭了休屠王主力，第二次西征又歼灭了浑邪王主力，确属中国古代军事史上的创举。自此，西汉政府终于取得了对河西地区的控制权和对匈奴的战略主动权。

从《汉书·霍去病传》记载我们可以看到："合短兵，鏖皋兰下，杀折兰王，斩卢侯王，锐悍者诛，全甲获丑，执浑邪王子及相国、都尉，捷首虏八千九百六十级，收休屠祭天金人。"② 可见，这次西征时运用了寻找主力决战原则。

元狩二年夏，霍去病再次出兵河西，在当地居民的协助下最终歼灭了浑邪王主力，攻入祁连山，收复祁连山中的小月氏人，沿河西走廊东返长安。"这年夏天，霍去病率兵数万再次进军河西，直逼匈奴主力，一举歼灭匈奴3万余人，彻底打败了匈奴浑邪王，占领了整个河西走廊。"③

三 迂回包抄的战术

元狩二年夏天，汉朝政府再次发兵河西，为了彻底地打败匈奴，解除它对汉王朝的威胁。这次进兵规模较大，时间也更长，而且既有主攻又有打援。靠近河西的匈奴右贤王在漠南战役中被卫青打败，损失惨重，对汉军无法构成威胁。但左贤王尚未受创，仍是

① 陈秀实：《汉将霍去病出北地行军路线考——〈汉书〉"涉钧耆济居延"新解》，《西北师大学报》1998年第6期。

② 《汉书》，中华书局1962年版，第2479页。

③ 王国华、徐万和：《浑邪王归汉年代辩证》，《西北史地》1996年第4期。

兵强马壮，因此要防止他的驰援。所以，“霍去病第二次出兵河西，采取迂回战术，出北地郡（郡治在今甘肃庆阳西北）二千余里”①，避开匈奴的正面部署，突然出现河西侧后，切断匈奴向西北方向逃跑的后路，大胆进击，一举全胜。正如《孙子兵法·军争篇》所言：“故迂其途而诱之以利，后人发，先人至，此知迂直之计者也。”② 这是抄了河西匈奴族的后路，给其统治者以最沉重的打击。所以，司马迁在《史记》中对浑邪王率其民降汉做了较为详细的记述：“其秋，单于怒浑邪王居西方数为汉所破，亡数万人。单于怒，欲召诛浑邪王。浑邪王与休屠王等谋欲降汉，使人先要边。是时大行李息将城河上，得浑邪王使，即驰传以闻。天子闻之，于是恐其诈降而袭边，乃令骠骑将军率兵往迎之。骠骑既渡河，与浑邪王众相望，浑邪王裨将见汉军而多不欲降者，颇遁去，骠骑乃驰入与浑邪王相见，斩其欲亡者八千人，遂独遣浑邪王乘传先诣行在所，尽将其众渡河，降者数万，号称十万。”③

四　灵活机动的战术

由于当时匈奴土地辽阔、骑兵强大、各部分散、行动迅速等作战特点，所以要战胜以骑兵为主的敌人，只有拥有比之更强大的骑兵集团和更加灵活的战术才有可能取胜。元狩二年夏，骠骑将军霍去病与合骑侯率骑数万骑“出陇西、北地二千里，击匈奴。过居延，攻祁连山”④，这种不出现在匈奴的正面，而是从侧后出击，且直捣敌人心脏，灵活机动的作战原则，正如《孙子兵法·虚实篇》所言：“出其所（不）[必] 趋，趋其所不意。”⑤ 可见，“西汉骑兵集团军建立后，在战场上才能以机动对付敌之机动，才能远程奔袭，实施迂回包围，分割围歼，才能在战场上力争主动权。汉军多

① 王昱：《再谈西平亭与西平郡城》，《青海民族研究》2007 年第 2 期。

② 李零：《孙子译注》，中华书局 2009 年版，第 64 页。

③ 《史记》卷 111《卫青霍去病列传》，中华书局 1959 年版，第 2933 页。

④ 《史记》卷 110《匈奴列传》，中华书局 1959 年版，第 2908 页。

⑤ 李零：《孙子译注》，中华书局 2009 年版，第 51 页。

次胜利，都是骑兵占优势"①。

通过元狩二年夏霍去病西征河西，我们可以看到，西汉的骑兵集团作战机动迅速，表现出积极进攻、伏击、迂回、远程奔袭、速战速决、灵活机动的特点，保持着比匈奴骑兵更为强大的攻击力和运动力，在广阔的战场上进行大纵深的前进与后退，充分发挥了骑兵作战的优越性。如同《孙子兵法·（兵）势篇》所言："凡战者，以正合，以奇胜。故善出奇者，无穷如天地，不竭如江河。"②我们也可以看到，在古代冷兵器时代，骑兵是战斗力最强也是最灵活的兵种，作战中非常容易运用灵活机动的原则。

五　隔断羌胡原则

河西走廊是中原通往西域的咽喉，具有十分重要的战略地位。历史上，它以独特的地理位置与优越的自然条件，成为中原通往西域、中亚以及欧洲的必经孔道，也曾是中国西部民族流动的一条重要通道，同时也成为古代各民族活动的历史大舞台。霍去病两次西征，打败了匈奴在河西地区的势力，为通西域、将西域诸国同内地紧密联系在一起创造了重要条件，也为汉王朝统一西北奠定了基础。

浑邪王降汉及河西地区归汉，对匈奴是一个沉重的打击。汉朝取得河西，不仅占据了一片辽阔的宜耕宜牧的土地，增强了抵御匈奴的力量，而且也隔断了匈奴与羌族的关系，使匈奴失掉了羌族在物力和人力上的巨大支援，匈奴从西部包抄汉朝的严峻形势得到改观。

第三节　居延汉简反映的汉代河西地区戍卒、田卒问题

有关河西人口问题的研究主要有何双全的《汉简〈乡里志〉及

① 何立平：《略论西汉马政与骑兵》，《军事史研究》1995年第2期。

② 李零：《孙子译注》，中华书局2009年版，第45页。

其研究》[①]，文章对简牍中发现的乡里名称进行梳理，并按照《汉书·地理志》、《后汉书·郡国志》的顺序补入诸郡、诸县，其所补乡里范围十分广泛。文章中对河西地区的戍卒的来源也做了一定梳理。齐陈骏的《河西史研究》[②]，是一部研究河西古代史的论文集。其以历史文献及作者亲身考察为依据，论述了河西古代自然条件，民族、人口、经济、政治、交通、文化等各方面的问题。高荣的《汉代河西人口蠡测》[③]，就汉代河西的人口进行了初步分析和蠡测。葛剑雄的《西汉人口地理》[④]，对西汉的各阶段的人口数量和人口增长率、人口的地理分布及其形成原因以及人口迁移方面做了整体的论述。但这些著作由于研究角度比较宽泛，对汉代河西地区戍卒、田卒的关注有限。而从出土的居延汉简看，戍卒和田卒对汉代河西地区的军事防卫和经济开发起着至关重要的作用，因此，从居延汉简角度出发研究汉代河西地区戍卒和田卒的输入情况，对了解汉代河西地区的军事政策、经济生活、历史文化、社会风俗等都具有重要意义。

一　居延汉简戍卒、田卒来源

秦汉之际，河西地区本为众多少数民族的游牧区。北方的匈奴族逐渐强大起来，并向周边扩展。冒顿单于时，“大破灭东胡王，而虏其民人及畜产。既归，西击走月氏，南并楼烦、白羊河南王”[⑤]。匈奴夺取河西之地后，在这里设官经营，经常侵扰汉边。羌族最初居于河湟地区，“河关之西南，羌地是也”[⑥]。“‘河关之西南’则相当于今青海省的东南部”[⑦]，匈奴击败河西月氏后，“其羸

① 何双全：《汉简〈乡里志〉及其研究》，载甘肃文物考古研究所《秦汉简牍论文集》，甘肃人民出版社1989年版。

② 齐陈骏：《河西史研究》，甘肃教育出版社1989年版。

③ 高荣：《汉代河西人口蠡测》，《甘肃高师学报》2000年第1期。

④ 葛剑雄：《西汉人口地理》，人民出版社1986版。

⑤ 《史记》卷110《匈奴列传》，中华书局1959年版，第2889—2890页。

⑥ 《后汉书》卷87《西羌传》，中华书局1965年版，第2869页。

⑦ 杨建新：《中国西北少数民族史》，宁夏人民出版社1988年版，第189页。

弱者（即小月氏）南入山阻，依诸羌居止，遂与共婚姻”[①]，于是，匈奴勾结羌人侵扰汉边。汉初，河西地区常常受到侵扰。

早在汉文帝时，针对边防空虚，晁错就提出了“陛下幸忧边境，遣将吏发卒以治塞，甚大惠也。然令远方之卒守塞，……乃募罪人及免徒复作令居之；不足，募以丁奴婢赎罪及输奴婢欲以拜爵者；不足，乃募民之欲往者。皆赐高爵，复其家。予冬夏衣，廪食，能自给而止。……其亡夫若妻者，县官买与之。……塞下之民，禄利不厚，不可使久居危难之地。胡人入驱而能止其所驱者，以其半予之，县官为赎其民”[②]。晁错提出的“募民徙塞下”的建议被汉文帝采纳并予以实施，但由于当时西汉的政局不稳、经济基础薄弱，以及汉匈实力对比悬殊，实际效果不大。

元狩二年（前121）霍去病西征匈奴，夺取河西地区，占据了重要的战略要地。然而为了彻底“隔绝羌胡”，阻扼羌人与匈奴相互联系，消除二族对河西走廊地区的威胁，汉王朝在取得河西地区后，为了巩固在河西地区的统治，先后在河西设置了敦煌、酒泉、张掖、武威四郡，为达到“以通西域，隔绝南羌、匈奴”[③]的目的，修筑了贯通河西的长城烽燧，并派遣军队戍守，这些分布于烽燧亭鄣的士兵，就是早期的戍卒。

由于戍卒数量的庞大，对粮食的需要量也会增加。因此，解决河西地区戍卒的粮食供应问题，是一项首要任务。如果河西地区所需粮食当地生产供应不足，就必须从内地运转。这需要国家付出很高的代价。西汉政府为解决河西地区的粮食供应，开始一方面利用徙民垦种，另一方面则利用戍卒进行屯田。在《汉书·昭帝纪》中记载：“秋八月，诏曰：‘往年灾害多，今年蚕麦伤，所振贷种、食勿收责，毋令民出令年田租。’冬，发习战射士诣朔方，调故吏将屯田张掖郡。”[④]可见，田卒为屯田的直接生产者。田卒就是戍卒，不过这一部分戍卒，主要任务是屯田生产，所以称为田卒。田卒不

---

① 《后汉书》卷87《西羌传》，中华书局1965年版，第2899页。

② 《汉书》卷49《爰盎晁错传》，中华书局1962年版，第2286页。

③ 《汉书》卷28下《地理志下》，中华书局1962年版，第1644—1645页。

④ 《汉书》卷7，中华书局1962年版，第220—221页。

仅专事务农，还备有武器，农时耕种，战时打仗。田卒的衣物由国家统一发给，并且为集体劳动和生活。据《汉书·西域传上》记载："于是自敦煌西至盐泽，往往起亭，而轮台、渠犁皆有田卒数百人，置使者校尉领护，以给使外国者。"①《汉书·食货志下》中载道："初置张掖、酒泉郡，而上郡、朔方、西河、河西开田官，斥塞卒六十万人戍田之。"②

由此可以看出，汉武帝之前汉朝与匈奴的对抗多处于劣势，对河西地区没有强大的掌控能力，戍卒、田卒大体上出现在汉朝控制河西地区且设立河西四郡之后。而有关汉武帝之后戍卒、田卒的来源地，在《汉书·地理志下》中有相关记载，"其民或以关东下贫，或以报怨过当，或以悖逆亡道，家属徙焉"③。从中不难看出河西四郡人口的来源，一类是关东贫民，另一类是被强制迁移的罪犯以及家属，其中还包括了有罪的官吏及其家属。从居延汉简来看，除了关东贫民之外，人口来源的分布地更为广阔。

我们从《居延汉简释文合校》④和《居延新简》⑤中整理得出河西地区戍卒、田卒来源，具体如表1—1所示。

表1—1　　**居延汉简所见河西地区戍卒、田卒来源统计表**

郡国名称	居延旧简		居延新简		合计
	戍卒	田卒	戍卒	田卒	
魏郡	17	18	43	10	88
东郡	6	10	17	11	44
淮阳郡	9	24	2		35
昌邑国	4	20			24
南阳郡	6	3	7	7	23

① 《汉书》卷96上，中华书局1962年版，第3873页。

② 《汉书》卷24下，中华书局1962年版，第1173页。

③ 《汉书》卷28下，中华书局1962年版，第1645页。

④ 谢桂华、李均明、朱国炤：《居延汉简释文合校》，1987年版。

⑤ 甘肃省文物考古研究所、甘肃省博物馆、文化部古文献研究室、中国社会科学院历史研究所：《居延新简》，文物出版社1990年版。

续表

郡国名称	居延旧简		居延新简		合计
	戍卒	田卒	戍卒	田卒	
河东郡	5	5	4	6	20
济阴郡	5	8		2	15
河南郡	1	9		1	11
汝南郡	3	7			10
大河郡（东平国）		9			9
陈留郡	2	1	3	1	7
汉中郡		6			6
梁国	6				6
颍川郡	2	2	1		5
赵国	3	1			4
河内郡			1	2	3
西河郡		1		1	2
弘农郡	1	1			2
南郡	1	1			2
上党郡				2	2
北海郡		2			2
巨鹿郡	1				1
丹阳郡		1			1
京兆尹		1			1
沛郡				1	1
北地郡				1	1
渔阳郡		1			1

注：1. 简文中明确出现“戍卒”的为戍卒，其他都定位为田卒。

2. 汉武帝元鼎元年置大河郡，汉宣帝甘露二年改其为东平国。

3. 表中的数据代表出现的次数。

由表1—1可知，汉代河西地区的戍卒、田卒来源于以下27个郡国，有河东郡、上党郡、河内郡、河南郡、东郡、陈留郡、颍川郡、汝南郡、南阳郡、济阴郡、魏郡、巨鹿郡、赵国、淮阳郡、梁国、昌邑国、大河郡（东平国）、南郡、渔阳郡、北地郡、北海郡、沛郡、京兆尹、西河郡、弘农郡、丹阳郡、汉中郡。

从表中也可以看出，汉代河西地区的戍卒、田卒的来源，主要来自于魏郡、东郡、淮阳郡、昌邑国、济阴郡、南阳郡、河东郡、河南郡，其多为内地郡。除了这些内地郡之外，还有如北地郡等靠近边疆的郡县。

汉代的兵制依秦制，“凡民二十三为正”，“又自十五以至五十六出赋”，根据劳干《汉代兵制与汉简中的兵制》[①] 中的考证，汉代兵制规定凡天下男子自 23 岁起至 56 岁都要服兵役，一般成丁一生服役两年，一年在本郡当正卒（步兵、骑兵、水兵、车兵）；另一年或到边郡做戍卒，或到京师做卫士。边郡士卒则表现为正卒、戍卒合一，戍边两年。烽燧戍卒的主要任务是伺望敌情，防守边塞。他们必须事先在烽燧准备好“积薪”，一旦敌人入侵，即将其点燃，发出警报，远处军队根据烽烟或火光前来增援。平时，烽燧戍卒必须巡查边塞，察看是否有人“越塞阑出入天田迹”。天田即边塞外沿线铲除杂草、铺以沙砾的地带，戍卒据以查看是否有匈奴入侵留下的痕迹，并防备有人偷越边关。据汉简分析，戍卒的编制应是这样：郡太守—都尉—侯—部（侯长）—隧长—戍卒。这是边塞地区的地方行政管理系统，因为对于汉塞，中央政府未设置统一的管理机制。

最先的戍卒应是当地人，边郡人本身就在边郡，他们是匈奴、胡羌等异族侵扰的直接受害者，为保护自己的生命财产和生活，而组织起来抵御侵略，他们除任骑士（正卒）外，还与内郡人一样充当戍卒以保护本郡安全与自身利益，他们熟悉地形，长期与匈奴、胡羌接触，了解敌情，一旦与胡羌冲突，防御的任务首先就落到他们身上。但由于汉代边疆人口有限，同时，淮阳郡、魏郡等内地郡在地理上靠近西北和北方，自战国以来经常处于战乱之中，或群雄

① 劳干：《汉代兵制与汉简中的兵制》，《历史语言研究所集刊》1948 年第 10 期。

并立互相交戈，或抵御外族保卫家园，居民富有军事素养。因此，汉代河西地区戍卒的主要来源是西北边郡和内地靠近边疆的诸郡。

而田卒的来源多是从来自于内地郡的戍卒中挑选而出或者直接来自内地郡。河西地区因祁连山的冰山融水形成了大片的绿洲，土地肥沃，牧草繁茂，是理想的游牧地区。月氏、羌族、氐族等民族依赖这种得天独厚的自然条件，在这里从事游牧业。所以河西地区的经济方式是游牧业，而河西地区本地人的耕种水平是有限的，但肥沃的土壤同样也适用于垦荒粮食生产，因此，在内地郡，许多无土地赖以生存的贫民开始迁徙，为河西带来了先进的农业种植技术，使得河西地区的农业得到快速的发展。因此，汉代河西地区的田卒的主要来源是农业发达的中原地区。

汉代河西地区开始了大规模的屯垦，从而使河西地区的农业获得突飞猛进的进展。河西屯田的范围，主要在走廊东部的绿洲区。到元封（前110—前105）后，又扩展到西部和北部的绿洲区。昭宣时期，河西屯田发展到湟中，西域屯田也在这一时期发展起来。所以从垦屯的发展不难看出由于对人数数量和农业分工要求的不同，田卒不再是唯一的劳动者。汉代河西地区屯田的劳动者成分主要有六类，在李古寅《汉代河西军屯劳动者成份和生活状况》[①]中有详细的介绍。戍卒，则主管烽燧守望；田卒，则主管治田；河渠卒，主管屯田水利；鄣卒，主管鄣塞；除道卒，主管清扫道路；望城卒，主管守望城垣；省卒，主管检察工作；养卒，负责给养后勤，他们总的都可称为戍卒。由此可以看出，戍卒是一个总称，不单指主管烽燧守望的人。

二　居延汉简戍卒、田卒输入原因

汉代，戍卒和田卒在河西地区的大量输入，和当时的军事防卫、经济开发有着密切的关系，总结起来可分为以下四类：自然灾害、政治原因、军事目的以及人地矛盾的结果。

---

① 李古寅：《汉代河西军屯劳动者成份和生活状况》，《社会科学》1983年第4期。

（一）西汉最严重的自然灾害为水灾

《汉书·武帝纪》记载："四年冬，有司言关东贫民徙陇西、北地、西河、上郡、会稽凡七十二万五千口，县官衣食振业，用度不足，请收银、锡造白金及皮币以足用。"① 一次水灾，就造成了七十二万五千口的移民。此次的人口输入，葛剑雄认为：内部原因固然是自然灾害，但其外部原因是在此两年之前，"匈奴浑邪王杀休屠王，并将其众合四万余人来降"②。河西一度出现了"地空"局面，因此，向河西输入人口便是当务之急。《汉书·食货志下》记载："山东被水灾，民多饥乏，于是天子遣使虚郡国仓廪以振贫。犹不足，又募豪富人相假贷。尚不能相救，乃徙贫民于关以西，及充朔方以南新秦中，七十余万口，衣食皆仰给于县官。"③ "徙民于关以西"，这确实是当权者的明智之举，当国库和富豪都没有办法救济这些饥民时，就让他们移民，既开发了边疆，又减轻了国家的压力。《汉书·成帝纪》中，对东郡人口的输出有以下记载："河平元年春三月，诏曰：'河决东郡，流漂二州，校尉王延世堤塞辄平，其改元为河平。赐天下吏民爵，各有差。'"④《汉书·沟洫志》中也有记载："汉兴三十有九年，孝文时河决酸枣，东溃金堤，于是东郡大兴卒塞之。"⑤ "后三岁，河果决于馆陶及东郡金堤，泛滥兖、豫，入平原、千乘、济南，凡灌四郡三十二县。"⑥ 因此，东郡人口的输出，其原因主要为水灾。《汉书·成帝纪》："秋，关东大水，流民欲入函谷、天井、壶口、五阮关者，勿苛留。"⑦ 而在汉代，人口最稠密的地区是关东。在关东，人口又集中在河南郡、颍川郡、陈留郡、东郡、济阴郡、东平国、鲁国、高密国、菑川国、北海郡、齐郡、千乘郡、巨鹿郡、清河郡以及河内郡、魏郡、中山国、赵国的

---

① 《汉书》卷6，中华书局1962年版，第178页。
② 葛剑雄：《西汉人口地理》，人民出版社1986年版，第165—166页。
③ 《汉书》卷24下，中华书局1962年版，第1162页。
④ 《汉书》卷10，中华书局1962年版，第309页。
⑤ 《汉书》卷29，中华书局1962年版，第1678页。
⑥ 《汉书》卷29《沟洫志》，中华书局1962年版，第1688页。
⑦ 《汉书》卷10，中华书局1962年版，第313页。

大部分、常山郡的一部分。[①] 关东的人口密集区与在居延汉简中所出现的戍卒、田卒的来源地大多相似。在汉武帝时期，关东地区土地开发殆尽，人口压力非常大，一有灾害便会出现大批流民，因此，自然灾害是关东人口输出的主要原因。

（二）政治原因

政治原因又可分为两类，一类是政治流放，另一类是都尉设置。《汉书·公孙刘田王杨蔡陈郑传》记载："廷尉当恽大逆无道，要斩。妻子徙酒泉郡。"[②] "其随太子发兵，以反法族。吏士劫略者，皆徙敦煌郡。"[③] 可见，汉代河西地区的戍卒、田卒中的一部分是由罪犯及其家属而组成。在《后汉书·明帝纪》记载中，明确指出了罪犯与其家属发配河西的一些规定，永平十六年（73）"九月丁卯，诏令郡国中都官死罪系囚减死罪一等，勿笞，诣军营，屯朔方、敦煌；妻子自随，父母同产欲求从者，恣听之；女子嫁为人妻，勿与俱。谋反大逆无道不用此书。"[④] 这些被徙的罪犯及其家属多是不被允许迁回内地的，需要终生留在边疆。因此，政治流放就是原因之一。

为了将河西地区创建为开拓西域的重要基地，汉王朝在设置河西四郡的同时，又设置了众多的"都尉"之官。西汉河西地区设置都尉有五种类型，郡都尉、属国都尉、部都尉、关都尉和农都尉。虽然他们职责有所侧重而不尽相同，但相同的一点是他们都担任不同程度的军事职责。需要长期驻扎在外，都尉的设置，使得一批政府官员及其家属都迁往河西地区，这也是河西地区戍卒、田卒的输入原因之一。

（三）战争原因

由于战争的缘故，士兵征战，有些因受伤等原因，留在了战争发生地。《汉书·武帝纪》记载："六年冬十月，发陇西、天水、安定骑士及中尉、河南、河内卒十万人，遣将军李息、郎中令徐自为

---

① 葛剑雄：《西汉人口地理》，中华书局1986年版，第101—102页。

② 《汉书》卷66《杨恽传》，中华书局1962年版，第2898页。

③ 《汉书》卷66《刘屈氂传》，中华书局1962年版，第2882页。

④ 《后汉书》卷2，中华书局1965年版，第121页。

征西羌，平之。”[1] 资料显示出河南郡、河内郡等地出现了人口的输出。《汉书·西域传上》中记载：“汉兴至于孝武，……其后骠骑将军击破匈奴右地，降浑邪、休屠王，遂空其地，始筑令居以西，初置酒泉郡，后稍发徙民充实之，分置武威、张掖、敦煌，列四郡，据两关焉。”[2] 战争开拓了新的疆域，便需要大量的人口对新的疆域进行开发建设。不仅有为建设新疆域而输入的人口，还有因为躲避战祸而至的人口。《后汉书·孔奋列传》载道：“遭王莽乱，奋与老母幼弟避兵河西。……时天下扰乱，唯河西独安。”[3]《后汉书·窦融列传》中也记载道：“河西民俗质朴，……安定、北地、上郡流人避凶饥者，归之不绝。”[4]

除上述三原因外，人地矛盾也是诱发河西戍卒和田卒来自内郡的一个原因。如表1—2、表1—3所示，魏郡、东郡、淮阳郡、南阳郡、河南郡、河东郡、济阴郡，这些郡土地面积较之河西四郡小得多，然而人口密度却很大，是典型的狭乡，而河西地区人口密度每平方公里还不到一个人，是典型的宽乡。前已论及表1—3中的七郡皆为居延汉简中所记录的汉代河西戍卒和田卒主要来源。这主要是因为这些郡人多地少，为了生计，当地人积极响应汉廷的号召，主动要求作为戍卒到边疆戍守，或作为田卒到西北的广袤土地上开垦荒地，以此既缓解了人多地少的矛盾，同时也开发了河西地区。

但从大体上看，汉朝统治河西后的最初几年，面临的第一要务就是如何巩固在河西的统治。随着汉廷对河西地区统治的渐渐稳固，西汉统治者也逐步加强对河西地区资源的开发，以使河西地区逐渐富庶起来。因此，各种原因在汉朝对河西统治的不同时期所体现出的重要性也就存在着很大的差异，军事目的和政治考虑在统治之初最为明显，而经济开发主要是在河西逐渐稳定之后，出于对边疆开发的考虑。

---

① 《汉书》卷6，中华书局1962年版，第188页。
② 《汉书》卷96上，中华书局1962年版，第3873页。
③ 《后汉书》卷31，中华书局1965年版，第1098页。
④ 《后汉书》卷23，中华书局1965年版，第799页。

表 1—2　　**元始二年部分郡人口密度**

郡（国）别	面积（平方公里）	每平方公里人口数	郡（国）别	面积（平方公里）	每平方公里人口数
魏郡	10800	84.2	河南郡	11250	154.7
东郡	13500	122.9	河东郡	36090	26.7
淮阳国（郡）	11000	89.2	济阴郡	6210	223.2
南阳郡	46170	42.1			

注：汉高祖时，置淮阳国，汉惠帝、吕后时改国为郡。

表 1—3　　**元始二年河西四郡人口密度表**

郡（国）别	面积（平方公里）	每平方公里人口数	郡（国）别	面积（平方公里）	每平方公里人口数
武威郡	33250	0.9	酒泉郡	58250	1.3
张掖郡	135500	0.7	敦煌郡	149750	0.3

注：表中的数据来源于梁方仲所编，上海人民出版社 1980 年出版的《中国历代户口、田地、田赋统计》第 18—19 页。

三　戍卒、田卒对河西地区的影响

汉代河西地区戍卒、田卒的输入对河西地区的影响是多方面的。

（一）在政治上，汉朝政府通过输入戍卒、田卒起到了巩固统治的作用

戍卒和田卒向河西地区的输入实际上也是一项有效的移民政策，汉王朝把中原人地矛盾尖锐地区的人和遭受自然灾害而无力生存的人通过政策导向迁移到河西地区，减缓了内地的人地矛盾，给灾民一片生存之地，在一定程度上减少了流民的数量，化解了潜在的社会危机，维护了王朝的内部统治。而从抵御入侵的角度看，通过输入戍卒、田卒到河西地区，增加了这一地区的人口数量，等同于提供了充足的当地兵源。而戍卒、田卒的输入以及屯田的大规模开展使河西地区作为新农业区和内地老农业区连成一片，加强了边疆和内地经济基础的同一性，为抵御外侵奠定了基础。

（二）军事上，保证了边防的安全并提高了军队的战斗力

西汉政府实现了“通西域”、“隔绝羌胡、匈奴”的战略目标，并将河西地区发展为西北边防重地，也为西汉王朝进一步进军西域的目标打下了基础。都尉的设置，也体现出河西地区的军事战略地位十分重要。戍卒和田卒的输入，保障了河西地区的边防安全，也巩固了国防。屯田的实施，使边陲要塞形成了一个个具有独立从事战争能力的军事经济基地，西汉军队以这些基地为依托，改变了过去那种轻兵深入且粮草不能有所保障的被动局面，使匈奴军队快速突击、速战而去、频繁骚扰的战术特长受到极大限制，缩小了他们的活动区域，减弱了他们给边疆人民造成的侵袭、掠夺之害。军队的后勤保障得到加强，也增强了军队的战斗力，特别是持续作战的能力。另外，河西地区天然良好的自然条件，使其地区的畜牧业得到很好的发展，例如马匹，在冷兵器时代，骑兵的战斗力是非常强大的，矫健的马匹使得西汉王朝的战斗力也进一步提升。

（三）经济上，改变了河西地区的经济结构

在汉代河西地区进行戍边、屯田前，河西地区长期处于无人居住或未开发状态，仅作为游牧之地。进行戍边、屯田后，使得河西地区其中一些自然条件比较适宜的地区得到初步开发，来自关东农业发达地区的戍卒、田卒带来了先进的农业技术，在土地充足的情况下建成了一些小规模的农业区。河西地区形成了农业和畜牧业混合的一种经济方式。不仅使戍卒的经济有了保障，而且减轻了内地人民的压力，兵农结合，持久地开发了河西地区。达到“通西域”的目标后，河西地区成为通往中原地区与西域的咽喉要道，边防的安全，也保障了来往商旅的人身财产安全。来往的商旅带动了河西地区的商业发展，繁荣的商业大大增加了西汉政府的经济实力。

（四）文化上，促进了中原与边疆、中西文化的传播

张骞前后共代表汉王朝出使西域两次，早在汉武帝设置河西四郡之前，张骞就有过以军事联合为目的的“凿空”之行，虽然没有达到目的，却起到了文化传播的作用，在元狩四年（前119），张骞第二次奉派出使西域，到了大宛、康居、月氏、大夏等国取得了良好的效果，其中一个重要原因就在于中央王朝统治河西之后，通

过向河西输入戍卒、田卒，保证了河西地区的统治，为中原文化和边疆文化的传播提供了保障。而从戍卒和田卒本身来看，他们在河西地区从事共同的活动，但来源比较广泛，戍卒、田卒之间的交流是一种边疆与中原文化传播的有效途径。从戍卒、田卒的身份上看，其中一部分是谪居到此的官吏，深受传统儒道文化的熏陶，给边疆带去了中原的管理制度和礼仪文化，这些都对边疆与中原文化及其中西文化的传播起到了积极作用。戍卒、田卒的输入，以及与西域的商业往来，使得各民族长期杂居相处，互相往来，促进了民族融合，对中华民族的形成和发展做出了贡献。

第四节　西汉河西地区防御工程体系及相关问题

元狩二年（前121）春夏，霍去病先后两次西征匈奴，使河西地区纳入了西汉版图。为了巩固这一成果，汉武帝先后在河西地区设置了郡县，并修筑了若干军事防御设施，继武帝之后，在西北部地区陆续修筑了各类军事防御设施，以与原秦长城共同构成汉帝国北部的防御系统。西汉河西地区的防御工程是北部边防系统的重要组成部分，对河西地区乃至整个汉王朝产生了重要影响。

一　河西地区防御工程的种类

自河西地区纳入汉王朝的版图后，西汉政府便在此修筑了塞、障、坞、虎落、关、水门、天田、烽燧、柃柱、县索等军事防御设施，形成了独具特色的西汉河西地区防御体系。这些防御设施的具体功能有别，按功能可分为防御性、侦查性、报警兼防御性、警示性等。

（一）防御性建筑

1. 塞

《说文》解释："塞，隔也。"塞本义为阻隔，后引申为边界或险要处，如《史记·苏秦列传》记载："秦四塞之国，被山带渭。”[①] 塞为边防设施的专有名词始于汉代。《史记·匈奴列传》中就有匈奴“与中国界于故塞”[②] 的记载，又有“先帝制：长城以北，引弓之国，受命于单于；长城以内，冠带之室，朕亦制之”[③]，可见汉人将秦长城称为故塞。而汉代所筑长城皆称为塞，“汉文献中某某塞皆指一段长城”[④]。传世文献中和汉简中皆有出塞、塞外、北塞、关塞、居延塞等词出现，这些“塞”，有些专指长城，如居延塞；有些泛指包括汉长城在内的沿线所有的防御工程，如北塞、塞外等。

西汉王朝建立后，就着手修缮长城。汉高祖到汉武帝初年主要修建了秦昭王时的长城，并“缮治河上塞”，其主要目的是抵御匈奴的南侵，巩固边防。从汉武帝派霍去病击败河西匈奴到武帝末年，为“断匈奴右臂”和开拓西域，在河西地区北部和西部修建了令居塞及其以西至盐泽的塞、居延塞等。汉宣帝时又修建了媪围至揟次段的长城。

西汉河西地区北部和西部长城修筑概况，根据学者们的研究[⑤]，列表如下：

表1—4 **西汉河西地区北部和西部长城修筑概况表**

主要汉塞段	修筑时间	大致走向
令居至酒泉段（令居塞）	元鼎二年—六年（前115—前111）	令居（今永登县）—张掖—休屠泽（今民勤县东北）—武威—山丹—酒泉北（今张掖市甘州区）

① 《史记》卷69，中华书局1959年版，第2242页。

② 《史记》卷110，中华书局1959年版，第2888页。

③ 《史记》卷110《匈奴列传》，中华书局1959年版，第2902页。

④ 陈梦家：《汉简缀述》，中华书局1980年版，第208页。

⑤ 陈梦家：《汉武边塞考略》，《汉简缀述》；刘光华：《西汉西北边塞》，载甘肃省文物考古研究所、西北师范大学文学院历史系《简牍学研究》（第4辑），甘肃人民出版社2004年版；吴礽骧：《河西汉塞》，《文物》1990年第12期；李并成：《河西走廊历史地理》，甘肃人民出版社1995年版。

续表

主要汉塞段	修筑时间	大致走向
酒泉至玉门关段	元鼎六年—元封四年①（前111—前107）	毛目②—北大河—三墩西北—临河—盘堡北—沿疏勒河向西—今玉门市—安西—敦煌西北—玉门关
额济纳河段（居延塞③）	太初三年（前102）	毛目之南—沿额济纳河（弱水）—居延泽（今额济纳旗境内）
玉门西至盐泽段	天汉初年（前100—前97）	玉门关（今敦煌市西北）—盐泽（今罗布泊）
媪围至揟次段	地节三年（前67）	景泰县—媪围县故城北—古浪县土门附近

注：居延塞主要包括由居延都尉管辖的殄北候官塞、遮虏障、居延候官塞、甲渠候官塞、卅井候官塞以及肩水都尉管辖的广地候官塞、橐他候官塞、肩水候官塞、仓石候官塞、庾候官塞等十段塞。

由表1—4可以看出，河西汉塞的修筑时间主要在汉匈对峙激烈的汉武帝时期，其基本上是沿河西走廊北山（马鬃山、合黎山、龙首山）分布。从东起令居（今永登县）西到酒泉的令居塞呈现“几”字形走向；居延塞则由居延泽西沿弱水南到酒泉北部，呈现东北—西南走向；酒泉到玉门则大致呈现东西走向；令居塞和酒泉至玉门关段的塞与居延塞基本相连，呈现出“人”字形的分布特点。河西“长城建筑在合黎山南”，“由敦煌筑来的长城，顺弱水西侧而下，直抵居延泽畔，再溯弱水东侧南行，至于合黎山下；过焉支山后，再顺谷水西侧而下，直抵休屠泽畔，又溯谷水东侧南行，到达武威郡治所姑臧县的东北”④。当然，除了河西走廊北部汉塞

---

① 陈梦家、李并成等认为，元封四年汉塞筑至玉门关段，而刘光华则持元封三年说。

② 今金塔县鼎新镇东北友好村，为黑河与北大河交汇处。

③ 景爱认为，居延塞是由一系列的城障、烽燧组成的低矮的塞墙，也非夯筑，不具有长城的特征，因此尚不能将其视为长城。（见景爱《中国长城史》，上海人民出版社2006年版，第193—195页）笔者则将笼统意义上汉朝边境上凡是由连续的城障、烽燧等组成的防御设施皆视为汉长城。

④ 史念海：《论西北地区诸长城的分布》；载中国长城学会：《长城国际学术研讨会论文集》，吉林人民出版社1995年版，第175页。

外，“同时在走廊南部祁连山区主要隘口亦有城垣防护。由此构成颇为完备的防御体系”①。

总之，河西走廊北部汉塞，由东到西，呈现出“几”、“人”、“一”字形相连接的汉塞布局特点；而南部则充分利用祁连山山脉屏障，仅在沟谷险要处修筑城垣。

据陈梦家考证和计算，从令居到玉门关的北边塞长为950公里，约合2375汉里；居延塞（不包括居延候官塞）总长360公里，约合900汉里，河西走廊北部汉塞总计长约为3275汉里。

2. 障

《说文》解释：“障，隔也”，可见障的本意是阻隔。《史记·蒙恬列传》载：“太史公曰：吾适北边，自直道归，行观蒙恬所为秦筑长城亭障。”②《汉书·武帝纪》颜师古注：“汉制，每塞要处别筑为城，置人镇守，谓之候城，此即障也。”③可见，障为先秦、秦汉时期在边塞地势险要之处修筑的军事防御城堡。

陈梦家认为塞与障既区别又有联系，“每一段百里左右的塞墙，设一候，其治所为候官，其辅佐为塞尉。候或称塞候，或称障候；然则塞与障又可通用，因此障塞也即是塞”④，他通过考证，认为“（居延边塞）候官所在称障，都尉所在应称城”⑤。然而，吴礽骧根据新出土的简牍资料考证，候官治所亦可称为障。笔者认为，障本为边境上规模较小的军事防御城堡，亦被称为小城，所以边境的城与障无实质区别。

据《汉书·西域传上》记载，“汉列亭障至玉门矣”⑥。由此可知，西汉王朝沿汉塞险要处筑有大大小小的障。传世文献和简牍资料常见到的障如表1—5所示：

---

① 李并成：《河西走廊历史地理》，甘肃人民出版社1995年版，第160页。
② 《史记》卷88，中华书局1959年版，第2570页。
③ 《汉书》卷6，中华书局1962年版，第202页。
④ 陈梦家：《汉简缀述》，中华书局1980年版，第210页。
⑤ 同上书，第45页。
⑥ 《汉书》卷96上，中华书局1962年版，第3876页。

表 1—5　　**西汉河西地区所见部分障概况表**

郡 名	障名或治所	所 属	类 型
武威郡	熊水障（休屠县）	休屠都尉	郡都尉障
酒泉郡	偃泉障（会水县）	北部都尉	部都尉障
	东部障（会水县）	东部都尉	部都尉障
	西部障（乾齐县）	北部都尉	部都尉障
敦煌郡	昆仑障（广至县）	宜禾都尉	郡都尉障
	步广候官	中部都尉	部都尉障
	小方盘城 T14 处；后坑一带；马圈湾	玉门都尉	关都尉障
	大煎都候官障（T6b；汉平帝时迁马圈湾）	大煎都候官	候官障
	玉门候官障（马圈湾；汉平帝时东迁他地）	玉门候官	候官障
张掖郡	遮虏障	居延都尉	部都尉障
	甲渠候官障（破城子 A8 遗址）	甲渠候官	候官障
	肩水都尉障（大湾城 A35 遗址）	肩水都尉	部都尉
	肩水候官障（地湾城 A33 遗址）	肩水候官障	候官障

注：1. 依据《汉书·地理志》、陈梦家《汉简缀述》、《文物》1990 年第 12 期吴礽骧的“河西汉塞”、《简牍学研究》第三辑中何双全的“论西汉敦煌玉门关的三次变迁”以及相关简牍资料等所作。2. 表中所列的障除传世文献明确记为障的外，还将候官治所视为障，文中仅列已被考古资料证实的候官障。

由表 1—5 可以看出，河西地区主要障归郡都尉、部都尉、候官所辖，这些障往往修筑在汉塞或关口的险要处，可见汉廷对长城防御功能的重视。

3. 坞

《说文》解释：“坞，小障也，一曰庳城也。”文献中也称坞堡、坞壁、堡壁、垒壁等。实际上坞是一种靠近障或燧的防御建筑。简文①中经常见到关于坞的记载：

---

① 本节所用汉简材料为吴礽骧等：《敦煌汉简释文》，甘肃人民出版社 1991 年版；谢桂华、李均明、朱国炤：《居延汉简释文合校》，文中简称合校；甘肃省文物考古研究所等：《居延新简》，文物出版社 1990 年版。

（1）到北界举坞上旁蓬一通夜坞上☐　　合校 13.2

（2）出坞上苣火一通　元延二年七月辛未☐

合校 39.20

（3）兵内户坞户亭　　合校 96.2

可见坞确为一种靠近边塞，类似于障，具有防御功能并能为传递军事信息提供便利的建筑。

4. 虎落

虎落又称虎路，《汉书·爰盎晁错传》中颜师古注郑玄说："虎落者，外蕃也，若今时竹虎落也"，苏林曰："作虎落于塞要下，以沙布其表，旦视其迹，以知匈奴来入，一名天田"，颜师古曰："苏说非也。虎落者，以竹篾相连遮落之也。"① 劳干解释，虎落"或用竹，或用木"②。可见，虎落为一种在关隘、要塞、长城外修筑的竹或木相连的栅栏。侯丕勋根据汉简和相关文献推断"文献中的'虎落'、'虎路'与简牍中的'彊落'，确系名异实同"③，笔者赞同此说。简文中也有记载，如：

（1）☐来南渡临莫燧彊落天田☐　　合校 239.22

（2）四百廿人代运薪上转薪立彊落上蒙涂辎车衮二百六十一丈率人日涂六尺二寸奇六尺　　居延新简 EPT59：15

由简文可知虎落往往靠近天田；由于居延地区没有竹子，因此用大量的薪来筑造虎落。

5. 关

《说文》解释："关，以木横持门户也。"可见，关本义为门闩，其重要性不言自明。秦汉时期，往往在险要、扼喉处设置关口，以

① 《汉书》卷 49，中华书局 1962 年版，第 2287 页。

② 劳干：《释汉代之亭障与烽燧》，载"国立中央"研究院《历史语言研究所集刊》（第 19 本），商务印书馆 1949 年版，第 512 页。

③ 侯丕勋：《塞天田制度考述》，载西北师范大学文学院历史系、甘肃省文物考古研究所《简牍学研究》（第 1 辑），甘肃人民出版社 1996 年版，第 128 页。

保障境内安全。西汉王朝在河西地区设有的主要关有阳关、玉门关、金关、悬索关。

阳关和玉门关都在敦煌郡西北，两关分别由阳关都尉和玉门都尉把守。据何双全的论证“西汉时期，先有玉门都尉，而后有玉门关”，“武帝至昭帝时，玉门关和玉门都尉府同驻小方盘城。宣帝至哀帝时，分迁向西，与大煎都候官相依存，同住T6b和T5一带。平帝至王莽时，又与大煎都候官一起同时东迁马圈湾”①。据此可知玉门关的治所关依次为：小方盘城、后坑一带、马圈湾。阳关“其遗址似在今敦煌县西南南湖乡的墩墩山口”②。两关在维护汉朝西部安全和保障丝绸之路畅通方面有重要的作用。

金关、悬索关。由考古发掘和居延汉简可知，汉王朝还在张掖郡北面的黑河一线上设有金关和悬索关。金关位于肩水候官治地湾城（今金塔县）北600米处，夹黑河东西两岸北延的两道塞垣交汇处。名为“金关”，意为固若金汤的关口。悬索关，在居延都尉辖区内，关址至今未找到。吴礽骧认为“（悬索关）遗址似在今内蒙古额济纳旗以南、额济纳河东岸布肯托尼（A22）附近的卅井塞上”③。悬索关与其南部的金关隔黑河相望，形成险要的地形。河西地区有了此两关的双重防御，必然增强了北部防务。

6. 水门

汉长城跨越河道有一段特殊设施——水门。汉塞有的地段因河道阻碍，给北面的匈奴人可乘之机，于是汉廷在这些河道处用木料修建成栅栏长城，栅栏中间留有水门，水从中流下去。这样使得河道栅栏、水门与汉塞连成一片，更好地起到了汉塞的防御作用。汉简记：

（1）水门燧长屋兰富贵里尹野　本始二年七月癸酉除 见☐

合校 14. 25

① 何双全：《论西汉敦煌玉门关的三次变迁》，载西北师范大学文学院历史系、甘肃省文物考古研究所《简牍学研究》（第3辑），甘肃人民出版社2005年版，第202页。

② 吴礽骧：《河西汉塞》，《文物》1990年第12期。

③ 同上。

（2）☐所持木杖画灭迹复越水门　合校 336.32

由此可以看出水门能便利侦查任务以更好地发挥防御功能。

（二）侦察敌情的工程——天田

《汉书·爰盎晁错传》中颜师古注苏林曰："作虎落于塞要下，以沙布其表，旦视其迹，以知匈奴来入，一名天田。"[①] 根据天田修缮的地方，可分为建在长城外的"塞天田"，建在部和隧的"部天田"、"隧天田"，建在沙漠戈壁的"沙中天田"，建于河道边的"河水中天田"。天田一般呈长方形，塞天田因沿长城修缮，因此呈带状。

天田是在空地上铺上细沙或土判断敌情的设施，要它不断发挥作用，就要进行必要的工作——"锄治"和"耕画"。锄治是始造天田，即平整一块土地，铺上细沙或土，修缮成一块天田。耕画是对已有天田的疏松和平整。简文常见吏卒治画天田：

（1）候长等各循行部严告吏卒明画天田谨迹候常☐

居延新简 EPT5：59

（2）□檄之曰亭卒□一人候望缴迹画治天田人力不足□

敦煌汉简释文 2017

当然要使天田发挥它的作用，吏卒必须每天要查看天田上是否有人马的足迹，从而判断敌情，汉简称"迹"、"日迹"。吏卒按规定要将"迹"记录在册，形成"日迹簿"。汉简记：

（1）候长充候史谊　三月戊申积丁丑积卅日日迹从第四隧南界北尽第九隧北界毋兰越塞出入天田迹

居延新简 EPT56：25

（2）☐甲渠候长遂昌候史道得日迹簿

居延新简 EPT58：76

① 《汉书》卷 49，中华书局 1962 年版，第 2287 页。

由此可见天田及其相关制度对于边防的侦查任务至关重要。

（三）报警兼防御双重性建筑——烽燧

《说文》解释：烽，“燧候表也，边有警则举火”，燧，“塞上亭守烽火者”。烽燧连用则有两层含义，一指烽火，一指亭隧。[①] 薛英群认为，烽指信号，为燧之表，而燧则是施放信号和观察、瞭望的建筑，即烽台。[②]

烽燧的防御功能是显而易见的，笔者仅论及它的报警功能。在西周末期“幽王为烽燧大鼓，有寇至则举烽火”[③]，后来为博褒姒一笑，上演了一场“烽火戏诸侯”的闹剧，最后导致身死国灭，为天下人笑。战国到秦汉时仍然沿用此制。汉简中经常会见到汉人利用烽燧放出的报警信号：

（1）望见虏一人以上入塞烦一责新举二蓬夜二苣火见十人以上在塞外烦举如一人□□

望见虏五百人以上若攻亭鄣烦一责新举三蓬夜三苣火不满二千人以上烦举如五百人同品

虏守亭鄣烦举昼举亭上蓬夜举离合火次亭遂和烦举如品

敦煌汉简释文 2257

（2）●匈奴人昼入甲渠河南道上塞举二藁坞上大表一燔一积薪夜入燔一积薪举堠上二苣火毋绝至明殄北三十井塞上和如品　　居延新简 EPF16：3

由以上两则汉简材料，可以看出汉塞戍卒经常使用烽燧发出信号，并且有一定的规定。王国维认为，汉代烽燧制中，烽用火燧用烟；夜宜火昼宜烟；有不燃之烽称为表，夜则举烽，昼则举表。[④] 陈梦家通过文献和汉简对比，则认为“夜以火乃指燔积薪与举苣火，即是燧——燧之初义为火。白日所举的烽、表、烟可以总称为

① 陈梦家：《汉简缀述》，中华书局 1980 年版，第 170 页。

② 薛英群：《居延汉简通论》，甘肃教育出版社 1991 年版，第 464 页。

③ 《史记》卷 4《周本纪》，中华书局 1959 年版，第 148 页。

④ 罗振玉、王国维：《流沙坠简》，中华书局 1993 年版，第 139 页。

烽，夜间所燔的积薪与苣火，可以总称为火或燧，所以烽火、烽燧乃兼日夜而言”[1]。综合各家说法，烽燧的报警信号包括以下几种情况。

1．烽

是一种具有杠杆原理的“桔槔”及一端“兜零”所发出的信号。白天有紧急情况，点燃兜零里的狼粪等使产生烟，再用桔槔将兜零吊在烽火台上报警。夜晚则点薪草产生火光来报警。

2．表

是一种用布帛制成的旗帜，再用桔槔举起发的信号。由于是旗帜显示的信号，所以只能白天用。

3．烟

是一种白天点燃烽火台、堠、亭上的薪、草、狼烟等产生烟柱发出来的信号。由于要产生烟柱，就必须有烟囱，其与烽最大区别是：烽的烟是散乱向四周冒的，而它的烟往往是直的。

4．苣火

是一种燃苣所产生的火光以报警的信号。西北所用的苣，一般用苇草制成，当夜晚有敌情时，就点燃烽火台、堠、亭上的苣以报警。

5．燔薪

是一种点燃平时积攒的薪草所报的信号。积薪一般放在距烽堠10米或更远的地方。白天点燃薪草以烟柱为信号，夜晚则点燃薪草以火光为信号。

（四）警示系统设施——柃柱、县索

柃柱和县索是警示敌人的建筑标示，简文所见关于柃柱、县索记载如：

（1）天田索北行去隧一里所入塞折□☑

居延新简 EPT59：66

（2）天田皆画县索完柃柱完　　居延新简 EPT59：23

---

① 陈梦家：《汉简缀述》，中华书局1980年版，第172页。

(3) ●匈奴人渡三十井县索关门外道上隧天田失亡举一蓬坞上大表一燔二积薪不失亡毋燔薪它如约

居延新简 EPF16：6

由以上三则简牍材料可以看出柃柱和县索两种建筑建在临近烽燧和天田的地方，起警示敌人的作用。

二　西汉河西地区防御工程的特点

第一，因地制宜。西汉防御工程尽可能利用当地的地形、地势修筑。蒙恬修筑秦长城时，“因边山险堑溪谷可缮者治之，起临洮至辽东万余里”①，“累石为城，树榆为塞”②。这些记载是秦时蒙恬在北部修筑长城时利用山险、石或榆树而筑成长城，充分体现了筑长城中因地制宜的原则。

汉承秦制，在修筑长城上也继承这一原则。其往往依据地形、地势来修筑长城，“所修筑的长城并非都由地面垒高，有的则是掘成长堑，今永登县境的长城遗迹就是如此。令居以西的长城，由永登县北至今金塔县和酒泉市，也都是就地掘成堑壕。酒泉以西，才在地面筑城”③。就汉长城主体而言，一般由城垣、烽燧、障组成，但也会依地形、地势有所变化。居延塞的北段因有居延泽里的大量沼泽，无法修筑连续的城垣，因此它仅有烽燧和障，但它因利用了居延泽的天然沼泽，其防御功能并没有因无高大连续的城垣而减弱；在河西走廊南部则有崎岖的祁连山为险，因此只在重要隘口修建城垣；在汉塞的一些水道中修建栅栏和水门，在平地上建筑障、坞、虎落，在地势险要处分别设玉门关、阳关、金关、悬索关，这些都体现了因地制宜的原则。

第二，工程北多于南，形成了独具特色的西汉西北防御体系。汉武帝在取得河西之地后，在秦长城的基础上修筑了汉长城即汉

---

① 《史记》卷110《匈奴列传》，中华书局1959年版，第2886页。

② 《汉书》卷52《窦田灌韩传》，中华书局1962年版，第2401页。

③ 史念海：《论西北地区诸长城的分布》，载中国长城学会：《长城国际学术研讨会论文集》，吉林人民出版社1995年版，第175页。

塞。河西地区的汉塞包括令居塞、媪围到揟次、酒泉到玉门关段、居延塞。从东起令居西到酒泉的令居塞，沿河西走廊北山南麓分布，大致呈现“几”字形走向；居延塞则由居延地区沿弱水到酒泉，其呈现东北—西南走向；酒泉到玉门关段则基本上呈现东西方向的“一”字形走向；三塞绵延2600多里，基本上呈现出“几”、“人”、“一”字形依次排列的河西汉塞防御布局。此外，汉塞上还有障、坞、虎落、关、水门、天田、烽燧、柃柱、县索等配套工程。河西走廊南部则是依祁连山之险，仅有个别关隘城垣来防御羌等少数民族。

因地形差异，造就了河西防御工程北多于南的格局。除此之外，这也是汉统治者在边防上的远见卓识。对于汉帝国来说，强大的匈奴才是自己真正的敌人，因此在夺得河西地区后，在河西北山修筑以长城为主体的相当完备的防御工程，而南部则是实力相对较弱的西羌，仅用祁连山之险和重要的关隘、城垣就能抵御西羌南犯。

第三，所筑防御工程一应俱全，形成相当完备的防御体系。河西走廊北部汉塞城垣绵延2600多里，形成一道宏伟的防御工程。汉塞的配套设施有障、坞、虎落、关、水门等防御性设施，又有天田这种侦查性设施，又有报警兼防御双重性建筑烽燧，还有警示性设施柃柱、县索。可以说，河西地区防御设施应有尽有。这些设施相互配合能最大限度地抵御边境上少数民族的侵扰，这样一种相当完备的防御工程在维护汉王朝边疆的安定、保障丝绸之路的畅通上发挥着重要作用。

第四，层层设防，布局配套。居延地区西接马鬃山，南接河西走廊，地理位置显赫，是匈奴侵扰汉边的便利通道，是匈奴与汉廷直接对峙的前沿阵地。因此，汉王朝尤其重视这一地区的防御。这一地区的防御设施，由北而南大致为居延泽、殄北候官塞、遮虏障、居延县城、居延候官塞、甲渠候官塞、卅井候官塞、悬索关、广地候官塞、橐他候官塞、金关、肩水都尉障、肩水候官塞、仓石候官塞、庾候官塞、酒泉北部都尉偃泉障等。这些防御既有天然的居延泽及弱水等河湖，又有由北而南的一段段塞及其配套设施，又有悬索关、金关两关，也有各城障府、壕堑、水门等。可以说，居延地区层层设防，从而最大限度地抵御匈奴侵扰。

三 河西地区防御工程的功能

第一，西汉河西地区防御工程的修筑是西汉王朝开疆拓土的结果，巩固了汉帝国的统治。这些防御工程是河西四郡的郡都尉、部都尉、关都尉、属国都尉及其田卒、戍卒守边的重要依赖，是边防系统的重要组成部分。这一系统工程修筑后，匈奴和西羌等其他少数民族再也无力回天重夺河西之地，汉帝国在河西的统治得到了巩固。

同时，霍去病击败河西匈奴后，解除了汉初以来匈奴对关中地区的直接威胁，河西防御工程是关中西部的一道大屏障，汉王朝只要加强河西防卫，就可御匈奴于国门之外，确保长安的安全。总之，河西防御工程是汉帝国在西北大门口的一个盾牌，它对维护河西乃至整个帝国的安全至关重要。

第二，保障了丝绸之路及其贸易的畅通，保证了河西屯田和移民实边的顺利进行，从而促进了河西地区的开发。河西汉塞从北部抵御了匈奴侵扰，南部的祁连山及其重要关隘、城垣又抵挡来自西南少数民族的侵扰。南山北塞的双重安全保障使得河西走廊相对安定，丝绸之路上来来往往的商人络绎不绝，货物也源源不断地运出运进。这些防御工程更为河西屯田开垦和移民实边创造了相对安定的条件，便利了中原的耕作技术如牛耕、灌溉、代田法等在河西地区的推广。这些耕作技术与河西自然环境结合，形成了独具特色的绿洲农业。这里此前是天然的畜牧之地，汉廷也没有完全放弃畜牧业的经营，而是协调畜牧与农耕的发展，于是河西走廊逐步形成了以农耕为主、农牧结合的经济模式。

第三，是汉王朝军事战略的一个部署。纵观汉匈关系，是在和亲和战争中徘徊。汉武帝时，国力强盛，汉军展开了对匈奴的出击，逐渐改变了汉匈战争中汉王朝被动挨打的地位。河西归汉后，汉廷在此地修筑了由东到西的以长城为主体的军事防御工程，使匈奴难以从西北地区侵扰汉边。正如白音查干所说：“汉武帝认识到河西地区的战略地位，用兵西北，力夺河西，并建造了令居至盐泽和居延至酒泉的两道长城进行保卫。河西走廊内的长城像一把利剑，斩断匈奴右臂，隔绝了与羌人的联系。匈奴失去河西地区之后，军事上处于孤立无援的境地。"①

笔者认为，西汉修筑的防御工程从战略上为对匈战争做了布局。即西汉王朝在河西走廊北部以相当完备的防御工程抵御匈奴从西北方向侵袭，南部则以祁连山之险隔绝羌胡联系，以此孤立了匈奴。从元狩二年（前121）河西归入汉王朝版图起，直到西汉末年，河西一直就是汉匈战争的前沿阵地。匈奴从西北侵扰时，汉军主力以河西防御工程为后方，屯兵坚守不出，以逸待劳，伺机而动；汉军主动出击时，又以河西为基地，寻找匈奴主力与之决战；汉王朝也以此为基地，与其他少数民族部队联合夹击匈奴。总之，在对匈战争上西汉政府始终以河西走廊为基地，从而把握战争的主动权，以保持西汉王朝在汉匈对峙中的优势地位。同时，汉廷也以此为军事大本营，向西用兵，开拓西域。而河西地区以汉塞为主的防御工程是发挥好军事基地作用的重要组成部分。从这个意义上来说，河西防御工程的修筑是汉王朝军事战略的一个部署。

第四，为中原和西域及中西之间经济、文化的顺利交流提供了条件。河西归汉后大批的汉军驻扎在居延、休屠、酒泉、敦煌等据点。汉军依赖相当完备的河西防御工程，河西之地无后顾之忧，于是汉军以此为基地向西域进军。太初元年（前104）至天汉元年（前100），汉武帝以取汗血马为由，对大宛发动了两次苦战，后击破大宛。其后，"西域震惧，多遣使来贡献，汉使西域者益得职。于是自敦煌西至盐泽，往往起亭，而轮台，渠犁皆有田卒数百人，置使者校尉领护，以给使外国者"②。随后，汉廷以河西为基地，断断续续发动对西域的攻势。直至神爵二年（前60），主管西域事务的匈奴日逐王先贤掸率众降汉，西域遂为汉王朝所有，随后汉王朝设置了西域都护以经略西域。同时，河西是重要的经济文化通道。

① 白音查干：《汉长城考察与研究》，《内蒙古师大学报》1987年第1期。

② 《汉书》卷96上《西域传上》，中华书局1962年版，第3873页。

河西防御工程保障了这条通道的畅通，从而为中原和西域、中西之间的经济、文化正常交流提供了保障。

西汉所建河西军事防御工程，是汉王朝在强盛时对匈奴作战优势的体现，其防御功能并非固定不变的，也会随着汉匈关系变化有所调整。河西防御工程修筑后，“为边寇者少利，希复犯塞”①，汉宣帝地节二年（前68），“是时，匈奴不能为边寇，于是汉罢外城，以休百姓”。匈奴单于认为这是西汉王朝友好的象征，于是“召贵人谋，欲与汉和亲”②。这次和亲政策虽未付诸实施，但已经预示了汉匈友好的开始。五凤四年（前54），汉又“以边塞亡（无）寇，减戍卒什二”③，到甘露二年（前52）汉匈关系迎来了新的发展，形成了北方边疆“数世不见烟火之警，人民炽盛，牛马布野”④的和平局面。由此可以看出这些防御工程的防御功能也会随着汉匈关系的变化有所调整。

第五节　西汉河西走廊“都尉”建置问题

西汉在开拓和巩固河西走廊地区时期，曾经在郡守下设置了“都尉”，在若干个郡或属国设置了“属国都尉”，在边关设置了“关都尉”，还在一些郡设置了“部都尉”和“农都尉”。

一　众置“都尉”原因

西汉王朝在河西走廊设置众多的“都尉”之官，究其原因，势必与当时河西地区所面临的外部形势和内部需求密切相关，我们认为其中最为重要的原因有三个方面。

第一，为了“隔绝羌胡”，阻扼羌人与匈奴相互联系，消除二族对河西走廊地区的威胁。河西地区本为众多少数民族的游牧区。

---

① 《汉书》卷96上《西域传上》，中华书局1962年版，第3884页。
② 《汉书》卷94上《匈奴传上》，中华书局1962年版，第3787页。
③ 《汉书》卷8《宣帝纪》，中华书局1962年版，第267页。
④ 《汉书》卷94下《匈奴传下》，中华书局1962年版，第3826页。

秦汉之际，北方的匈奴族逐渐强大起来，并向周边扩展。冒顿单于时，“大破灭东胡王，而虏其民人及畜产。既归，西击走月氏，南并楼烦、白羊河南王”[①]。匈奴夺取河西之地后，在这里设官经营，经常侵扰汉边。羌族最初居于河湟地区，“河关之西南，羌地是也”[②]。“‘河关之西南’则相当于今青海省的东南部”[③]，匈奴击败河西月氏后，“其羸弱者（即小月氏）南入山阻，依诸羌居止，遂与共婚姻”[④]，于是，匈奴勾结羌人侵扰汉边。元狩二年（前121）霍去病西征匈奴，夺取河西地区，占据了重要的战略要地。然而羌人和匈奴人时不时或勾结起来夹击侵扰汉边，或单独侵扰河西地区，于是西汉在设置河西四郡的同时，又设置了众多的“都尉”之官，以隔绝羌胡之间联系，从而加强汉边安全。

第二，为了巩固新开拓的河西走廊，并将绿洲游牧区改造成为农业区。河西地区是西北最为肥饶的区域之一，这里因祁连山的冰山融水形成了大量的绿洲，土地肥沃，牧草繁茂，是理想的游牧地区。月氏、羌族、氐族等民族依赖这种得天独厚的自然条件，在这里从事游牧业。这里出产奶、皮革、牲畜等，与中原农业民族进行友好的畜牧品与农副产品的交换，可以说河西地区就是众多少数民族赖以生存的理想之地。西汉政府占有河西之地后，原来的游牧经济已不能适应当地的经略，西汉政府要将这一地区改造成农业区，遂实行了大规模的移民实边和屯田的举措，并设“农都尉”之官专门负责农业生产。

元狩二年（前121），“初置酒泉郡，后稍发徙民充实之”[⑤]。元鼎六年（前111），“分武威、酒泉地置张掖、敦煌郡，徙民以实之”[⑥]。元封三年（前108），“武都氐人反，分徙酒泉郡”[⑦]，规模均应在万人以上。有计划、成规模地迁内地人民到河西地区，从汉

① 《史记》卷110《匈奴列传》，中华书局1959年版，第2889—2890页。
② 《后汉书》卷87《西羌传》，中华书局1965年版，第2869页。
③ 杨建新：《中国西北少数民族史》，宁夏人民出版社1988年版，第189页。
④ 《后汉书》卷87《西羌传》，中华书局1965年版，第2899页。
⑤ 《汉书》卷96上《西域传上》，中华书局1962年版，第3873页。
⑥ 《汉书》卷6《武帝纪》，中华书局1962年版，第189页。
⑦ 同上书，第194页。

武帝到西汉末年都在进行。这些移民充实到河西地区，增加了当地的劳动力，为开发河西地区做出了重大贡献。

开发河西走廊的另一个重大举措就是实行屯田。据载，汉武帝元鼎四年（前113），汉移民“屯田敦煌界”①。元鼎五年，汉“又数万人渡河筑令居，初置张掖、酒泉郡，而上郡、朔方、西河、河西开田官，斥塞卒六十万人戍田之”②。昭帝始元二年（前85），下令征调“故吏将屯田张掖郡”③。汉代河西屯田，史学界公认为“军屯”，该系统的负责官员主要包括“军屯生产管理系统、生产保卫系统和大司农直属的辟田系统三部分”④，具体主管屯田事务的是“农都尉”，而郡都尉和属国都尉也兼管屯田事宜。当时的军屯，主要是为解决西北边疆地区的军粮所需而采取的一项措施，但此项措施仍然担负着开发河西地区的重任，从而使原来的绿洲草甸变为良田，使原来的游牧区变为农业区，不仅从军事上，而且从经济基础上巩固了河西地区。

第三，为了将河西走廊地区创建为开拓西域的重要基地。河西走廊是中原通往西域的必经之地，在西汉筹划开拓西域方面具有极为重要的作用。汉武帝为了联系大月氏夹击匈奴，于建元二年（前139年）派张骞首次出使西域，结果进入陇西后就被匈奴人俘虏，继而被扣留匈奴达十余年，后西逃至大宛、康居、大月氏，最后返回都城长安。此次出使虽然未能达到夹击匈奴的目的，但却对西域诸国的地理概况、风土人情有了大致的了解，对西汉王朝来说是一次“凿空”、探路之举。元狩四年（前119），张骞奉命第二次出使西域，欲说服乌孙东归夹击匈奴，但乌孙王惧怕匈奴报复，因此游说未能成功，但张骞派副使前往大宛、康居、大月氏、大夏、安息、身毒等国，彼此建立了联系。张骞的两次出使西域，开通了中西交通道路，随后中西商人、使者沿着这条道路互通贸易、相互往

---

① 《汉书》卷6《武帝纪》，中华书局1962年版，第184页。

② 《汉书》卷24下《食货志下》，中华书局1962年版，第1173页。

③ 《汉书》卷7《昭帝纪》，中华书局1962年版，第221页。

④ 高荣：《汉代河西的行政区划、职官建置及其特点》，《西北史地》1997年第1期。

来，逐渐形成了“丝绸之路”。早在张骞第二次出使西域时，西汉已经占有河西之地，在此后的几十年时间里，汉王朝以河西为前沿阵地，不断用兵于西域，既保障了丝绸之路的畅通，又为西域开拓疆土创造了条件。河西地区显然成了汉廷开拓西域疆土的重要基地。

二　“都尉”的设置、种类及其官署的地理方位

河西地区纳入汉王朝的版图后，汉武帝将郡县制推广到了这里，在此设置了著名的河西四郡，即酒泉郡、敦煌郡、张掖郡、武威郡。据《汉书·地理志》记载，四郡共辖35个县，其中张掖、武威二郡各辖10个县，酒泉郡辖9个县、敦煌郡辖6个县。在河西四郡设立的同时，汉武帝在边郡的县上复设属国。与之相适应的是汉廷还设置了众多的“都尉”之官。

（一）郡都尉

郡都尉源自秦朝时期的郡尉，“郡尉，秦官，掌佐守典武职甲卒，秩比二千石。有丞，秩皆六百石。景帝中二年更名都尉”①。汉武帝在设置了河西四郡后，在郡一级设郡守，郡守下设都尉；郡都尉也有单独的治所和僚属。河西地区的郡都尉设置的状况是怎样的？据陈梦家先生考证“凡一郡而有一以上都尉者，其单称都尉者应是郡都尉”②，结合《汉书·地理志》可统计出河西地区设置的郡都尉概况：敦煌郡都尉是宜禾都尉，治昆仑障；武威郡都尉是休屠都尉，治熊水障；张掖郡都尉是日勒都尉，治泽索谷。

（二）属国都尉

属国是汉朝为了安抚和有效管理归附的少数民族而划定的行政区域，是汉朝地方行政区划的一部分。在《汉书·卫青霍去病传》中，颜师古对属国作注曰：“不改其本国之俗而属于汉，故号属国”，可见属国为保持原少数民族习俗的地方行政单位。属国的行政长官为属国都尉，属国都尉在汉武帝时初置，“武帝元狩三年混

---

① 《汉书》卷19上《百官公卿表上》，中华书局1962年版，第742页。

② 陈梦家：《汉简缀述》，中华书局1980年版，第131页。

邪王降，复增属国，置都尉、丞、候、千人”[①]。《后汉书·郡国志》张掖属国条下记载：“武帝置属国都尉，以主蛮夷降者。”[②]

西汉王朝在河西地区设置的属国都尉，得到大多数学者认同的为张掖属国都尉。史载，匈奴“入日勒、屋兰、番和。张掖太守、属国都尉发兵击，大破之”[③]。但陈梦家根据汉简考证说张掖郡有“张掖属国都尉”和“张掖居延属国都尉”，他根据汉简中同时有“张掖居延都尉”、“居延属国都尉”、“张掖都尉”，认为《后汉书·郡国志》所记“张掖居延属国，故郡都尉，安帝别领一（郡）〔城〕”有误，西汉时期就有“张掖居延属国都尉”。德国学者纪安诺在《简牍学研究》第3辑的《汉代张掖都尉考》一文中认为，张掖居延属国为东汉所设，西汉“张掖属国都尉一个人，置于郡的南部。《续汉书·郡国志》所见的张掖居延属国都尉应属于后汉时代”[④]。此说比较合理。

（三）部都尉

部都尉就是在边郡县所设的都尉。《汉书·冯奉世传》注引如谆《汉仪注》云：“边郡置部都尉、千人、司马，皆不治民。”可见汉廷对边关安全的重视。陈梦家在《汉简缀述》中考证了河西地区设置部都尉的概况：

武威郡有北部都尉，治休屠城。

酒泉郡有北、东、西三部都尉，北部都尉，治偃泉障；东部都尉，治东部障；西部都尉，治西部障。

敦煌郡有中部都尉，治步广候官。

张掖部都尉有肩水都尉和居延都尉，此种情况比较特殊。正如陈梦家所说“沿塞墙而设，但不称某部者如张掖郡的居延、肩水都

---

① 《汉书》卷19上《百官公卿表上》，中华书局1962年版，第735页。

② 《后汉书》志23《郡国五》，中华书局1965年版，第3521页。

③ 《汉书》卷94上《匈奴传上》，中华书局1962年版，第3783页。

④ 西北师范大学文学院历史系、甘肃省文物考古研究所：《简牍学研究》（第3辑），甘肃人民出版社2002年版，第152页。

尉，就其设于塞墙上而言，也应属于塞上的部都尉”[①]。纪安诺也考证张掖“部都尉有两个人，分别置于居延和肩水两县。其中肩水都尉很可能到了前汉末年就被取消”[②]。

《居延汉简甲乙编》[③] 有如下记载：

1. 得仓丞吉兼行丞事敢告部都尉卒人……

12.1A（甲 2554B）

2. 十二月乙巳张掖肩水都尉□兼行丞事□肩水北部都尉□

☑　502.10A（甲 1909A）

由以上材料可知居延都尉和肩水都尉当为部都尉。

（四）关都尉

“关都尉，秦官。农都尉、属国都尉皆武帝初置。”[④] 可见秦时已设有关都尉这个职官。汉廷在重要的关隘也设置一些都尉，称为关都尉。陈梦家论述西汉都尉时说“西汉文献称关都尉，皆指函谷关”[⑤]。而在其他关口所设的都尉当成为某个关都尉。

据《敦煌汉简》[⑥] 见西汉河西关都尉如下：

1. 长酒泉玉门都尉护众候畸兼行丞事……　2438

2. 太始三年闰月辛酉朔己卯玉门都尉护众谓千人尚谓承无署就　1922A

3. ……敦煌玉都尉章　1906

4. ☑叩—头—敦煌阳关都尉好□吕游君……　489

从敦煌汉简可见汉廷在河西地区设置了玉门都尉和阳关都尉两个关都尉。

① 陈梦家：《汉简缀述》，中华书局 1980 年版，第 131—132 页。

② 西北师范大学文学院历史系、甘肃省文物考古研究所：《简牍学研究》（第 3 辑），甘肃人民出版社 2002 年版，第 152 页。

③ 中国社会科学院考古研究所：《居延汉简甲乙编》，中华书局 1980 年版。

④ 《汉书》卷 19 上《百官公卿表上》，中华书局 1962 年版，第 742 页。

⑤ 陈梦家：《汉简缀述》，中华书局 1980 年版，第 134 页。

⑥ 甘肃省文物考古研究所：《敦煌汉简》，中华书局 1991 年版。

那么其治所在哪？据何双全在《简牍学研究》第3辑中《论西汉敦煌玉门关的三次变迁》一文中论证“西汉时期，先有玉门都尉，而后有玉门关”，“武帝至昭帝时，玉门关和玉门都尉府同驻小方盘城。宣帝至哀帝时，分迁向西，与大煎都候官相依存，同住T6b和T5一带。平帝至王莽时，又与大煎都候官一起同时东迁马圈湾”①。T6b和T5是按斯坦因编号的两个遗址，位于疏勒河下游的终点，今后坑一带，是玉门都尉府辖区的最西端，由大煎都候官管理，这样西汉玉门都尉的治所有三次变迁，依次为小方盘城、后坑一带、马圈湾。

《汉书·地理志》记“广至，宜禾都尉治昆仑障。莽曰广桓。龙勒。有阳关、玉门关，皆都尉治。氐置水出南羌中，东北入泽，溉民田”，由此推论阳关都尉治所当在阳关。有学者认为“肩水、居延等都尉，也当属于关都尉”②。前已述及，肩水、居延都尉设在边郡上，边防职能更强，将其归之于部都尉更妥。

（五）农都尉

农都尉是设在边郡上管理屯田农事的官吏。《后汉书·百官志》曰：“（武帝）边郡置农都尉，主屯田殖谷。”《汉书·地理志》仅在张掖郡番禾县条下记有农都尉，其他失载。

《居延汉简甲乙编》记：

……以东至河西郡十一农都尉官二调物钱谷漕转籴□民困乏愿调有余给不☐　　214.33A（甲1175A）

可见在西汉时期西北地区总共有11个农都尉。陈梦家在《汉简缀述》的《西汉都尉考》一文中又补充了居延农都尉，目前可以考证和证实的也仅仅为张掖农都尉和居延农都尉。

依据《居延汉简甲乙编》、《敦煌汉简》和前人的研究成果，河西走廊地区所设各类都尉大致情况如表1—6所示。由表可清晰地

① 西北师范大学文学院历史系、甘肃省文物考古研究所：《简牍学研究》（第3辑），甘肃人民出版社2002年版，第202页。

② 安作璋、熊铁基：《秦汉官制史稿》（下册），齐鲁书社1984年版，第89页。

看出张掖有日勒都尉、居延都尉、肩水都尉、张掖属国都尉、张掖农都尉、居延农都尉6个都尉。敦煌郡有四都尉，即宜禾都尉、中部都尉、阳关都尉、玉门都尉。酒泉有北、东、西三部都尉。武威有休屠都尉（武威郡都尉）、北部都尉。在这15个已考证的都尉中，其中有3个郡都尉、1个属国都尉、7个部都尉、2个关都尉、2个农都尉。其中关都尉、部都尉皆在边关或边郡的军事要冲地带，而其占河西地区都尉总数的60%。由此可以看出西汉河西走廊地区是一个很重要的军事基地。

表1—6　　**西汉河西走廊地区众置都尉概况表**

河西地区郡名	都尉名称	都尉类别	治所
张掖郡	日勒都尉	郡都尉	泽索谷
	张掖属国都尉	属国都尉	张掖郡南，未详考
	肩水都尉	部都尉	肩水
	居延都尉	部都尉	居延
	张掖农都尉	农都尉	番和县
	居延农都尉	农都尉	居延
敦煌郡	宜禾都尉	郡都尉	昆仑障
	阳关都尉	关都尉	龙勒阳关
	玉门都尉	关都尉	有三次迁徙，依次为：小方盘城、后坑一带、马圈湾
	中部都尉	部都尉	步广候官
武威郡	休屠都尉	郡都尉	熊水障
	北部都尉	部都尉	休屠城
酒泉郡	北部都尉	部都尉	会水，偃泉障
	东部都尉	部都尉	东部障
	西部都尉	部都尉	乾齐，西部障

注：此表根据陈梦家《汉简缀述》和相关论证所整理，对于治所的一些地名未详考者仍用旧治所名。

三　“都尉”的僚属与职掌

西汉河西走廊这些“都尉”之官，他们不仅官名不同，而且职掌也有区别。他们不仅有自己独立的官署，而且下辖诸多僚属，从而形成了较为完善的职官体系。现就众置都尉的职掌与僚属情况分述之。

（一）郡都尉

郡都尉协助郡守掌管一郡军务。“郡尉，秦官，掌佐守典武职甲卒，秩比二千石。有丞，秩皆六百石。景帝中二年更名都尉。”①由此可知，郡都尉为二千石官员，比郡丞高，俸禄与郡守等同，但却受郡守节制。这些郡都尉负责郡内一切军事行动、维持郡内治安、负责每年八月的都试。就郡内治安而言，县尉也掌管本郡某一县的治安，但其侧重于捕盗缉贼，而郡都尉则可直接派军队镇压所辖县的民变或动乱。

《汉旧仪》记“汉承秦制，治太守，治民断狱。都尉治狱，都尉治盗贼、甲卒、兵马”。郡都尉有单独的治所和属官。据高荣考证，都尉府驻地称为城，其下有都尉丞、候、千人、司马等僚属，都尉府的下属机构有候官、部、燧等。候官之下又有候丞、令史、士吏、尉史等官，因候官驻地称为鄣，故在居延汉简中多称鄣候。部的长官叫作候长，其下还有燧长，是燧的长官。但燧已是最基层的瞭望防御组织，所以燧长管辖戍卒较少且无定员，一般从数人到数十人不等。

（二）属国都尉

《汉书·武帝纪》记颜师古注“凡言属国者，存其国号而属汉朝，故曰属国”。《后汉书·百官志》记“（武帝）又置属国都尉，主蛮夷降者”②。可见河西地区属国的设置是为了保持原少数民族习俗、安抚当地民众，从而更好地管理这一地区。

《后汉书·百官志》又云：建武六年“王国之相亦如之。每属

① 《汉书》卷19上《百官公卿表上》，中华书局1962年版，第742页。

② 《后汉书》志28《百官五》，中华书局1965年版，第3621页。

国置都尉一人，比二千石，丞一人。本注曰：凡郡国皆掌治民，进贤劝功，决讼检奸。常以春行所主县，劝民农桑，振救乏绝。秋冬遣无害吏案讯诸囚，平其罪法，论课殿最”。又曰“罢郡都尉，并职太守，唯边郡往往置都尉及属国都尉，稍有分县，治民比郡”①。这虽是东汉初年属国都尉职掌的概况，我们不能确定西汉属国都尉的职权和东汉初期是否相近，但由于属国“存其国号而属汉朝”，又“主蛮夷降者”，它在本郡或本属国内的权力比较大，是专掌少数民族事宜的汉朝地方长官，这是属国都尉区别于其他都尉的显著特点。其下有丞、长史等佐官和主簿等属吏，也有候官、左骑千人官、司马千人官等军职属员。

由于“属国分郡离远县置之，如郡差小，置本郡名”②，所以属国有无辖区情况不一。前已论及西汉河西走廊地区目前得到证实的为张掖属国都尉，其不辖县，到东汉安帝时才别领五城，成为一个独立的行政区划。因此张掖属国都尉则掌管本郡内归附的少数民族事宜，兼参与张掖郡边上的军事，但要受到太守的节制。

（三）部都尉

部都尉设在边郡上的军事要冲地带，是维护边疆安全和开疆拓土的军事之官，其隶属于郡守，佐官、属员同郡都尉，但两者有职能上的差异。河西走廊地区除酒泉郡外，余者既有部都尉，又有郡都尉。这些郡、部都尉的职权有何不同呢？对此纪安诺说“用现代的语辞来说，部都尉是军官，而郡都尉偏向于郡内警官或宪兵的长官……”，“郡都尉的辖区当然是整个辖区。至于部都尉的辖区，一般认为只把一个边郡的整个郡区分成几部而置之”③。刘光华认为凡有汉塞的边郡上所设部都尉“其所辖都是郡境汉塞中的一段”④。而河西四郡所辖的部分县在边塞上，因此河西这七个部都尉各分管自己的一段边塞，这对于防止外族侵扰、维护汉边安定起到了至关重

① 《后汉书》志28《百官五》，中华书局1965年版，第3621页。

② 同上书，第3620页。

③ 西北师范大学文学院历史系、甘肃省文物考古研究所：《简牍学研究》（第3辑），甘肃人民出版社2002年版，第147页。

④ 刘光华：《秦汉西北史地丛稿》，甘肃文化出版社2007年版，第89页。

要的作用。

（四）关都尉

玉门都尉和阳关都尉都是关都尉，他们在保障汉边安全、严把过往行人方面具有不可替代的作用，其隶属于敦煌郡守。敦煌2438号汉简记“长酒泉玉门都尉护众候畸兼行丞事……”，敦煌1922A号汉简记“太始三年闰月辛酉朔己卯玉门都尉护众谓千人尚谓承无署就”，由此可证实玉门都尉有自己的府衙和佐官，也就不难推测阳关都尉亦如此，但具体设置有哪些属官？还有待于考古资料的进一步证实。

（五）农都尉

农都尉主要负责屯田生产等事宜。因边郡屯田是双重领导，所以“农都尉隶属于大司农，同时受制于郡太守，乃至郡、部都尉”[①]。各屯田区的划分基本上以县为基础，长官称为农令，属吏有丞，监渠佐史、令史与属掾等。河西农都尉在开发河西地区、组织屯田方面有一定贡献。

西汉河西走廊有五种类型的都尉之官，他们各司其职又有职权上的些许交叉。郡都尉重在于协助郡守掌管本郡内的治安和军事，秩比郡守，但受其节制；属国都尉则掌管本郡内少数民族事宜，秩比郡守，但仍受郡守的节制，河西四郡中可以确定的仅有张掖属国都尉，其虽不辖县，但地位很高；四郡中的七个部都尉主要负责汉朝西北边境的安全，属官与郡都尉相同，仍隶属于郡守；阳关都尉、玉门都尉则严守两关口，保障了西部边境的安全和丝绸之路的畅通；居延农都尉和张掖农都尉具体负责河西地区的屯田生产等事宜，其既受大司农又受郡守节制。虽然他们职责有所侧重而不尽相同，但相同的一点是他们都担任不同程度的军事职责。从这点说河西走廊地区的军事战略地位十分重要。从总体上看，河西走廊众都尉的设置隔绝了羌胡，解除了匈奴与羌人联手对西汉造成的威胁，并且促使河西走廊从原来的绿洲游牧区变为农牧区，也使河西走廊成为开疆拓土的前沿阵地。

---

① 薛英群：《居延汉简通论》，甘肃教育出版社1991年版，第336页。

第六节　有关河西节度使诸问题

自唐建基以后，为了加强边防统治，唐政府沿袭北朝以来的制度，在边防要地设置总管以统军，不久改称为都督，管辖几个州的军事；永徽以后，为了进一步加强防务，给边境诸州的都督带使持节，以增加其权力，称为节度使。睿宗景云年间，开始在边地设置节度使，到玄宗时，节度使逐渐制度化。开、天之际，唐边地共设置了九个节度使和一个经略使。

一　河西节度使的设置及辖军

关于河西节度使设置的时间，史籍有两种说法。《资治通鉴》认为在唐睿宗景云元年，即710年；《唐会要》、《通典》则认为在景云二年，即711年；而《新唐书》则有两种记载。对此，我们认为711年说则比较确信。杜佑撰写《通典》的目的，除了“求通”以外，认为“历代众贤高论，多陈紊失之弊，或缺匡拯之方”，他本着“穷始终之要，始可以度其古，终可以行于今，问而辨之，端如贯珠，举而行之，审而中鹄”的写作态度，力争求真。且杜佑进献《通典》距河西节度使设置的时间只不过80多年，可谓当时人记当朝事，对河西节度使设置如此重大问题的记载当不会有误，故从之。

关于河西节度使所管辖的军队，《元和郡县图志》、《通典》、《旧唐书》、《资治通鉴》均有所记载。现以《通典》记载为基准，引录如下：

> 河西节度使：理武威郡，管兵七万三千人，马万九千四百匹，衣赐百八十万匹段。断隔羌胡，统赤水军，武威郡城内，管兵三万三千人，马万三千匹。大斗军，武威郡西二百余里，开元中置，管兵七千五百人，马二千四百匹。建康军，张掖郡西二百里，证圣初，王孝杰置，管兵五千三百人，马五百匹，

> 东去理所七百里。宁寇军，张掖郡东北千余里，天宝二年置，管兵千七百人，马百匹，西去理所千余里。玉门军，酒泉郡西二百余里，武德中，杨恭义置，管兵五千二百人，马六百匹，东去理所千二百里。墨离军，晋昌郡西北千里，管兵五千人，马四百匹，东去理所千四百里。豆卢军，敦煌郡城内，管兵四千三百人，马四百匹，去理所七千里。新泉军，会宁郡西北二百里，大足初，郭元振置，管兵千人，西去理所四百里。张掖郡守捉，东去理所五百里，管兵六千三百人，马千匹。张掖郡守捉，武威郡南二百里，管兵五百人。交城守捉，武威郡西二百里，管兵千人。白亭守捉，武威郡西北五百里，管兵千七百人。①

赤水军，据《元和郡县图志》卷40《陇右道下》记载："在凉州城内，管兵三万三千人，马万三千匹。本赤乌镇，有青赤泉，名焉，军之大者，莫如赤水，幅员五千一百八十里，前拒吐蕃，北临突厥者也。"② 大斗军，本是赤水军守捉，开元十六年（728）改为大斗军，因大斗拔谷而得名；建康军，《新唐书》卷40《地理志四》记载："甘州张掖郡，下。……西北百九十里祁连山北有建康军，证圣元年（695），王孝杰以甘、肃二州相距回远，置军。"③ 玉门军，《唐会要》卷78《节度使条》记载："玉门军，本废玉门县，开元六年（718）置军焉。"④《旧唐书》卷40《地理志三》记载："肃州下。武德二年（619），分隋张掖郡置肃州。八年（625），置都督府，督肃、瓜、沙三州。贞观元年（627），罢都督府。贞观中，废玉门县。"⑤ 又据《资治通鉴》卷210唐睿宗景云元年（710）条记载，河西节度使"领凉、甘、肃、伊、瓜、沙、

---

① 杜佑撰，王文锦等点校：《通典》卷172《州郡二》，中华书局1988年版，第4479—4480页。

② 李吉甫撰，贺次君点校：《元和郡县图志》，中华书局1983年版，第1018页。

③ 欧阳修、宋祁：《新唐书》，中华书局1975年版，第1045页。

④ 王溥：《唐会要》，中华书局1955年版，第1428页。

⑤ 刘昫等：《旧唐书》，中华书局1975年版，第1642页。

西七州，治凉州”[1]。可见，河西节度使所统领的州及兵力主要集中在河西地区。

二　河西节度使辖军的构成及分工

河西节度使辖军主要由蕃汉两部分人组成。据王永兴研究，河西节度使辖军中，赤水军主要是由回纥、契苾、思结、浑四族九部落（九姓）所组成；豆卢军、墨离军均是吐谷浑人为主体的军队；其他五军守捉所官兵中，尚有昭武九姓胡、党项人。

在上引河西节度使所统辖八军四守捉中，除了新泉军、乌城、交城、白亭三守捉以外，其他的都有相应的马匹配置，这些马匹则构成河西节度使辖军中的骑兵，其主要是由归降的回纥、契苾、思结、浑、吐谷浑等部落的人所组成。《新唐书·回鹘传上》记载：“武后时，突厥默啜方强，取铁勒故地，故回纥与契苾、思结、浑三部度碛，徙甘、凉间，然唐常取其壮骑佐赤水军云。”[2]

《唐会要·回纥传》记载：“婆闰卒。子比来栗代立。比来栗卒。子独解支立。其都督亲属及部落征战有功者。并自碛北移居甘州界。故天宝末，取骁壮以充赤水军骑士。”[3]

史料中的“取其壮骑佐赤水军”、“取骁壮以充赤水军骑士”即是例证，这里虽然只提到赤水军，其他各军据此推测，亦大致不会错。

河西节度使所辖的人数、马匹数及马匹在人数中所占的比例如表1—7所示：

表1—7　**河西节度使所辖人数、马匹数及马匹在人数中所占的比例**

名称	人数	马匹数	马匹所占比例（%）
河西节度使	73000	19400	27
赤水军	33000	13000	39
大斗军	7500	2400	32

① 司马光编著，胡三省音注：《资治通鉴》，中华书局2012年版，第6779页。

② 《新唐书》卷217上，中华书局1975年版，第6114页。

③ 《唐会要》卷98，中华书局1955年版，第1742页。

续表

名称	人数	马匹数	马匹所占比例（%）
建康军	5300	500	9
宁寇军	1700	100	6
玉门军	5200	600	12
墨离军	5000	400	8
斗卢军	4300	400	9
新泉军	1000		
张掖郡守捉	6300	1000	16
乌城守捉	500		
交城守捉	1000		
白亭守捉	1700		

从表中可以看出，在河西节度使辖军中，骑兵约占27%，其他各军及守捉中，赤水军骑兵所占比例最高，约为39%，以下依次是大斗军、张掖郡守捉、玉门军、斗卢军、建康军和宁寇军。这些骑兵都是由内迁河西地区的各族部落的"骁壮"者所组成。

河西节度使辖军除了由各族部落的"骁壮"者所组成的骑兵以外，其他官兵我们认为则由汉人所组成。据《唐大诏令集》记载："赤水军大使凉州都督司马逸客……与右武卫将军陈家丘、右金吾卫翎府中郎将李玄道、副使右骁骑卫鹿陵府折冲能昌仁、左卫神山府冲陈义忠等，领当军及当界蕃、汉兵马募健儿七万骑。"①

《册府元龟·外臣部·备御五》亦载：（开元）十五年（727）十二月，制曰："唯吐蕃小丑，忘我大德，侵秩封域，抄掠边甿。……故纠合诸军，团结劲卒。……河西道蕃、汉兵团结二万六千人。"②

上述两条史料即是例证。

关于河西节度使辖军的分工问题：我们认为，由各族部落所组

① 宋敏求：《唐大诏令集》卷130《命吕休璟等北伐制》，中华书局2008年版，第705页。

② 王钦若：《册府元龟》，中华书局1960年版，第11654页。

成的骑兵，其主要职责是从事军事防务，而汉人的军队除了军事防务之外，还负有屯田任务。唐王朝在河西的屯田遍及凉、甘、肃、瓜四州，其中以甘州屯田规模最大，依次是凉州、肃州和瓜州。据《唐六典》卷7《屯田郎中》条记载，在玄宗开元年间，“凡天下诸军、州管屯，总九百九十有二”，其中“河西道赤水三十六屯，甘州一十九屯，大斗一十六屯，建康一十五屯，肃州七屯，玉门五屯”①。

从上引《唐六典·屯田郎中》的记载来看，瓜、沙二州无屯田记载。但据敦煌出土文书P.2942《唐永泰年代（765—766）河西巡抚使判集》中则有“瓜州屯田，请取采外，均充诸欠（第137行）”② 的记载，可知瓜州也有屯田。沙州则不见史籍记载，可能是由驻军少，屯田规模较小而造成的。

三　河西节度使辖军移民现象分析

上面我们谈了河西节度使辖军主要是由蕃汉两部分人组成，这些人绝大多数是从外地入迁到河西的。

河西地区历来为华戎杂居之地。在河西节度使设置之前，回纥、契苾、思结、吐谷浑、西域诸胡及党项，或内讧、或战败、或因其他民族的侵逼，在唐政府的安排下纷纷入居河西。

如吐谷浑人。他们入迁河西地区主要是因吐蕃势力的入侵。七世纪初，吐蕃政权开始在青藏高原崛起，形成一个强大的奴隶制政权。吐蕃在青藏高原迅速强盛之后，吐蕃的贵族为了掠夺人口和财产，发动了一系列战争，不断扩大疆土，征服邻近各族。至高宗龙朔三年（663），吐蕃大臣禄东赞率大军攻灭吐谷浑。吐谷浑主诺曷钵被迫与弘化公主率数千帐迁入凉州。要求唐朝保护，这是史籍中所见到的最早迁入河西地区的吐谷浑人。迁入凉州的这部吐谷浑人，在总章二年（669）九月，高宗令其在凉州南山（祁连山）一带居住。咸亨三年（672），唐朝准备将居于凉州南山的吐谷浑诺曷

① 李林甫等撰，陈仲夫点校：《唐六典》，中华书局1992年版，第223页。

② 唐耕耦、陆宏基：《敦煌社会经济文献真迹释录》（第2辑），全国图书馆文献缩微复制中心1990年版，第627页。

钵部迁至鄯州浩门河（今青海大通河）之南。但因此地邻近吐蕃，又因地狭，于是唐朝又将诺曷钵部迁至灵州（治今宁夏灵武县南），并“置安乐州，以诺曷钵为刺史”。

据《新唐书》卷110《西域·吐谷浑传》记载，武则天圣历三年（700），有吐谷浑“余部诣凉、甘、肃、瓜、沙等州降”。这里的吐谷浑“余部”何所指？按：圣历二年（699），因吐蕃赞普器弩悉弄成年，不满意钦陵兄弟专权，迫钦陵自杀。钦陵弟赞婆、子论弓仁率部降唐。弓仁所率“吐浑七千帐自归”。又据《资治通鉴》则天后圣历二年（699）七月条记载：“吐谷浑部落一千四百帐内附。”① 可见，这里的“余部”当指原来没有迁入内地的吐谷浑部落。后来因吐蕃政权内讧，或不堪吐蕃控制而迁入河西地区的。

唐政府在对这批归附的吐谷浑部落如何安置，存在不同意见，宰相张锡与右武卫大将军唐休璟主张徙吐谷浑于秦、陇、丰、灵四州之间，“令不得畔去”。凉州都督郭元振以为：若迁于秦、陇，则与监牧杂处，如迁到丰、灵，又与东突厥相邻。如吐谷浑一旦反复，就会酿成像眈尔乙句贵从灵州逃跑时，“乃入牧坊掠群马，瘢夷州县”的恶果。因此，他主张对这些自愿归附的吐谷浑部落，应顺其眷恋乡土之情，“当凉州降者，则宜于凉州左侧安置之；当甘州、肃州降者，则宜于甘、肃左侧安置之；当瓜州、沙州降者，则宜于瓜、沙左侧安置之”。武后最后采纳了郭元振的建议。

又如契苾。隋唐时期为铁勒十五部之一。据《旧唐书》卷109《契苾何力传》记载，贞观六年（632）十一月，原游牧在热海（今吉尔吉斯斯坦伊塞克湖）一带的契苾部酋长契苾何力，“随其母率众千余家诣沙州，奉表内附，太宗置其部落于甘、凉二州”。唐政府授契苾何力左领军将军，并将归附的契苾部落设置贺兰州以安之。贞观十六年（642），因薛延陀强盛，有部分契苾部众又归附薛延陀，并“执何力至延陀所，置于可汗牙前”。唐太宗闻讯后“遽遣兵部侍郎崔敦礼持节入延陀，许降公主，求何力。由是还，拜右

① 《资治通鉴》卷206，中华书局2012年版，第6656页。

骁卫大将军”。契苾何力回归后入朝任职，其子契苾明在凉州统辖本部落，并自称武威姑臧人。

再如回鹘。高宗初年，西突厥沙钵罗可汗阿史那贺鲁闻太宗驾崩，便掀起叛乱，回纥首领婆闰率五万骑协助唐军收复庭州，建立奇功，婆闰被加封为右骁卫大将军兼瀚海都督。到其子独解支时，“其都督亲属及部落征战有功者，并自碛北移居甘州界”①。“武后时，突厥默啜方强，取铁勒故地，故回纥与契苾、思结、浑三部度碛，徙甘、凉间。”② 对此，《旧唐书·铁勒传》记载：“至则天时，突厥强盛，铁勒诸部在漠北者渐为所并。回纥、契苾、思结、浑部徙于甘、凉二州之地。”③

汉人入迁河西主要是由政府组织迁移来的。据《旧唐书·吐蕃传上》记载：“昔秦以陇山以西为陇西郡。汉怀匈奴于河右，置姑臧、张掖、酒泉、伊吾等郡；又于碛外置西域都护，控引胡国；又分陇西为金城、西平等郡，只以氐、羌居之。历代丧乱，常为贤豪所据，则为达夷侵废，迨千年矣。武德初，薛仁杲奄有陇上之地，至于河虏；李敷尽有凉州之城，通于碛外。贞观中，李靖破吐谷浑，侯君集平高昌，阿史那社尔开西域，置四镇。前王之所未伏，尽为臣妾，秦、汉之封域，得议其土境耶！于是岁调山东丁男为戍卒，缯帛为军资，有屯田以资糗粮，牧使以娩羊马。大军万人，小军千人，烽戍逻卒，万里相继，以却于强敌。陇右鄯州为节度，河西凉州为节度，安西、北庭亦置节度，关内则于灵州置朔方节度，又有受降城、单于都护庭为之藩卫。”④

按，山东指陇山以东。由于河西地区地理的特殊性，在西汉时就设四郡、置两关，以隔断羌胡，唐王朝建立以后，同样鉴于河西地区的重要性，所以在李靖破吐谷浑、侯君集平高昌之后，就“岁调山东丁男为戍卒”，以巩固边疆地区。

综上所述，河西节度使设置于唐睿宗景云二年（711），统辖八

① 《唐会要》卷98《回纥》，中华书局1955年版，第1742页。

② 《新唐书》卷217上《回鹘传上》，中华书局1975年版，第6114页。

③ 《旧唐书》卷199下，中华书局1975年版，第5349页。

④ 《旧唐书》卷196上，中华书局1975年版，第5236页。

军四守捉，共有军队73000人，他们主要由蕃汉两部分组成，蕃军是河西节度使辖军的主体，其主要职责是从事军事防务，而汉人的军队除了军事防务之外，还担有屯田任务。他们都是在不同时期迁入河西地区的移民。

第七节　有关陇右节度使诸问题

陇右节度使作为唐开元中九节度一经略之一，在唐的西北、西南军事格局中扮演着重要的角色，发挥了重要的备边御寇作用。

一　陇右节度使设立原因

有关唐代节度使设置的原因，学界所持观点各异，有从经济基础发展变化来探析的，有从兵制演变来分析的，有从备御边患来探讨的，研究成果丰富。我们认为，从经济基础、上层建筑演变等宏观方面探究节度使设置的原因固然甚佳，但若论及某个节度使，则应坚持具体问题具体分析，微观方面的、最直接的原因或许更应该被重视。另外，探讨节度使设立的原因，也不能从后来其发生的全部作用去分析。因为，或许唐人统治阶层在设立陇右节度使时并未预见到会产生的全部作用。

关于陇右节度使设置的原因，据《旧唐书·地理志一》记载："陇右节度使，以备羌戎，统临洮、河源、白水、安人、振威、威戎、莫门、宁塞、积石、镇西等十军，绥和、合川、平夷三守捉。"①

按：此处"羌戎"之"羌"，即吐蕃。

据《资治通鉴》玄宗天宝元年（742）正月条记载："陇右节度备御吐蕃，统临洮、河源、白水、安人、振威、威戎、漠门、宁塞、积石、镇西十军，绥和、合川、平夷三守捉，屯鄯、廊、洮、河之境，治鄯州，兵七万五千人。"②

① 《旧唐书》卷38，中华书局1975年版，第1388页。
② 《资治通鉴》卷215，中华书局2012年版，第6968—6969页。

陇右节度设立当吐蕃兴盛之时，正如史籍所载，它的作用就是备御吐蕃。这与当时唐西部边陲的军事形势密切相关，也在后来唐与吐蕃的双边关系中得到明显印证。唐代历任陇右节度使诸如郭知运、王忠嗣、张守珪、哥舒翰均以备御吐蕃而成为名将，这里不再赘述陇右节度使在设立后所发挥的作用，仅引用几条史料分析节度使设立当时的唐蕃形势。

《资治通鉴》睿宗景云元年（710）十二月条载："姚州群蛮，先附吐蕃，摄监察御史李知古请发兵击之；……群蛮怨怒，蛮酋傍名引吐蕃攻（李）知古，杀之，以其尸祭天，由是姚、巂路绝，连年不通。安西都护张玄表侵掠吐蕃北境，吐蕃虽怨而未绝和亲，乃赂鄯州都督杨矩，请河西九曲之地以为公主汤沐邑；矩奏与之。"①

《资治通鉴》玄宗开元二年（714）五月条载："己酉，吐蕃相坌达延遗宰相书，请先遣解琬至河源正二国封疆，然后结盟。琬尝为朔方大总管，故吐蕃请之。前此琬以金紫光禄大夫致仕，复召拜左散骑常侍而遣之。又命宰相复坌达延书，招怀之。琬上言：'吐蕃必阴怀叛计，请预屯兵十万于秦、渭等州以备之。'"②

《资治通鉴》卷211玄宗开元二年（714）八月条载："乙亥，吐蕃将坌达延、乞力徐帅众十万寇临洮，军兰州，至于渭源，掠取牧马。命薛讷白衣摄左羽林将军，为陇右防御使。以右骁卫将军常乐郭知运为副使，与太仆少卿王晙帅兵击之。"③

以上所引三则史料都是在陇右节度设立之前所发生的事情。从中我们可以看出，虽然当时唐采用和亲策略将金城公主嫁入吐蕃，但并不能彻底解决边境安全问题，唐蕃互有攻战。唐有识之士已经指出"吐蕃必阴怀叛计，请预屯兵十万于秦、渭等州以备之"。这说明唐当时统治阶层已经明了当时的形势，后来陇右节度使所辖兵马驻地恰恰就包含秦、渭等州，更表明了解琬的建议被采用，反映了陇右节度设立的最直接目的就是备御吐蕃。

① 《资治通鉴》卷210，中华书局2012年版，第6779页。

② 《资治通鉴》卷211，中华书局2012年版，第6817—6818页。

③ 同上书，第6822页。

二 陇右节度使设立时间

有关陇右节度使设立的时间，史载有三，现引录如下：

《唐会要·节度使》条载：“陇右节度使，开元元年（713）十二月，鄯州都督阳（应作杨）矩，除陇右节度，自此始有节度之号。”①

《资治通鉴》玄宗开元二年（714）十二月条载：“甲子，置陇右节度大使，须嗣鄯、奉、河、渭、兰、临、武、洮、岷、郭、叠、宕十二州，以陇右防御副使郭知运为之（胡注：‘须’当作‘领’，‘嗣’字衍。‘奉’当作‘秦’，‘郭’当作‘廓’），以陇右防御副使郭知运为之。”②

《新唐书·表七·方镇四》记载：（开元）五年（717），“置陇右节度，亦曰陇西节度，兼陇右道经略大使，领秦、河、渭、鄯、兰、临、武、洮、岷、廓、叠、宕十二州，治鄯州。”③

据上述所引文献资料，陇右节度使设置的时间有三，即《唐会要》所载开元元年（713）、《资治通鉴》所载开元二年（714）、《新唐书》所载开元五年（717）。究竟何者为是，兹考订如下。

《唐会要·节度使》条载：“河西节度使，景云二年四月，贺拔廷嗣为凉州都督，充河西节度使，自此始有节度之号。”④

《唐会要·节度使》条，在记载陇右节度使、河西节度使时，均出现“自此始有节度之号”。按理来说，首设节度使，作为当时朝廷一件大事，当有明确记载，按史实更不应在同一文中有相互矛盾的记载出现。而陇右节度使不是唐首设的节度使。河西节度使的设立更早，《通典·职官十四·都督》载：“自景云二年（711）四

---

① 《唐会要》卷78，中华书局1955年版，第1426页。
② 《资治通鉴》卷211，中华书局2012年版，第6825页。
③ 《新唐书》卷67，中华书局1975年版，第1863页。
④ 《唐会要》卷78，中华书局1955年版，第1428页。

月，始以贺拔延嗣为凉州都督，充河西节度使。”[①]《新唐书·兵志》载：“自高宗永徽以后，都督带使持节者，始谓之节度使，然犹未以名官。景云二年，以贺拔延嗣为凉州都督、河西节度使。自此而后，接乎开元，朔方、陇右、河东、河西诸镇，皆置节度使。”[②] 此两条史料可为证。故前所引《唐会要》所记陇右节度使为唐首设节度使当不可信。那么所记陇右节度使所设置时间又如何呢？这又要牵涉到杨矩是否曾任陇右节度使的问题。

王永兴在《论唐代前期陇右节度》一文中，论证杨矩未曾任陇右节度使，首任陇右节度使乃郭知运，即从《通鉴》说。他认为，《新唐书》、《旧唐书》对于杨矩的官职记载中无节度使衔；开元二年（714）八月乙亥朝廷任命陇右地区的军事长官薛讷，官衔为临时性的陇右防御使，非节度使，故推知当时尚无节度使一职；郭知运因开元二年（714）八月击吐蕃有功，唐廷酬功命官，始设陇右节度使；司马温公治史精实，应从其说。[③] 这四点论证层层递进，推论也很有道理。然细考究之，觉得尚有疑问。

按杨矩护送公主入吐蕃，是在当时其他朝臣不愿前往的情况下而担当重任的，理应有功。如果说郭知运可因功拜官，那么杨矩亦可封官。在此问题的关键不在功高封官，而在于陇右节度使设置的必要性是否存在，下面根据史料予以阐述。

其一，前面在探析陇右节度使设立原因时曾引用三则史料，明确反映了和亲并不是解决问题的最好办法，要以军事做后盾才能取得最佳效果。按当时情形，唐在军事重地鄯州设立节度，保护唐蕃来往通道，并作为对吐蕃防御的前哨，理所当然。

其二，王先生另指出，唐玄宗开元二年（714）为反击吐蕃入侵，任命的陇右防御使为薛讷，而不是任命杨矩，疑问颇大。《资治通鉴》玄宗开元二年（714）八月条载：“乙亥，吐蕃将坌达延、乞力徐帅众十万寇临洮，军兰州，至于渭源，掠取牧马。命白衣摄

① 《通典》卷32，中华书局1988年版，第895页。

② 《新唐书》卷50，中华书局1975年版，第1329页。

③ 王永兴：《论唐代前期陇右节度》，载袁行霈《国学研究》（第四卷），北京大学出版社1987年版，第177—213页。

左羽林将军，为陇右防御使。以右骁卫将军常乐郭知运为副使，与太仆少卿王晙帅兵击之。辛巳，大募勇士，诣河、陇就讷教习。”“初，鄯州都督杨矩以九曲之地与吐蕃，其地肥饶。吐蕃就之畜牧，因以入寇，矩悔惧自杀。”①

对这段史料，我们的理解是，当时唐蕃交战，改派薛讷不选杨矩正是因为“吐蕃就之畜牧，因以入寇”这个原因，朝廷是不可能派一个犯了战略错误的将军领兵反击外族。杨矩在薛讷被任命为防御使之后，很快就畏罪自杀，这也反映了他对朝廷不任命自己反击吐蕃意图的回应，即唐朝廷可能要降罪予他，遂自杀以保名节。

其三，唐帝国不任命节度使而由防御使指挥对吐蕃的战争，应从“陇右”这个词剖析。我们认为，陇右防御使中的“陇右”一词指陇右道。《通典·职官十四·都督》载：唐玄宗时，“分天下州县制为诸道，每道置使，治于所部。即采访、防御等使也”②。由此可断，防御使设立于道。唐初贞观年间分天下为十道，陇右道即为其一，其地理范围大抵为陇坻以西地区，范围甚大。后来在陇右道先后设河西节度使（治在凉州）、陇右节度使（治在鄯州），均在陇右道内。吐蕃入侵唐境，既可从鄯州亦可从凉州方向进入。故要防御吐蕃，必定协调整个陇右地区的防御力量，而不仅仅是陇右节度所辖军事力量。唐朝廷选派防御使，而不是陇右节度使，意即在于协调河西节度、陇右节度所辖军事力量，以备吐蕃。

其四，司马温公治史精实，我们无法否认，但这并不代表《资治通鉴》无一讹漏。司马温公修《资治通鉴》，在记叙或评述一些历史事件时，或出于疏忽，或因取材之局限，或因思想之主观，难免有差错或不当。胡三省“孜孜卫翼，拾遗补误，亦几乎司马氏之忠臣而无负”。对《通鉴》中的舛错或不当之处，他直抒己见。如在《晋纪四》“散骑常侍石崇”条下，胡注曰：“前书‘侍中石崇’，此作‘散骑常侍’，必有一错。盖因旧史成文也。”指出司马光在史料取舍上，由于疏忽，导致内容先后矛盾。胡三省不仅为《通鉴》正文

① 《资治通鉴》卷211，中华书局2012年版，第6822页。
② 《通典》卷32，中华书局1988年版，第894页。

辨误，且作《通鉴释文辨误》十二卷，对前人的释文，也进行逐一甄别，辨误。所以对于《资治通鉴》的记载，我们不应当盲从。

其五，《新唐书》、《旧唐书》虽未记载杨矩有节度使官衔，然《千唐志斋藏志》载《唐故征士朝散大夫许州司马杨君（孝弼）墓志铭并序》有“第二子辅国大将军持节陇右诸军州节度大使兼鄯州都督河源经略大使铜城大总管检校鸿胪卿虢国公矩”[①] 字样。王先生论文中未曾征引此史料亦并未说明，而郁贤皓在《唐刺史考》中引用了此条史料[②]，即可推断杨矩确曾任过陇右节度使。

从以上论述，我们可推知杨矩的确任过陇右节度使。如果杨矩任过陇右节度使，按《通鉴》史料杨矩自杀于开元二年（714）八月，那么陇右节度使的设立断不能推迟到《通鉴》所载开元二年（714）十二月。故陇右节度使的设置时间为《唐会要》所记载即开元元年（713）十二月。《新唐书·方镇表》所载当为传抄致误，一如王永兴先生所论，当不详辨。

三　历任陇右节度使

史籍记载历任陇右节度使，比较分散。清人吴廷燮《唐方镇年表》对此进行了梳理考证，今人王永兴先生作了补证，然仍有疑问。今利用郁贤浩先生的《唐刺史考》所搜集史料和考证的历任鄯州都督来进一步探究这个问题。为便于行文，现将三者所考证结果列表如下（见表1—8）：

表1—8　**历任陇右节度使**

时间	《唐刺史考》陇右道条（历任鄯州都督）	《唐方镇年表》陇右节度条（历任节度使）	王永兴先生所补证结论（历任节度使）
景云元年（710）	杨矩		

① 河南省文物研究所，河南省洛阳地区文管所：《千唐志斋藏志》，文物出版社1983年版，第569页。

② 郁贤皓：《唐刺史考全编》，安徽大学出版社2000年版，第437页。

续表

时间	《唐刺史考》陇右道条（历任鄯州都督）	《唐方镇年表》陇右节度条（历任节度使）	王永兴先生所补证结论（历任节度使）
开元元年（713）	杨矩	杨矩	
开元二年（714）	杨矩　郭知运	杨矩　郭知运	郭知运
开元九年（721）	郭知运　臧怀亮	郭知运　王君㚟	郭知运　王君㚟
开元十年（722）	臧怀亮	王君㚟	王君㚟
开元十一年（723）	王君㚟	臧怀恪	王君㚟
开元十二年（724）	王君㚟　安忠敬	臧怀恪　安忠敬	王君㚟　安忠敬
开元十五年（727）	李琬　张志亮	王君㚟　张志亮	王君㚟　张志亮
开元十六年（728）	张志亮　张守珪	张志亮	张志亮
开元十七年（729）	张守珪	张守珪	张守珪
开元二十一年（733）	马正会	张守珪　贾师顺	张守珪　贾师顺
开元二十二年（734）	贾师顺	阴承本	阴承本
开元二十三年（735）	阴承本	阴承本	阴承本
开元二十五年（737）	阴承本　杜希望	缺	李林甫（遥领）
开元二十六年（738）	杜希望	杜希望	李林甫（遥领） 杜希望
开元二十八年（740）	盖嘉运	盖嘉运	盖嘉运
天宝元年（742）	皇甫惟明	皇甫惟明	皇甫惟明
天宝五年（746）	皇甫惟明　王忠嗣	皇甫惟明　王忠嗣	皇甫惟明　王忠嗣
天宝六年（747）	王忠嗣　哥舒翰	王忠嗣　哥舒翰	王忠嗣　哥舒翰

注：此表仅止于唐前期哥舒翰任陇右节度使。

从表1—8，我们可以清晰地看出存在疑问的地方。现利用《唐刺史考》所列历任鄯州都督来比照吴、王二位先辈的观点，试做出自己的一些看法。

关于首任节度使问题，前文已经详细论述过，现不再赘述。陇右节度使设立于开元元年（713），杨矩为首任节度使，其后为郭知运，王君㚟代郭知运亦有大量史料可证。在这里需要指出的是，臧怀亮曾任鄯州都督，却并未担任陇右节度使，《唐刺史考》所征引史料均未见其任陇右节度使，其他史籍亦未发现相关记载。臧怀恪曾任河源军使兼陇右节度副使，但却并未任陇右节度使，王永兴先生已经作过论证，结论可信。

开元十五年（727），王君㚟、张志亮先后任陇右节度使，吴、王二说均有瑕疵。《旧唐书·玄宗诸子》载："靖恭太子琬，玄宗第六子也，初名嗣玄。开元二年三月，封为甄王。十二年三月，改名滉，封为荣王。十五年，授京兆牧，又遥领陇右节度大使。二十三年，加开府仪同三司，余如故。"[①]《新唐书》、《唐会要》、《资治通鉴》亦有相似记载。唐制，亲王宰相可遥领节度。《唐会要》卷78《节度使》条有亲王遥领节度使和宰相遥领节度使记载，其制：亲王（宰相）遥领节度，其在军节度，即称节度副大使知节度事。《旧唐书》卷9《玄宗本纪》载：开元二十六年"二月辛卯，以李林甫遥领陇右节度使"。《唐会要》、《新唐书》、《资治通鉴》均有相似记载。由此推断，开元十五年（727）到开元十六年（728）之间，亲王李滉遥领陇右节度使，而王君㚟、张志亮、张守珪、贾师顺、阴承本均为在军节度使。各类文献对此记载含混不清，常将遥领节度大使、节度使、节度副使、节度副使知节度使概念混为一体，给我们留下了很多理解上的困难。

开元十六年（728），张志亮、张守珪先后任陇右节度使。《旧唐书·张守珪传》记载：卷103列传53："（开元）十五年，吐蕃寇陷瓜州，王君㚟死，河西恟惧。以守珪为瓜州刺史、墨离军使，领余众修筑州城。板堞才立，贼又暴至城下，城中人相顾失色，虽相率登陴，略无守御之意。守珪曰：'彼众我寡，又创痍之后，不可以矢石相持，须以权道制之也。'乃于城上置酒作乐，以会将士。贼疑城中有备，竟不敢攻城而退。守珪纵兵败之。于是修复廨宇，收合流亡，皆复旧业。守珪以战功加银青光禄大夫，仍以瓜州为都

① 《旧唐书》卷107，中华书局1975年版，第3261页。

督府，以守珪为都督。……明年，迁鄯州都督，仍充陇右节度。"①《新唐书》本传略同。这里的明年当为开元十六年（728），尽管史料大量记载张志亮在开元十六年（728）陇右节度使任上与吐蕃作战的记载，但限于当年七月之前，并不能否认在此之后唐王朝任命他做陇右节度使。因为，正如上述史料所表明，在当年的反吐蕃入侵战斗中，张守珪立了功，唐王朝封官酬功，极有可能。如在这次反击战中表现出色的检校兵部尚书、河西节度判凉州事萧嵩在当年（开元十六年）十一月就被调入京任兵部尚书、同中书门下平章事。

开元二十六年（738），如前所引史料，李林甫遥领陇右节度使，以杜希望知留后，由此可推断开元二十五年（737）阴承本当为陇右节度使，可补吴说。王先生论及开元二十五年（737）李林甫遥领陇右节度使当有误。其后盖嘉运、皇甫惟明、王忠嗣、哥舒翰先后任陇右节度使，史料丰富，证据确凿，当无异议。下面把亲王、宰相遥领节度使标注在内，用表1—9排列所论历任节度使名讳。

表1—9　**历任节度使名讳**

时间	名讳	时间	名讳
开元元年（713）	杨矩	开元二十二年（734）	李琬（遥领） 阴承本
开元二年（714）	杨矩　郭知运	开元二十五年（737）	李琬（遥领） 阴承本
开元九年（721）	郭知运　王君㚟	开元二十六年（738）	李林甫（遥领） 杜希望
开元十二年（724）	王君㚟　安忠敬	开元二十八年（740）	盖嘉运
开元十五年（727）	李琬（遥领） 王君㚟　张志亮	天宝元年（742）	皇甫惟明
开元十六年（728）	李琬（遥领） 张志亮　张守珪	天宝五年（746）	皇甫惟明 王忠嗣

① 《旧唐书》卷103，中华书局1975年版，第3194页。

续表

时间	名讳	时间	名讳
开元十七年（729）	李琬（遥领） 张守珪	天宝六年（747）	王忠嗣　哥舒翰
开元二十一年（733）	李琬（遥领） 张守珪　贾师顺		

四　陇右节度使辖军及其构成

关于陇右节度使辖军，《旧唐书》、《通鉴》、《通典》、《元和郡县图志》均有记载，前面已将《旧唐书》、《通鉴》摘录，现以《通典》为准，引录如下：

> 陇右节度使：理西平郡，管兵七万五千人，马万六百匹，衣赐二百五十万匹段。以备西戎，统临洮军，开元中移就节度衙，管兵万五千人，马八千四百匹。河源军，西平郡西百二十里，仪凤二年李乙夫置，管兵万四千人，马六百五十匹。白水军，西平郡西北二百三十里，开元五年郭知运置，管兵四千人，马五百匹。安人军，西平郡星宿川西，开元七年置，管兵万人，马三百五十匹。振武军，西平郡西三百里，开元中信安郡王祎置，兵千人。威戎军，西平郡西北三百十里，臣亡父先臣希望开元二十六年置，管兵千人，马五十匹。绥和守捉，西平郡西二百三十里，开元二年郭知运置，管兵千人。合川郡界守捉，西平郡南百八十里，贞观中侯君集置，管兵千人。莫门军，临洮郡城内，仪凤二年置，管兵五千五百人，马二百匹。宁塞军，宁塞郡城内，臣亡父先臣希望开元二十六年置，管兵五百人，马五十匹。积石军，宁塞西百八十里，仪凤二年置，管兵七千人，马一百匹。镇西军，安乡郡城内，臣亡父先臣希望开元二十六年置，管兵万三千人，马三百匹。平夷守捉。安乡郡城西南四十里，开元二年郭知运置，管兵三千人。①

① 《通典》卷172《州郡二》，中华书局1988年版，第4482页。

其所载陇右节度使辖军与《通鉴》、《旧唐书》同，计有临洮、河源、白水、安人、振威、威戎、莫门、宁塞、积石、镇西等十军，绥和、合川、平夷三守捉，故从之。唐代边镇大量使用番兵番将，其羁縻州府的设置为此提供了必备的条件。唐兴，对外用兵，将降族内迁或就地安置，采用对其头领封赏，设立羁縻州。唐王朝则从边境安全和实际需要考虑，大量起用了番兵番将。陇右节度使下辖军就由番汉两族构成，王永兴先生考证陇右节度使所辖河源军主体即为党项人。曾任陇右节度使的哥舒翰，本突骑施部族后裔，突骑施为突厥之一。

《新唐书·地理志七下·羁縻州》记载："突厥、回纥、党项、吐谷浑之别部及龟兹、于阗、焉耆、疏勒、河西内属诸胡、西域十六国隶陇右者，为府五十一，州百九十八。"[①] 即陇右道有大量的羁縻州府存在，又载："党项州七十三，府一，县一。马邑州，开元十七年置，在秦、成二州山谷间。宝应元年徙于成州之盐井故城。右隶秦州都督府。保塞州，右隶临州都督府。密恭县，高宗上元三年为吐蕃所破，因废，后复置。右隶洮州。"[②] 秦、洮二州正为陇右节度使所辖范围。不难推断，陇右节度使所辖军由蕃汉两部分构成，但汉人应当为主体。

综上所述，陇右节度使设立于开元元年（713），辖十军三守捉，由蕃汉两族构成，以汉族为主，蕃族主要为党项人。安史之乱前，杨矩、郭知运、王君㚟、安忠敬 、张志亮、张守珪、阴承本、杜希望、盖嘉运、皇甫惟明、王忠嗣、哥舒翰先后任节度使，李琬、李林甫曾遥领节度使。陇右节度使设立后，对唐经营西北，沟通西北各民族关系，产生了长远的影响。

---

① 《新唐书》卷43下，中华书局1975年版，第1119页。

② 同上书，第1132页。

第二章

入迁河西诸民族社会及其影响

移民问题是历史人口地理学研究的主要内容之一，它的研究对全面了解某一国家或某一地区的人口历史具有重要作用，而研究某一区域在历史时期内的移民，对于认识当地民族成分、人口结构、风俗习惯都有重要的意义，更为重要的是这对于当今的移民工作有重要的借鉴作用。河西走廊，浑然一体，形成一个相对独立的地理单元格。历史上，它以独特的地理位置与优越的自然条件，成为中原通往西域、中亚以及欧洲的必经孔道，也曾是中国西部民族流动的一条重要通道，同时也成为古代各民族活动的历史大舞台。河西走廊自古以来就是一个主要的移民区，汉唐时期中原地区的汉族，其他的少数民族纷纷入迁河西，给这一地区注入了新的血液，同时使这一地区的民族成分变得更为复杂。他们的入迁途径主要表现在东、西、北三个方向。他们入迁的原因既有政府行为，又有自发的因素。本章就魏晋时期的中原汉族、隋唐时期的高丽、吐蕃、回鹘等学术界所关注较少的社会群体入迁河西及其影响等问题进行探讨。

第一节　永嘉乱后中原社会群体入迁河西及其影响

从公元220年曹魏政权建立到公元589年隋朝统一全国，历时370年。这期间，中原地区政权更替频繁、战乱不息，而河西地区则在历经两汉盛世获得长足发展后又避免了魏晋以降诸如“八王之乱”、“永嘉之乱”那样的兵祸之灾，保持了境内长期安定的环境，吸引了大量中原[①]诸社会阶层群体性入迁河西。

一　中原诸社会阶层群体入迁河西的类型

西晋八王乱后，中原纷争不已，给当时的社会经济造成了严重的破坏。永嘉元年（307），刘琨从洛阳出发赴并州任刺史，沿途“目睹困乏，流移四散，十不存二，携老扶弱，不绝于路。及其在者，鬻卖妻子，生相捐弃，死亡委危，白骨横野，哀呼之声，感伤和气。群胡数万，周匝四山，动足遇掠，开目睹寇”[②]。《晋书·食货志》也记载：“惠帝之后，政教陵夷，至于永嘉，丧乱弥甚。雍州以东，人多饥乏，更相鬻卖，奔迸流移，不可胜数。幽、并、司、冀、秦、雍六州大蝗，草木及牛马毛皆尽。又大疾疫，兼以饥馑，百姓又为寇贼所杀，流尸满河，白骨蔽野。刘曜之逼，朝廷议欲迁都仓垣，人多相食，饥疫总至，百官流亡者十八九。”[③]《晋书·慕容皝载记》亦曰：“自永嘉丧乱，百姓流亡，中原萧条，千里无烟，饥寒流陨，相继沟壑。”[④]由以上材料可以看出，永嘉之乱给中原地区所带来的破坏是相当严重的，正可谓“大乱之极，未有若兹者也”[⑤]。且因中原战争的破坏又引起空前的粮荒，随处可见凄凉景象。可见，战乱给中原人民带来了十分深重的灾难。

河西走廊虽也有过一些动乱，但社会基本上是安定的。当时流传的民谣也曾说：“秦川中，血没腕，唯有凉州倚柱观。”[⑥]

中原诸阶层民众为了寻求活路，纷纷迁出，除了南方以外，河西走廊成为他们理想的避难所之一。正如陈寅恪先生所论述：“盖张轨领凉州之后，河西秩序安定，经济丰饶，既为中州人士避难之地，复是流民移徙之区，百余年间纷争扰攘固所不免，但较之河

① 本书所用的中原是相对于河西而言，指广义上的中原。泛指黄河中下游的陕西、山西、河南、山东西部等地。

② 房玄龄等：《晋书》卷62《刘琨传》，中华书局1974年版，第1680页。

③ 《晋书》卷26，中华书局1974年版，第791页。

④ 《晋书》卷109，中华书局1974年版，第2823页。

⑤ 《晋书》卷82《虞预传》，中华书局1974年版，第2144页。

⑥ 《晋书》卷86《张轨传》，中华书局1974年版，第2229页。

北、山东屡经大乱者，略胜一筹。故托命河西之士庶犹可以苏喘息长子孙，而世族学者自得保身传代以延其家业也。”① 检阅史籍，这一时期入迁河西地区的中原诸阶层民众，上自势族，下至平民百姓、罪犯、士卒，为数不少。

（一）势族群体

势族即指有权势的世家大族。永嘉乱后，大量的中原世家大族遭到洗劫，他们有一部分入迁至河西地区。《魏书·韦阆传》记载：“武功苏湛，字景俊，魏侍中则之后也。晋乱，避地河右，世祖平凉州，还乡里。父拥，字天佑，秦州抚军府司马。湛少有器行，颇涉群书。年二十余，举秀才。除奉朝请，领侍御史，转员外散骑侍郎。”②《周书·王士良传》记载：“王士良，字君明，其先太原晋阳人也。后因晋乱，避地凉州。魏太武平沮渠氏，曾祖景仁归魏，为敦煌镇将。”③《南史·杜骥传》记载：“杜骥，字度世，京兆杜陵人也。高祖预，晋征南将军。曾祖耽，避难河西，因仕张氏。苻坚平凉州，父祖始还关中。”④《南齐书·裴叔业传》载：“裴叔业，河东闻喜人，晋冀州刺史徽后也。徽子游击将军黎，遇中朝乱，子孙没凉州，仕于张氏。”⑤

另据《新唐书·表》记载，裴氏、窦氏、中山王氏、唐氏、贾氏、李氏的先祖们都曾在河西地区有避难的经历。

以上举例，基本上都属于中原势族，他们来到河西地区以后，不仅求得自保，而且在其所到之处，继续发挥其在政治领域的优势，这在前凉、北凉政权中表现最为突出。与此同时，他们还推广儒学文化，五凉时期河西文化的繁荣，他们的作用是不可低估的。对于河西文化，陈寅恪先生曾给以很高的评价，认为其文化“上续汉、魏、西晋之学风，下开（北）魏、（北）齐、隋唐之制度，承

① 陈寅恪：《隋唐制度渊源略论稿》，河北教育出版社2002年版，第29—30页。
② 魏收：《魏书》卷45，中华书局1974年版，第1016—1017页。
③ 令狐德棻等：《周书》卷36，中华书局1971年版，第638页。
④ 李延寿：《南史》卷70，中华书局1975年版，第1698页。
⑤ 萧子显：《南齐书》卷51，中华书局1972年版，第869页。

前启后，继绝扶衰，五百年间绵延一脉”①。

（二）庶民群体

这一时期的庶民，主要是中原的普通农民。因战乱，中原普通庶民有一部分南迁，一部分西迁，西迁的主要地区是河西。从史籍记载看，庶民入迁河西地区有自发性和强制性两种情况，他们的主要入迁之地为武威。

西晋末年战乱不已，张轨主动请求出镇河西，晋廷任命他为凉州刺史。他到河西后，不仅拉拢当地世家大族，而且吸纳入迁河西的中原大族，更为重要的是他采取了安置流民、劝课农桑等发展经济的措施。这使河西境内较为安定，经济有所恢复和发展，成为理想的避难地。故不少人认为“天下方乱，避乱之国唯凉土耳”②，许多中原人纷纷迁到河西地区避乱，当时“中州避难（武威郡）来者日月相继”③。按《晋书·地理志上》记载：“永宁（301—302）中，张轨为凉州刺史，镇武威，上表请合秦、雍流移人于姑臧西北，置武兴郡，统武兴、大城、乌支、襄武、晏然、新鄣、平狄、司监等县。”④ 这些秦、雍等中原人的迁来，增加了武威郡的人口，于是增设新的郡县予以安置。如若从新增设的武兴郡所辖县名看，多与秦、雍原有县名相合，这自然反映了中原群体性移民的特点。

这一时期的民众也往往被强制性入迁河西地区。

前凉张骏时，“惧为刘曜（前赵）所逼，使将军宋辑、魏纂将兵徙陇西、南安人二千余家于姑臧”⑤。按《资治通鉴》记载，此事当发生在咸和元年（326），“张骏畏赵人之逼，是岁，徙陇西、南安民二千余家于姑臧”⑥。其人数应在万人以上。

南凉秃发傉檀穷兵黩武，不断对一些弱小部族进行征伐。义熙二年（406），在傉檀迁都姑臧前，袭击西平、湟河诸羌部，徙其民

① 陈寅恪：《隋唐制度渊源略论稿》，河北教育出版社2002年版，第43—44页。
② 《晋书》卷86《张轨传》，中华书局1974年版，第2222页。
③ 同上书，第2225页。
④ 《晋书》卷14，中华书局1974年版，第434页。
⑤ 《晋书》卷86《张轨传》，中华书局1974年版，第2238页。
⑥ 《资治通鉴》卷93，晋成帝咸和元年十二月条，中华书局2012年版，第2993页。

三万余户于“武兴、番禾、武威、昌松四郡”①。

前秦苻坚建元（365—385）末年，曾“徙江汉之人万余户于敦煌，中州之人有田畴不辟者，亦徙七千余户”②。后凉时，太常郭麐以吕光年老，利用吕氏末期政治腐败，群情不满，“遂与光仆射王祥起兵作乱”。“百姓闻麐起兵，咸以圣人起事，事无不成，故相率从之如不及。”③ 在郭麐率兵攻打武威时，“武威、张掖已东人西奔敦煌、晋昌者数千户。及玄盛东迁，皆徙之于酒泉，分南人五千户置会稽郡，中州人五千户置广夏郡，余万三千户分置武威、武兴、张掖三郡”④。

可见，这一时期，割据政权统治者或义军首领，为了自身生存与发展，往往会将其所统领之民强制迁入其发迹地。

（三）罪犯群体

罪犯在这一时期被迁入河西者也较多见。据史籍记载，徙罪犯于河西地区，在汉武帝时期就已出现，在魏晋南北朝时期，这种现象亦普遍存在，其中有宗室、官吏及其亲属等。

中原政权宗室犯罪者，有部分被迁往河西。《晋书·宗室传》载：“顺，字子思。初封习阳亭侯。及武帝受禅，顺叹曰：‘事乖唐虞，而假为禅名！’遂悲泣。由是废黜，徙武威姑臧县。虽受罪流放，守意不移而卒。”⑤《魏书·神元平文诸帝子孙传》记载，在拓跋宏迁都洛阳期间，“太子恂留于旧京”，同族拓跋隆与拓跋超兄弟等“密谋留恂，因举兵断关，规据陉北”。此事发生后，“隆、超与元业等兄弟并以谋逆伏诛……隆、超母弟及余庶兄弟，皆徙敦煌”⑥。

中原诸政权官吏及其亲属被迁往河西者更多。《魏书·薛野月者传》记载，薛野月者子虎子，为官正直，多为近臣所疾。沛郡太

① 《晋书》卷126《秃发傉檀载记》，中华书局1974年版，第3150页。
② 《晋书》卷87《凉武昭王李玄盛传》，中华书局1974年版，第2263页。
③ 《晋书》卷95《郭麐传》，中华书局1974年版，第2498页。
④ 《晋书》卷87《凉武昭王李玄盛传》，中华书局1974年版，第2263页。
⑤ 《晋书》卷37，中华书局1974年版，第1114页。
⑥ 《魏书》卷14，中华书局1974年版，第361页。

守邵安、下邳太守张攀曾“咸以赃污，虎子案之于法”。安、攀等不服，“遣子弟上书，诬虎子南通贼虏”。经核实，纯属诬陷，结果安被赐死，“攀及子僧保鞭一百，配敦煌”①。《魏书·刘昶传》记载，刘昶次子刘辉，“正始（504—508）初，尚兰陵长公主，世宗第二姊也。拜员外常侍。公主颇严妒，辉尝私幸主侍婢有身，主笞杀之，剖其孕子，节解以草装实婢腹，裸以示辉，辉遂忿憾，疏薄公主。公主姊因入听讲，言其故于灵太后，太后敕清河王怿穷其事。怿与高阳王雍、广平王怀奏其不和之状，无可为夫妇之理，请离婚，削除封位。太后从之。公主在宫周岁，高阳王及刘腾等皆为言于太后。太后虑其不改，未许之。雍等屡请不已，听复旧义。太后流涕送公主，诫令谨护。正光（520—525）初，辉又私淫张、陈二氏女。公主更不检恶，主姑陈留公主共相扇奖，遂与辉复致忿争。辉推主坠床，手脚殴蹈，主遂伤胎，辉惧罪逃逸。灵太后召清河王怿决其事，二家女髡笞付宫，兄弟皆坐鞭刑，徙配敦煌为兵”②。《魏书·程骏传》载：“程骏，字麟驹，本广平曲安人也。六世祖良，晋都水使者，坐事流于凉州。祖父肇，吕光民部尚书”③。《北齐书·平秦王归彦传》记载：“平秦王归彦，字仁英，神武族弟也。父徽，魏末坐事当徙凉州，行至河、渭间，遇贼，以军功得免流。”④

从以上种种史籍记载看，被迁入河西的往往是皇室宗族和大臣及其家属，迁入地集中于敦煌。

（四）士卒群体

这一时期入迁河西地区的士卒主要体现在军队流散和吕光率军入驻等方面。

西晋灭亡以后，晋宗室南阳王司马保“自称晋王，建元，署置百官”，拥有秦、雍一带地区，曾与前赵刘曜对峙，其失败后，所属大量兵卒、将领散奔凉州。据《晋书·张轨传》记载，在张实

① 《魏书》卷44，中华书局1974年版，第998页。

② 《魏书》卷59，中华书局1974年版，第1311—1312页。

③ 《魏书》卷60，中华书局1974年版，第1345页。

④ 李百药：《北齐书》卷14，中华书局1972年版，第186页。

时，“会保蕞，其众散奔凉州者万余人”①。永和八年（352）十月，后赵大将秦州刺史王擢为前秦苻坚所逼，率部“奔于凉州”②。

东晋太元元年（376），前秦灭前凉，河西、西域之地为前秦领有。但因前秦的军队并未进驻西域，西域各政权对前秦并不完全臣服。苻坚“乃授（吕）光使持节、都督西讨诸军事，率将军姜飞、彭晃、杜进、康盛等总兵七万，铁骑五千，以讨西域。”这次西讨，焉耆王“泥流率其旁国”率先请降，随后大败龟兹，西域诸国“惮光威名，贡款属路”，“光抚宁西域，威恩甚著，桀黠胡王昔所未宾者，不远万里皆来归附”③。吕光在班师回朝途中，得知前秦军队在淝水之战中大败、苻坚又为姚苌所害的消息后，遂于太元十一年（386），在姑臧“自称使持节、侍中、中外大都督、督陇右河西诸军事、大将军、领护匈奴中郎将、凉州牧、酒泉公”④，建立了后凉政权。

在这里，吕光所率领的“总兵七万，铁骑五千”，一方面反映了它是后凉政权建立的基石，另一方面则说明大批的中原民众以军队的身份入迁河西地区。

总之，这一时期中原诸阶层是以群体性的方式入迁河西的，且都集中于永嘉之乱后的五胡十六国时期，由此也已窥见这次动乱所造成的巨大的人口迁徙浪潮。

二　中原诸社会阶层自发性入迁河西的主要原因

上已述及，中原诸社会阶层入迁河西之地者有世家大族、庶民、罪犯、士卒；其中罪犯往往是皇室宗族或官吏及其家属；罪犯、部分庶民和士卒是被强制性迁入河西地区的；自发性迁入河西地区者不乏将河西地区看作当时比较好的居住地。

（一）河西是理想的避难场所

西晋末年，因统治阶级腐朽和阶级、民族矛盾尖锐，最终引发

① 《晋书》卷86，中华书局1974年版，第2230页。

② 《晋书》卷8《穆帝纪》，中华书局1974年版，第199页。

③ 《晋书》卷122《吕光载纪》，中华书局1974年版，第3055页。

④ 同上书，第3057页。

了一场大动乱。这场战乱起于惠帝元康元年（291）爆发的“八王之乱”，继之以匈奴、鲜卑、羯、氐、羌等族相继入主中原，这不仅加速了西晋王朝在动乱中走向灭亡，而且给中原社会经济造成了重大的破坏。史载，中原一带“公私罄乏，所在寇乱，州郡携贰，上下崩离”[①]、“千里无烟爨之气，华夏无冠带之人”[②]。而河西地区因远离中原，战乱较少，相对安定。为了逃避战祸，中原的世家大族、庶民或南迁或西迁，西迁的最主要原因是河西地区社会相对安定，是理想的避难场所。

河西地区割据政权的统治者励精图治、轻徭薄赋，出现了社会相对稳定的局面。前凉创建者张轨，安定乌氏人，汉常山王张耳十七代孙，“家世孝廉以儒学显”。永宁时任凉州刺史。时西晋已乱，而张轨及其继任的张骏、张重华在凉州统治时，推行轻徭薄赋、劝课农桑等政策，且他们还非常重视捕盗刑狱之事，曾获得“刑清”之美称。张氏也很重视水利工程的修建。西凉李暠统治期间，河西出现了“年谷频登，百姓乐业”[③]的升平局面。北凉在沮渠蒙逊统治时“内修政事，外礼英贤，攻战之际，身均士卒，百姓怀之，乐为之用”[④]，因而河西政治清明，经济也有所发展，所以“秦雍之民死者十八九，唯凉州独全”[⑤]。

这种社会安定、经济繁荣的河西图景给饱受战争、灾荒之苦的中原人民送来了希望，于是他们纷纷西迁河西。

（二）河西统治者的招揽

以张氏为代表的河西统治者始终尊奖晋室，并以忠臣自居，借以招揽中原的汉族人士。永嘉之乱中，各地方镇来勤王，然而大多数都持观望态度，只有张轨最为得力。当时有民谣曰：“凉州大马，横行天下，凉州鸱苕，寇贼消；鸱苕翩翩，怖杀人。”[⑥]可见张轨的

---

① 《晋书》卷59《东海王越传》，中华书局1974年版，第1625页。
② 《晋书》卷82《虞预传》，中华书局1974年版，第2144页。
③ 《晋书》卷87《凉武昭王李玄盛传》，中华书局1974年版，第2264页。
④ 《资治通鉴》卷118，恭帝元熙元年五月条，中华书局2012年版，第3790页。
⑤ 《魏书》卷99《张寔传》，中华书局1974年版，第2194页。
⑥ 《晋书》卷86《张轨传》，中华书局1974年版，第2223页。

勤王尽忠举措深得民心。西晋灭亡后，张氏又称臣于东晋。东晋元帝登极，张氏到东晋朝贡，并讨取封号，以获取东晋对自己的认可。由此，可以看出张氏是晋室忠臣。“时天下既乱，所在使命莫有至者，轨遣使贡献，岁时不替。朝廷嘉之，屡降玺书慰劳”①，所谓“上欲不负晋室，下欲保完百姓”②。张骏的一举一动皆模仿王者，可是当地官僚请他称王时，他毅然决然拒绝了这一请求，并怒斥那些官僚“此非人臣所宜言也，敢有此言者，罪在不赦”③。十六国前期，民族矛盾的尖锐是北方社会的主要问题，晋王室是民族和国家的象征，而张氏的这一系列举动表明自己只是晋廷的忠实臣子，这对恪守礼教的汉族人民来说，是一大幸事。以张氏为代表的河西统治者的种种措施，吸引了大批士族和庶民前来河西，使这一地区成为西晋崩溃后汉族人民流入的一个重要场所。

另外，也有以其他原因自发入迁河西的民众。如《晋书·列女传》记载：“凉武昭王李玄盛后尹氏，天水冀人也。幼好学，清辩有志节。初适扶风马元正，元正卒，为玄盛继室。”④

（三）中原士人对河西良好的学术氛围的向往

五凉统治者对儒学的大力倡导和发展，吸引了大批的中原士人避地河西。张轨任凉州刺史时，“征九郡胄子五百人，立学校，始置崇文祭酒，位视别驾，春秋行乡射之礼”⑤。张氏对河西的治理，不仅保存了本土世家之学术，而且吸引了大量中原士人来此传授儒学。南凉统治者秃发利鹿孤（鲜卑族），他善于接受朝中儒士建议，并能给予大力支持。祠部郎中史暠曾向利鹿孤建议：“古之王者，行师以全军为上，破国次之，拯溺救焚，东征西怨。……今取士拔才，必先弓马，文章学艺为无用之条，非所以来远人，垂不朽也。孔子曰：‘不学礼，无以立。’宜建学校，开庠序，选耆德硕儒以训胄子。”利鹿孤欣然接受建议，于是，“以田玄冲、赵诞为博士祭

① 《晋书》卷86《张轨传》，中华书局1974年版，第2223页。

② 同上书，第2233页。

③ 同上书，第2235页。

④ 《晋书》卷96，中华书局1974年版，第2526页。

⑤ 《晋书》卷86《张轨传》，中华书局1974年版，第2222页。

酒，以教胄子”①。因此河西成为中原士人的避难地，当洛阳失陷，晋怀帝被俘后，许多中原学者亦流寓河西，“永嘉之乱，中州之人士避地河西，张氏礼而用之，子孙相承，衣冠不坠”②，故河西被称之为“多士之地”。

正是由于中原士人对良好学术氛围的向往，才使他们中的大多数在纷乱当中选择入迁河西。

河西在两汉时期即已得到开发，从武帝时代起就开始设置郡县，同时移民屯田，兴修水利和推广农业。《汉书·地理志下》记载：“凉州地广民稀，水草宜畜牧，故凉州之畜为天下饶。”③ 这些都使得河西地区在永嘉之乱后吸引大批民众来此。

三 中原诸社会阶层群体性入迁河西的影响

中原诸社会阶层民众群体性入迁河西后，尤其是世家大族纷纷入仕河西政权，并与河西诸割据政权相互依赖，稳定了河西政局，发展了河西经济，且对五凉诸朝代的典章制度、学术文化发展产生了深远影响。

第一，永嘉之乱后许多中原大族避居河西，成为这里的大姓，他们中的大多数继而任职于当地的割据政权，对维护河西地区的稳定起了至关重要的作用。唐氏，是汉魏时的中原大姓，至西晋，太常丞唐熙“娶凉州刺史张轨女，永嘉末，遂居凉州”④，成为河西地区的大姓。唐熙子唐辉曾任前凉陵江将军。唐辉的重孙唐瑶先为北凉晋兴太守，后因拥立李暠建立西凉有功，遂任征东将军，其父唐弘亦任凉武兴太守。

永嘉五年（311），洛阳陷落，时任冯翊（今陕西大荔县）太守的江琼，也“弃官西投张轨”，其“子孙因居凉土，世传家业”⑤。

---

① 《晋书》卷126《秃发利鹿孤载记》，中华书局1974年版，第3146页。

② 《资治通鉴》卷123，刘宋文帝元嘉十六年十二月条，中华书局2012年版，第3942页。

③ 《汉书》卷28下，中华书局1962年版，第1645页。

④ 《新唐书》卷74下《宰相世袭表四下》，中华书局1975年版，第3202页。

⑤ 《魏书》卷91《江式传》，中华书局1974年版，第1960页。

裴氏、辛氏分别是汉魏时有名的河东大姓和陇西大姓，两大家族在永嘉之乱后，都迁往河西，任职于前、后凉，成为河西大姓。

上述大姓迁至河西后，任职于当地政权，将中原的礼乐制度等应用在对河西的管理上，有利于维护当地的稳定。

第二，中原的世家大族、士人迁入河西后，继承了中原的先进文化。一方面，这对保存传统儒家文化具有重要的意义。另一方面，有利于各种文化的交流，对独具特色的五凉文化的形成至关重要。西晋末年，中原大乱，而河西的相对安定和河西统治者的重视儒学的举措，吸引了中原大批世家大族、文人学士的迁入。客观上，这些入迁河西的中原世家大族、士人仍然以儒家文化传播为己任，以中原礼教制度为楷模，在河西地区展开了一系列尊儒崇儒的活动。这些举措促使五凉的统治者也开始重视儒学，他们拉拢世家大族、礼遇士人、开办学校、任用贤达，使河西地区的文化教育事业得到长足的发展，在全国赢得了“多士”的美称。

中原士人入迁河西，使河陇逐渐成为北方儒学的中心，儒学多以家学的方式，一代又一代地继承、发展，在民间蓄积着能量，然后再释放回中原。史称“凉州虽地居戎域，然自张氏以来，号有华风”①。且还在前凉统治时期，河西就曾献“经史图籍于京师”②，人才的回流更是大量的。淝水之战后，前凉的张天锡亡命东晋，司马道子讯问河西方物，他应声答曰：“桑葚甜甘，鸱鸮革响，乳酪养性，人无妒心。”③ 后来西凉李暠在和群僚谈及河西民俗时就说：“此郡世笃忠厚，人物敦雅，天下全盛时，海内犹称之，况复今日，实是名邦。”④ 前秦时苻坚又徙江汉、中原之人一万七千余户于河西，其中也必有一些儒生文士，他们将中原的一些学术观点、成果带到河西。据《周书·庾信传》记载：“既而中州板荡，戎狄交侵，僭伪相属，生灵涂炭，故文章黜焉”，文人学者“皆迫于仓促，牵于战争，竞奏符檄，则粲然可观，体物缘情，则寂寥于世。非其才

① 《魏书》卷52《胡叟传》，中华书局1974年版，第1150页。

② 《晋书》卷86《张寔传》，中华书局1974年版，第2227页。

③ 《晋书》卷86《张天锡传》，中华书局1974年版，第2252页。

④ 《晋书》卷87《凉武昭王李玄盛传》，中华书局1974年版，第2262页。

有优劣，时运然也”，唯有“区区河右，而学者埒于中原”①。

由此可见，在中原文化荒败的同时，河西学术文化却颇为可观。迁入河西的世家大族、士人继承了中原的传统的儒学精神，在当地传播儒学，恪守中原的礼教制度，从而保存了中原文化，对后世影响极大。正如陈寅恪所言“刘（渊）石（勒）纷乱之时，中原之地悉为战区，独河西一隅自前凉张氏以后尚称治安，故其本土世家之学术既可以保存，外来避乱之儒英亦得就之传授”②。

中原文化的保存，对河西原有的游牧文化和中原文化的相互交流和吸收提供了条件，对五凉文化的形成至关重要。

第三，中原庶民入迁河西，不仅增加了河西地区的劳动人口，而且带来了先进的生产工具和生产技术，从而促进了河西经济的繁荣。河西农业起步较晚，在汉武帝元狩二年（前121）霍去病西征匈奴，河西归入汉王朝版图起，其农业才逐渐发展起来，后发展为农牧并序发展的格局。魏晋时期，其农业发展仍然很缓慢，从生产工具到耕作技术都比较落后。永嘉之乱后，中原的大批庶民自发或被强制迁入河西，给当地增加了丰富的劳动力，他们将先进的“二牛抬杠”与大型犁铧结合配套的新生产工具应用在河西的农业当中，并将先进的生产技术和经验在河西推广，促进了河西地区经济的发展。

第四，中原民众入迁河西，加速了河西地区少数民族封建化进程，同时也促进了各民族间融合。建立南凉的鲜卑族，东汉末年自塞北迁至河西地区后，在入迁河西的中原人的影响下逐渐汉化，至秃发乌孤时，鲜卑族进一步封建化以至建立了南凉政权。但河西鲜卑族的汉化程度毕竟有限，在生产生活上他们仍不能摆脱游牧民族的生活习俗。到秃发利鹿孤时，接受了入迁河西的中原士人的建议，让鲜卑族官僚子弟学习儒家文化，以此加速了鲜卑族的封建化进程。

北凉的匈奴支系沮渠氏虽长期居住在河西之地，其汉化程度较其他族而言比较高，但还是有限，其政权建制也不完备。后来一批中

---

① 《周书》卷41，中华书局1971年版，第743页。

② 陈寅恪：《隋唐制度渊源略论稿》，河北教育出版社2002年版，第23页。

原世族大姓入迁河西，在北凉任职，进一步提高了北凉匈奴的汉化程度，并对建立较为完善的北凉官制制度、礼教制度起了重要的作用。

需要注意的问题是这一时期的民族融合是双向的，在少数民族汉化的同时，部分中原人也趋向于胡人的生活习惯。这是一个各民族间经济文化、生活习惯相互交流、相互渗透、相互融合的时期。

第五，入迁河西的罪犯主要是皇室宗族和大臣及其家属，且往往被迁往偏僻而遥远的敦煌就地居住。一方面惩罚了这些罪犯，解除了他们对当朝统治者的威胁。前已述及的拓跋恂的同族兄弟拓跋隆、拓跋超因密谋太子反对孝文帝改革，结果被徙至敦煌，解除了孝文帝改革的一大祸患。另一方面，这些在敦煌的罪犯或被强迫服兵役和力役，或开垦田地，这对开发敦煌具有一定积极意义。

总而言之，永嘉乱后，中原诸社会阶层以群体的方式入迁河西地区；这些阶层包括势族群体、庶民群体、士卒群体、罪犯群体，基本上涉及社会的各个阶层；入迁类型又有自发性和强制性两种；世家大族迁入地较广，庶民往往迁入武威郡，而犯罪的皇室宗族和大臣及其家属则被迁往敦煌；河西地区的相对稳定的政治环境、河西统治者的招揽和中原士人对河西良好学术氛围的向往，是引起中原士人自发入迁河西的主要原因；这种自发性和强制性的迁入对五凉时期的河西乃至后世中国的社会、经济、文化等都产生了深远的影响。

第二节　隋唐时期高丽人入迁河西

高丽，史籍中也写作“高句骊”或“高句丽”，它是两汉至唐时期立足于我国东北地区的边疆少数民族政权。从西汉元帝建昭二年（前 37）建立政权至唐总章元年（668）高句骊被唐王朝灭亡，共存在了 700 多年，先后和两汉、曹魏、两晋、南北朝时期各王朝、隋、唐等有着密切的关系。一般认为，高丽是汉族以及周边民族共同融合而发展起来的一个少数民族。[①] 隋唐时期，高丽人也曾

① 袁祖亮：《中国古代边疆人口研究》，中州古籍出版社 1999 年版，第 239 页。

入迁到河西地区。

一 隋唐政权对高丽的征伐及高丽的人口迁移

隋朝时，高丽“东西二千里，南北千余里”①。大体上分布在今辽河以东，长白山以南，朝鲜半岛北部一带。隋初，高丽曾不断派遣使者与隋王朝保持着友好关系，隋文帝还授予高丽统治者高汤为大将军，改封北周时所授予他的辽东王为高丽王。随着势力的增强，高丽力图对外扩张，“驱逼靺鞨，固禁契丹”，“数遣马骑，杀害边（隋）人”②，开皇十八年（598）汤子元时，“率靺鞨之众万余骑寇辽西”③，隋文帝任命皇子杨琼“将水陆三十万伐高丽，以尚书左仆射高颎为汉王长史，周罗睺为水军总管”④，在隋军进兵途中，高丽害怕，遂派使臣向隋文帝谢罪，双方遂罢兵。隋炀帝即位后，曾倾全国之力三伐高丽，但最终无功。

唐初，太宗、高宗父子历经20余年，多次出兵攻打高丽。贞观十六年（642），高丽权臣盖苏文杀国王建武，自称“莫离支”（军民总管之意），专擅大权，并且南结百济，进攻新罗，新罗派遣使臣向唐求救，唐太宗决定征讨高丽。唐政府为了准备对高丽的讨伐战争，在全国各地招募新兵，筹备大批船只和武器。贞观十八年（644）七月，“敕将作大监阎立德等诣洪、饶、江三州，造船四百艘以载军粮。甲午，下诏遣营州都督张俭等帅幽、营二都督兵及契丹、奚、靺鞨先击辽东以观其势。以太常卿韦挺为馈运使，以民部侍郎崔仁师副之，自河北诸州皆受挺节度，听以便宜从事。又命太仆卿萧锐运河南诸州粮入海”⑤。十月，唐太宗颁发《亲征高丽手诏》，诏书云：“高丽莫离支盖苏文，弑逆其主，酷害其臣，窃据边隅，肆其蜂虿。朕以君臣之义，情何可忍。若不诛翦遐秽，无以澄

① 魏征等：《隋书》卷81《高丽传》，中华书局1973年版，第1814页。

② 《隋书》卷81《高丽传》，中华书局1973年版，第1815页。

③ 同上书，第1816页。

④ 《资治通鉴》卷178，隋文帝开皇十八年二月条，中华书局2012年版，第5665—5667页。

⑤ 《资治通鉴》卷197，唐太宗贞观十八年七月条，中华书局2012年版，第6322—6323页。

肃中华。今欲巡幸幽蓟，问罪辽碣。”[①] 同时还颁发《命将征高丽诏》，开始出兵讨伐高丽。

这次战役分水陆两路进行。太宗命刑部尚书张亮为平壤道行军大总管，“帅江、淮、岭、峡兵四万，长安、洛阳募士三千，战舰五百艘，自莱州泛海趋平壤”。陆路以太子詹事、左卫率李勣为辽东道行军大总管，“帅步骑六万及兰、河二州降胡趣辽东，两军合势并进”[②]。又命新罗出兵五万配合作战。到第二年（645）四月，唐军攻下盖牟城（今辽宁盖州市）；五月克辽东城（今辽宁辽阳市）；六月下白岩城（今辽宁辽阳市东），并相继设盖、辽、岩三州。不久，又进攻安市城（今辽宁海城市南），并在安市城周围大败高丽北部傉萨（相当于都督）高延寿和南部傉萨高慧真所率的15万援兵。但因安市城军民的顽强抵抗，唐军围攻近三个月未能攻克。时至九月，太宗以粮草将尽，气候寒冷，无力再继续作战，遂下令班师。这次讨伐高丽的战争“拔玄菟、横山、盖牟、磨米、辽东、白岩、卑沙、麦谷、银山、后黄十城；徙辽、盖、岩三州户口入中国者七万人。新城、建安、驻跸三大战，斩首四万余级”[③]。虽然未征服高丽，但也可以说是战绩辉煌。此后，唐太宗先后在贞观二十一年（647）和二十二年（648）两次派兵攻打高丽，虽然成绩显著，但最终还是未攻下高丽。

高宗即位后，继承父志，从永徽六年（655）开始，不断派兵攻打高丽。到总章元年（668）九月，唐将李勣和契苾何力率兵围攻平壤，最终，“高丽王藏遣泉男产帅首领九十八人，持白幡诣勣降，勣以礼接之”[④]，高丽遂平。随后，“分高丽五部、百七十六城、六十九万余户，为九都督府、四十二州、百县，置安东都护府于平壤以统之。擢其酋帅有功者为都督、刺史、县令，与华人参理。以

① 董诰等：《全唐文》，上海古籍出版社1990年版，第31页。

② 《资治通鉴》卷197，唐太宗贞观十八年十一月条，中华书局2012年版，第6327页。

③ 《资治通鉴》卷198，唐太宗贞观十九年条，中华书局2012年版，第6343页。

④ 《资治通鉴》卷201，唐高宗总章元年九月条，中华书局2012年版，第6470页。

右威卫大将军薛仁贵检校安东都护，总兵二万人以镇抚之。”① 至此，唐讨伐高丽的战争以胜利而结束。

隋唐时期，有关高丽人口数量和人口迁移情况，文献记载不够明确。仅从隋时文帝派兵30万，炀帝曾于大业七年（611）派百万人讨伐高丽，以及唐太宗派10万大军伐高丽之事来看，高丽具有较强的军事实力，而在当时的情况下，军力的强弱主要取决于人口的多少，所以高丽的人口据估计，可能超过100万，只是具体数量难以细考而已。② 有关高丽的人口迁移，主要包括战争俘虏和双方使者往来与留学人员。以战争俘虏而言，据《旧唐书·高丽传》记载，唐武德年间（618—626），唐高祖与高丽相约互相派遣俘虏，高丽政权“悉搜括华人，以礼宾送，前后至者万数，高祖大喜”。贞观十九年（645），唐军伐高丽，诸军俘虏的高丽人达14000名，将分赏给将士，唐太宗怜悯其父子夫妻离散，拨出钱财布帛分赏给将士，将这批俘虏释放为民，“其众欢呼之声，三日不息”③。总体来看，伴随着隋唐政权对高丽的征伐战争，俘获的高丽人不断被迁入中原。据统计，迁居中原各地的高丽人有近30万，他们主要分布在今北京、安徽、江苏、河南、湖北、山西、陕西、甘肃、四川等省。④

二　入迁河西的高丽人管窥

检阅史籍，在高丽人迁入中原的过程中，与河西地区有关的史料有两条。

第一条：唐王朝灭高丽之后，于总章二年（669）五月，“移高丽户二万八千二百，车一千八十乘，牛三千三百头，马二千九百匹，驼六十头，将入内地，莱、营二州般次发遣，量配于江、淮以南及山南、并、凉以西诸州空闲处安置”⑤。《通典》⑥、《唐会要》⑦

① 《资治通鉴》卷201，唐高宗总章元年十二月条，中华书局2012年版，第6471页。

② 袁祖亮：《中国古代边疆人口研究》，中州古籍出版社1999年版，第241页。

③ 《旧唐书》卷199上，中华书局1975年版，第5326页。

④ 杨保隆：《高句骊族族源与高句骊人流向》，《民族研究》1998年第4期。

⑤ 《旧唐书》卷5《高宗纪下》，中华书局1975年版，第92页。

⑥ 《通典》卷186《边防二》，中华书局1988年版，第5019页。

⑦ 《唐会要》卷95《高句丽》，中华书局1955年版，第1709页。

都有类似的记载，只是迁入的人数有所不同。

第二条：原被唐朝所俘获、并委任为工部尚书的高丽国王高藏，“仪凤（676—679）中，高宗授高藏开府仪同三司、辽东都督，封朝鲜王，居安东，镇本蕃为主。高藏至安东，潜与靺鞨相通谋叛。事觉，召还，配流邛州，并分徙其人，散向河南、陇右诸州，其贫弱者留在安东城傍”①。此事据《资治通鉴》记载，当发生在仪凤二年，即公元 677 年。另外，《新唐书·东夷·高丽传》②、《册府元龟·外臣部·亡灭条》③ 对这件事也有记载。

上举两条史料所提到的地名中，与河西地区有关联的有“凉州”、“陇右诸州”等。凉州，据《旧唐书·地理志三》记载，“武德二年，平李轨，置凉州总府，管凉、甘、瓜、肃四州。七年，改为都督府，督凉、肃、甘、沙、瓜、伊、芳、文八州。咸亨元年，为大都督府，督凉、甘、肃、伊、瓜、沙、雄七州。上元二年，为中都督府。天宝元年，改为武威郡，督凉、甘、肃三州。在京师西北二千一十里，至东都二千八百七十里。”④ 可见，唐凉州所统辖的大部分地区位于今河西走廊。“陇右诸州”，即陇右道所统辖的各州。按，陇右道，唐太宗贞观元年（627）所设十道之一。据《新唐书·地理志四》载：“陇右道，盖古雍、梁二州之境，汉天水、武都、陇西、金城、武威、张掖、酒泉、敦煌等郡，为州十九，都护府二，县六十。”⑤ 所统辖十九州、二都护府相当于今甘肃大部分及新疆、青海部分地区。在今河西地区设有凉州武威郡、沙州敦煌郡、瓜州晋昌郡、甘州张掖郡、肃州酒泉郡等。据此可知，在今河西地区应有高丽人迁入。

高丽人在高宗统治时期迁入河西地区，有多少人迁入河西、分布在哪些地方，史书缺载，难以详尽考稽，但从一些零星记载中仍能略知其概况。河西地区当有从军的高丽人，《旧唐书·高仙芝传》

① 《旧唐书》卷 199 上《高丽传》，中华书局 1975 年版，第 5328 页。

② 《新唐书》卷 220，中华书局 1975 年版，第 6198 页。

③ 《册府元龟》卷 1000，中华书局 1960 年版，第 11740 页。

④ 《旧唐书》卷 40，中华书局 1975 年版，第 1640 页。

⑤ 《新唐书》卷 40，中华书局 1975 年版，第 1039 页。

载："高仙芝，本高丽人也。父舍鸡，初从河西军，累劳至四镇十将、诸卫将军。仙芝美姿容，善骑射，勇决骁果。少随父至安西，以父有功授游击将军。年二十余即拜将军，与父同班秩。事节度使田仁琬、盖嘉运，未甚任用，后夫蒙灵詧累拔擢之。开元末，为安西副都护、四镇都知兵马使。"①《旧唐书·王思礼传》载："王思礼，营州城傍高丽人也。父虔威，为朔方军将，以习战闻。思礼少习戎旅，随节度使王忠嗣至河西，与哥舒翰对为押衙。及翰为陇右节度使，思礼与中郎周泌为翰押衙，以拔石堡城功，除右金吾卫将军，充关西兵马使，兼河源军使。"② 高仙芝、王思礼是玄宗时期著名的将领，都出自高丽人，他们大部分时间转战于西北地区，屡立战功，据此可推测，迁入河西地区的高丽人，有许多被编入军队之中，只是战功没有他们二人显著，史籍缺载罢了。

另外，在玄宗时期，有一个名金梁凤的，《旧唐书·方伎·金梁凤传》记载：金梁凤"不知何许人也。天宝十三载（754），客于河西。善相人，又言玄象"③。此人似流落在河西地区的高丽人。《旧唐书·新罗传》载："国人多金、朴两姓，异姓不为婚。"④《新唐书·新罗传》亦载："王姓金，贵人姓朴，民无氏有名。"⑤ 这里虽谈到的是新罗，好像与高丽无关。但据《唐会要·新罗传》载："新罗者，本弁韩之地，其风俗衣服，与高丽、百济略同。……国人多金、朴两姓。异姓不为婚姻。……其先出高丽。"⑥ 可知高丽人中也有金姓。据此推测，金梁凤应属于高丽人。

三　对日本学者研究此问题的辨析

最早注意高丽人入迁河西地区的日本学者当属那波利贞先生，1954年，他在《文化史学》中发表《关于唐代敦煌地方的朝鲜人

① 《旧唐书》卷104，中华书局1975年版，第3203页。
② 《旧唐书》卷110，中华书局1975年版，第3312页。
③ 《旧唐书》卷191，中华书局1975年版，第5104页。
④ 《旧唐书》卷199上，中华书局1975年版，第5334页。
⑤ 《新唐书》卷220，中华书局1975年版，第6202页。
⑥ 《唐会要》卷95，中华书局1955年版，第1710—1711页。

的流寓》一文，认为“在中唐、晚唐时期的敦煌文书中存在着韩寺和姓朴的新罗人，根据当时中国国内朝鲜人的流动，可以认为在甘肃、敦煌居住有很多朝鲜人是并不矛盾的”。据他考证，朝鲜人当时似乎是居住在敦煌县的平康乡。其后，前田正名先生在其《河西历史地理研究》一书中，对此问题进一步做了补充，认为“唐高宗时代以后，河西也开始居住有朝鲜人”①。

在此，我们所要讨论的是前田正名先生所引用的敦煌出土文书，现将前田正名先生所引用的录文及研究成果转录如下：

伯希和文书第5522号中载有《梁户史汜三雇朴愿弘弟愿长契文》。因文书记有戊子年的纪年，故据谓系元和三年（808）或咸通九年（868）之戊子年文书。被雇者朴愿长，从其姓氏来判断，是个朝鲜人。

戊子年二月二九日立梁户史汜三家中欠少力□
平康百姓朴愿弘面上雇弟愿长断作雇贾每月□
捌斗柒升自雇已后便须竟心造作不得免撇工夫
汗衫一札若忙时免工一日勒物贰免若闲时免工一日
勒
恐无交加故立私契用为后凭
雇　兄愿弘尤（花押略）
雇身弟愿长尤（花押略）

因文书下部缺损无法看到全文。平康乡的百姓有个朴愿弘，朴愿长无疑即其兄弟。

检索我国学者对敦煌出土文书的整理和释文资料，在唐耕耦、陆宏基二位先生所编著的《敦煌社会经济文献真迹释录》第2辑中对此件文书也收录进去，转录如下：

① 前田正名：《河西历史地理研究》，陈俊谋译，中国藏学出版社1993年版，第265页。

P. 5008 号《戊子年（公元 928 年或 988 年）梁户史汜三雇工契》

1. 戊子年二月二十九日立契，梁户史汜三家中久少人力，遂□（于）

2. 平康［乡］·百姓杜愿弘面上雇弟愿长。断作雇贾（价）每月断麦□（粟）

3. 八斗七斗。自雇已后，便须兢心造作，不得抛敞工扶（夫）。□

4. 汗衫一礼。若忙时抛工一日，勒物二斗。若闲时抛工一日，勒（物一斗）

5. 恐无交加，故立私契，用为后凭

6. 雇兄愿弘（押）

雇身弟愿长（押）①

通过比较，显系同一件文书，但有如下问题存疑：

其一，文书来源都是出自伯希和，但编号不一致。

其二，对文书时间的断限存在很大的差异。

孰是孰非，待以后继续探讨。

查此件图版文书中的愿弘、愿长兄弟应姓杜，不是姓朴，日本学者前田正名对此录文有误。

综上所述，高丽人是伴随着隋唐政权对高丽的征伐战争而不断迁入中原地区的，大约在唐高宗时代迁入河西地区的。对高丽人在河西情况的研究，日本学者在引用史料时存在失误。

第三节　8—9 世纪吐蕃入迁河西及其影响

在吐蕃统治河西地区的 80 余年间，吐蕃除了自身在这里较多地

① 唐耕耦、陆宏基：《敦煌社会经济文献真迹释录》（第 2 辑），全国图书馆文献缩微复制中心 1990 年版，第 60 页。

接触到中原先进的经济文化之外，更重要的是吐蕃对迁入地的影响，即出现了吐蕃化的现象。这种现象出现的原因主要是吐蕃采取强制政策的结果；同时，在吐蕃入迁河西的过程中留下了大量以藏语言命名的地名。

一　吐蕃对河西地区的占领

唐睿宗景云二年（711），因政治和军事的需要，河西道从陇右道中分离出来成为独立的行政区划单位，分治后的河西道，领凉、甘、肃、瓜、沙、伊、西七州。这里除了伊州和西州以外，其他五州均在今河西地区境内。

关于吐蕃对河西地区的占领情况，《旧唐书》、《新唐书》、《通典》、《元和郡县图志》、《资治通鉴》、《文苑英华》等史籍都有所记载。检索史籍，早在高宗咸亨三年（672），吐蕃就曾染指过凉州，如《新唐书·吐蕃传上》记载："帝曰：'吐谷浑与吐蕃本甥舅国，素和贵叛其主，吐蕃任之，夺其土地，薛仁贵等往定慕容氏，又伏击之，而寇我凉州，何邪？"[①] 仪凤二年（677），吐蕃寇凉州。武后万岁通天元年（696），吐蕃寇凉州，都督许钦明死之。久视元年（700）秋，吐蕃大将麹莽布支率骑数万寇凉州；次年，与突厥联合"大入河西"。开元十四年（726），吐蕃将悉诺罗领兵攻甘州；次年，陷瓜州。遂攻玉门军，围常乐；次年，攻至瓜州城及祁连城下。开元二十六年（738），吐蕃大入河西。唐天宝十四年（755）安史之乱爆发，因驻守河陇等地的唐朝镇戍官兵，相继调回关中，以抵御安禄山叛军。吐蕃乘虚而入，先攻占陇右各州，然后攻河西诸州。具体时间是，广德二年（764）攻占凉州，永泰二年（766）占甘州、肃州。再经十载，于大历十一年（776）攻占瓜州，建中二年（781）陷沙州。[②] 至此，今属河西地区的五州尽为吐

---

① 《新唐书》卷216上，中华书局1975年版，第6076页。

② 据金滢坤《敦煌陷蕃年代研究综述》一文：关于吐蕃攻陷沙州（敦煌）的时间问题，史学界众说纷纭，未能达成共识，其中具有代表性的有大历十二年（777）、建中二年（781）、贞元元年（785）、贞元二年（786）、贞元三年（787）及贞元四年（788）六说。载《丝绸之路》1997年第1期。

蕃所有。

在吐蕃攻占沙州的过程中，沙州军民进行了顽强的抵抗。《新唐书·吐蕃传下》记载："始，沙州刺史周鼎为唐固守，赞普徙帐南山，使尚绮心儿攻之。鼎请救回鹘，逾年不至，议焚城郭，引众东奔，皆以为不可。鼎遣都知兵马使阎朝领壮士行视水草，晨入谒辞行，与鼎亲吏周沙奴共射，彀弓揖让，射沙奴即死，执鼎而缢杀之，自领州事。城守者八年，出绫一端募麦一斗，应者甚众。朝喜曰：'民且有食，可以死守也。'又二岁，粮械皆竭，登城而呼曰：'苟毋徙它境，请以城降。'绮心儿许诺，于是出降，自攻城至是凡十一年，赞普以绮心儿代守。"① 沙州军民坚守 11 年之久，在"粮械皆竭"情况下，但仍争得以"不徙它处"为条件，最后开门纳款。

吐蕃进攻沙州的情况，这在所出土的吐蕃简牍中也有所反映。《吐蕃简牍综录·军事条》记载："酉年春，沙州……萨毗地区，作阻击敌军之军事准备……军队和……此时，遵照命令，立即给以奖赏……"② 按，萨毗：tshal—byi 吐蕃统治敦煌——于阗一线时所指一大行政区划名称。据《寿昌县地境》记载："萨毗城，在镇城东南四百八十里。其城康艳典置筑，近萨毗城泽险，恒有土（吐）蕃土（吐）谷［浑］贼往来。"③ 根据简文的内容，似是吐蕃军在进攻沙州、萨毗前所做动员准备工作，如果攻下沙州、萨毗等城，可以得到奖赏。酉年，具体时间不太清楚，但据前面所讲到吐蕃攻占沙州的过程看，这条简牍资料当反映吐蕃攻占沙州 11 年中的某一年所发生的事情。

吐蕃对河西地区的占领情况，在《敦煌本吐蕃历史文书·大事记年》和《赞普传记》中亦有记载：第 78 条：及至兔年（玄宗开元十五年，丁卯，727 年）"攻陷唐之瓜州晋昌"④；第 107 条：及

① 《新唐书》卷 216 下，中华书局 1975 年版，第 6101 页。

② 王尧、陈践：《吐蕃简牍综录》，文物出版社 1986 年版，第 45 页。

③ 郑炳林：《敦煌地理文书汇辑校注》，甘肃教育出版社 1989 年版，第 61 页。

④ 《敦煌本吐蕃历史文书》（增订本），王尧、陈践译，民族出版社 1992 年版，第 152 页。

至狗年（肃宗乾元元年，戊戌，758 年），“论·墀桑、思结卜藏悉诺囊等引劲旅至凉州城”①。113 条：“（上残）……赞普从宫内……（论）盐州、悉诺穷桑在瓜州城时，城内驻守之唐廷官员高德来会见甘州，谈话如下：吐蕃引兵进攻过去盟誓中声言不应侵扰之地，往昔，盟誓中曾声言将于恪守诺言，却未付诸实践，我等也不再向蕃地输赋，今后应恪守誓言。赞普驻于‘拉格’严饬以上二论。……（下残）”②《赞普传记》中记载，在墀德祖赞赞普时，（704—754 年在位，他是吐蕃政权建立后历任赞普中，执政时间最长的一位）“大论达札恭禄及诸小邦王子大臣一致同意后，赞普亲自出征，于唐境推行政令，攻陷唐之瓜州等城堡。彼时，唐朝国威远震，北境突厥等亦归聚于唐，（西）直至大食国以下均为廷辖土，唐地财富丰饶，于西部（上）各地聚集之财宝贮之于瓜州者，均在吐蕃攻陷之后截获，是故，赞普得以获大量财物，民庶、黔首普遍均能穿着唐人上好绢帛矣”③。

二 吐蕃向河西地区的迁入

伴随着吐蕃对河西地区的战争及占领，吐蕃人开始移居河西。例如尚乞心儿，身为吐蕃宰相，一直负责管理吐蕃东军事务。在吐蕃军攻取沙州后并充任第一位沙州吐蕃长官，据 P. T. 1070 号背面的汉文文书《大蕃勑尚书令赐大瑟瑟告身尚起律心儿圣光寺功德颂》中记载，他“爰乃卜宅敦煌古郡，州城内建圣光寺一所”。表明他已将敦煌作为定居之地。

一般百姓移居河西地区，这在敦煌出土文书中亦有所反映。据 S·5824 号《经坊供菜关系牒》记载：

1. 应经坊合请菜蕃汉判官等。
2. 先子年已前蕃僧五人，长对写经二十五人。

---

① 王尧、陈践译注：《敦煌本吐蕃历史文书》（增订本），民族出版社 1992 年版，第 155 页。

② 同上书，第 156 页。

③ 同上书，第 166 页。

3. 僧五人，一年合准方印得菜一十七驮，行人部落供。

4. 写经二十五人，一年准方印得菜八十五驮，丝绵部落供。

5. 昨奉　处分，当头供者，具名如后：

6. 行人大卿　小卿　乞结夕　遁论磨　判罗悉鸡　张荣奴、张买子，

7. 索广奕　索文奴　阴兴定　宋六六　尹齐兴　蔡殿殿康进建

8. 冯宰荣　宋再集　安国子　田用用　王専，已上人，每日得三十二束。

9. 丝绵苏南　触腊　翟荣胡　常弁　常闰　杨谦让　赵什德

10. 王郎子　薛卿子　娑志力、勃浪君君　王飏　屈罗悉鸡　陈奴子

11. 摩悉猎　尚热磨　苏儿　安和子　张再再，已上人每日得三十三束。

12. 右件人准官汤料合请得菜请处分。

13. 牒件状如前谨牒。

(后缺)①

文书中之“行人部落”、“丝绵部落”，是吐蕃在沙州设立的汉人部落，但其中的乞结夕、判罗悉鸡、娑志力、勃浪君君、屈罗悉鸡、摩悉猎、尚热磨等，显系吐蕃人名，这说明在汉人部落中，杂有相当数量的吐蕃移民。

还有一些敦煌出土文书提到的人名，如S. 2729《吐蕃辰年（公元788）三月沙州僧尼部落米净辩牒》中的“论悉诺罗按谟”；P. 5579中的“论纥颊”、“尚乞心儿”、“论勃颊”；S. 2703的“勃论啜”；S. 2770的“尚论”；S. 3287的“论悉殉夕”等；这些人亦显系吐蕃人名，可见，在入迁河西地区的吐蕃人中，既有高级官

① 唐耕耦、陆宏基：《敦煌社会经济文献真迹释录》（第2辑），全国图书馆文献缩微复制中心1990年版，第412页。

吏，也有普通百姓。

反映吐蕃人入迁河西地区的资料很多，试举几例予以说明：

大中四年（850），原驻鄯州吐蕃大将尚婢婢，为论恐热所击败，尚婢婢则“率部落三千余人就水草于甘州（治今张掖市）西”[①]。

9世纪中叶，吐蕃在河陇的统治瓦解后，其部落分散各地。《宋史·吐蕃传》记载：“唐末，瓜、沙之地复为所隔。然其国（吐蕃）亦自衰弱，族种分散，大者数千家，小者百十家，无复统一矣。”[②]

五代时，在凉州，无论城内或城外，居民以吐蕃人为主。《宋史·吐蕃传》载：“天成（926—930）中，权知西凉府留后孙超遣大将拓跋承诲来贡，明宗召见，承诲云：‘凉州东距灵武千里，西北至甘州五百里。旧有郓人二千五百为戍兵，及黄巢之乱，遂为阻绝。超及城中汉户百余，皆戍兵之子孙也。’”而“凉州郭外数十里，尚有汉民陷没者耕作，余皆吐蕃”[③]。

后晋天福三年（938），高居诲奉命出使于阗，沿途所见，“自灵州渡黄河至于阗（今新疆和田），往往见吐蕃族帐，而于阗常与吐蕃相攻劫”[④]。从灵州到于阗，绝大部分路程是在今河西地区经过。可见吐蕃人在河西的确不少。

从以上举例，我们可以看出，在河西地区确有很多吐蕃人迁入。

三　吐蕃对当地民族的涵化

所谓“涵化”是“指由两个或两个以上不同文化体系间持续接触、影响而造成的一方或双方发生的大规模文化变异”[⑤]。一般来说，人数少的群体容易被大的群体所涵化，经济文化先进的民族涵化较落后的民族，统治民族涵化被统治民族。同时迁徙的少数民族

---

① 《资治通鉴》卷249，唐宣宗大中四年九月条，中华书局2012年版，第8165—8166页。

② 脱脱等：《宋史》卷492，中华书局1977年版，第14151页。

③ 《宋史》卷492，中华书局1977年版，第14152页。

④ 欧阳修：《新五代史》卷74《四夷附录·于阗》，中华书局1974年版，第919页。

⑤ 林耀华主编：《民族学通论》（修订本），中央民族大学出版社1997年版，第397页。

对迁入地影响力的大小，一般还取决于移民数量的多少和时间的长短，“如果移民数量过少，那么移民一般会被迁入地的文化所同化。如果移民数量很大，且移居时间较长，则必然会引起迁入地文化的改变”①。

河西地区在吐蕃统治的80余年间，除了吐蕃自身在这里较多地接触到中原先进的经济文化之外，则更重要的是吐蕃对迁入地的影响，即，使迁入地出现了吐蕃化的现象，也就是说吐蕃对当地民族的涵化。其主要表现在：

第一，政治机构吐蕃化。吐蕃占领河西地区后，设置了一整套从原居地演变而来的官僚体制机构，它们涉及行政、军事、司法、经济、佛事等方面。如吐蕃在瓜州地区所设置的行政机构序列表现为：瓜州节度使—乞律本—节儿、监军、都督、都部落使—部落使、监部落使、乡官。这些机构明显带有吐蕃化的特征。

第二，强迫推行同化政策。吐蕃进入河西地区以后，其统治对象除其他少数民族外，主要还是汉民族。为了防止“汉心汉语”的现象存在，便对广大的汉族实行强迫同化的政策，使河西地区一时出现了吐蕃化的倾向。据史载，吐蕃陷河陇后，“州人（指沙州）皆胡服臣虏，每岁时祀父祖，衣中国之服，号恸而藏之”②。张籍的《陇头行》诗也谓：“陇头路断人不行，胡骑夜入凉州城。汉兵处处格斗死，一朝尽没陇西地。驱我边人胡中去，散放牛羊食禾黍。去年中国养子孙，今著毡裘学胡语。谁能更使李轻车，收取凉州入汉家。”③ 白居易的《缚戎人》诗则描述更为具体生动。大历时没蕃的汉人“自云乡管本凉原，大历年中没落蕃。一落蕃中四十载，遣著皮裘系毛带。……自古此冤应未有，汉心汉语吐蕃身”④。另外，在出土于敦煌文书中也载道：P·3415《张淮深变文》云：“天使睹往年御座，俨若生前，叹念敦煌虽百年阻汉、没落西戎，尚敬本朝，余留帝像。其余四郡，悉莫能存。又见甘、凉、瓜、肃，雉堞

① 薛平拴：《陕西历史人口地理》，人民出版社2001年版，第411页。

② 《新唐书》卷216下《吐蕃传下》，中华书局1975年版，第6101页。

③ 彭定求等：《全唐诗》卷382，中华书局1960年版，第4284页。

④ 《全唐诗》卷426，中华书局1960年版，第4698—4699页。

凋残，居人与蕃丑齐肩，衣着岂忘于左衽。”[①] 这些事实说明，吐蕃统治河西地区时，曾强迫汉人穿蕃服，说蕃话，实行强迫涵化政策。

正由于吐蕃推行民族同化政策，在河西地区出现了史籍中所记载的下列现象：司空图《河湟有感》诗云：“一自萧关起战尘，河湟隔断异乡春。汉儿尽作胡儿语，却向城头骂汉人。”[②] 王建的《凉州行》诗云：“凉州四边沙皓皓，汉家无人开旧道。边头州县尽胡兵，将军别筑防秋城。万里人家皆已没，年年旌节发西京。多来中国收妇女，一半生男为汉语。蕃人旧日不耕犁，相学如今种禾黍。驱羊亦著锦为衣，为惜毡裘防斗时。养蚕缫茧成匹帛，那堪绕帐作旌旗。城头山鸡鸣角角，洛阳家家学胡乐。”[③] 诗中的“汉儿尽作胡儿语，却向城头骂汉人”“一半生男为汉语”，则是吐蕃推行同化政策的具体反映。

另外，敦煌莫高窟156窟南壁有《张议潮出行图》，图内前列欢迎人群中有穿吐蕃服装，做吐蕃舞蹈动作的两队人。这两队人实际是被吐蕃化了的汉人。

第三，吐蕃的语言文字在河西地区的流行，在一定程度上也反映了吐蕃化的倾向。这从敦煌所发现大批藏文文书中可以得到证明。伯希和编号3419号《千字文》是一本用藏文注写汉籍的“注音本”，编号为1228、1231号等卷子，则是汉藏文字书写的对照词汇。这些卷子的发现，不仅仅体现藏文在敦煌民间广为流行使用，同时给笔者提供了吐蕃推行同化政策的证据。

据上所知，正是由于吐蕃推行同化政策，使得吐蕃涵化了当地的其他民族，出现了吐蕃化的倾向，从而使河西地区也成了以吐蕃居民及其文化为主体的吐蕃文化圈。当然，这种现象为时不长，随着吐蕃对河陇统治的瓦解，迁徙生活在这里的吐蕃人与被涵化了的汉族及其他少数民族又逐渐被融合到当地汉族和其他民族之中。

---

① 项楚：《敦煌变文选注》（增订本），中华书局2006年版，第1767—1768页。

② 《全唐诗》卷633，中华书局1960年版，第7261页。

③ 《全唐诗》卷298，中华书局1960年版，第3374页。

四　从地名来看吐蕃入迁河西地区

地名作为语言的活化石，是研究民族分布及其迁徙的重要依据。历史上，河西走廊为多民族、多部落分布之地域，民族变动极为频繁，不同民族都曾以自己的语言命名过地名。在吐蕃入迁河西的过程中也留下了大量的地名。例如，在《宋史》中多次出现的西凉府“六谷族”，其首领潘罗支、厮铎督执掌过凉州吐蕃政权。这些六谷族为吐蕃部落，因游牧于武威南山六条河谷而得名。这六条河流自东而西次第为古浪河、黄羊河、杂木河、金塔河、西营河、东大河等河流，其中古浪、杂木、东大河均为藏语。古浪，原为古孜浪尔，即黄羊川，意为黄羊很多之意；杂木河，源于藏语杂而木，意为古崖水；东大河藏语名为“江帐”，汉译为蹇占，其意为长城或长墙。这六条河谷至今下游为农业区，上游还是牧地，表明自古至今这六条河流上游一直为游牧民族活动之区域。① 六谷族既以地名族，可见这一带为吐蕃人分布集中之地。另，今永登县的庄浪，金昌市的锦羊岭，也均为藏语地名。庄浪，藏语意为“野牛沟”；锦羊岭，藏语译音，意为高峻的山岭。

据研究，今张掖市马蹄寺石窟群中的“马蹄”，则是以吐蕃部落的一支马蹄部而命名的。马蹄即马蹄山，故名临松山。前凉张天锡时，曾于临松山下设置临松郡，北魏时也在这里设置过临松郡。临松山改称马蹄山有不同说法。据清乾隆四十四年（1779）编纂的《甘州府志》称：“岩间有神骏足迹”，“薤谷中，以上有马足夹，俗名马蹄寺。”即“马蹄”一词来源于岩间的马蹄印。后来在清同治四年（1685）成书的《安多政教史》和民国38年编纂的《民乐县志》都沿用此说；现存马蹄寺内的明嘉靖四十四年（1565）《重修马蹄寺记》记载：“甘镇城南百里许，有祁连山，又名雪山。山腰建寺，曰马蹄。”后来经过演绎，并加以神化，此马蹄成为天马所践的砂石足印，成为马蹄寺一景。上述两种说法实无根据。

① 陈守忠：《公元八世纪后期至十一世纪前期河西历史述论》，《西北师院学报》1983年第4期。

另据《太平寰宇记·陇右道（三）·甘州条》记载："临松山，一名青松山，一名马蹄山，又云丹岭山，在县南一百二十八里。《十六国春秋》晋元嘉元年，张掖临松山有石如'张掖'字，后'掖'字渐灭，而'张'字分明。又有文曰：'初祚天下四方安万年。'后魏太和中置临松郡，故城在此山下，吐蕃赞普即其郡丞异称也。故望山有神，每祀之时，但闻声音，不睹其形。"① 在这里"吐蕃赞普即其郡丞异称也"值得注意，我们可以理解为马蹄是驻牧在临松山一带吐蕃一支的名称，后来以族名称之。《太平寰宇记》成书于北宋雍熙三年（983），其记载当为可信。

吐蕃对河西地区的战争、占领及吐蕃人入迁河西后对汉族居民的"涵化"等，虽然早已成了历史烟云，不过，吐蕃人入迁河西地区后的历史活动的印迹却至今仍存，诸如敦煌遗书中藏文文书的保存、部分藏语地名由汉族持续使用、部分藏族长期同河西汉族毗邻居住等，尤其是当年沙州都知兵马使阎朝降吐蕃绮心儿时，双方以"苟毋徙它境，请以城降"为约言，事后，绮心儿也未曾食言，所以出现了吐蕃人与汉族人间居相处80余年的现象，自然这些历史现象都是值得积极评价的。

第四节　回鹘入迁河西及其影响

回鹘，原名回纥，本是铁勒的一支，是我国隋、唐时期发展起来的重要民族，隋炀帝大业元年（605），突厥处罗可汗残酷压榨铁勒诸部，厚敛其物，又杀害各部首领数百人。回纥部联合仆骨、同罗、拔野古等部起来反抗，在反抗压迫的过程中，回纥逐渐强大起来。有"众十万，胜兵半之"。唐太宗贞观初年，铁勒契苾部千余家来沙州内附，唐太宗将他们安置在甘、凉二州。武则天时，漠北回纥迁入甘、凉地区。唐德宗贞元四年（788）十月，首领顿莫贺

① 乐史撰，王文楚等点校：《太平寰宇记》卷152，中华书局2007年版，第2942页。

上表请求唐朝允许改“回纥”为“回鹘”①，取义为“回旋轻捷如鹘也”。9世纪中叶，漠北回鹘汗国灭亡，回鹘各部离散，其中一支南下向西入迁河西走廊，与原先入迁的回鹘人结合，并建立回鹘政权，因其牙帐在甘州，史称甘州回鹘，亦称河西回鹘。

入迁河西地区的回鹘人充分利用这一地区的良好自然地理条件，用自己的辛勤劳动和顽强的生命力为河西地区的经济发展做出了突出的贡献，为甘肃的民族大家庭注入了新的血液。体现了甘肃各民族的向心力与中原文化的巨大凝聚力。河西回鹘的创建和发展，客观上促进了各民族在接触、交往、冲突中的大融合，形成了民族关系中你中有我、我中有你的亲密关系，并在维护丝绸之路、加强东西方文化交流方面做出了重要贡献，加速了甘肃特别是河西地区的开发。

一　回纥首次入迁河西走廊及其原因

回纥人在河西地区的活动，开始于贞观初年。“菩萨与薛延陀侵突厥北边，突厥颉利可汗遣欲谷设率十万骑讨之，菩萨领骑五千与之战，破于马鬃山，因逐北至天山，又进击，大破之，俘其部众，回纥由是大振。”② 另外，在贞观元年（627），契苾部落首领何力“随其母率千余部落诣沙州，奉表内附，太宗置其部落于甘、凉二州”③。

---

① 关于“回纥”改名“回鹘”的时间，史籍记载多有不同：《新唐书·回鹘传上》记载在唐德宗贞元四年（788）；《唐会要》卷98《回鹘》、《册府元龟》卷976《外臣部·褒异条》等记载在唐德宗贞元五年（789）；《旧唐书·回纥传》、《旧五代史·回鹘传》等记载在唐宪宗元和四年（809）；到北宋时，司马光等纂修《资治通鉴》，通过考征最终同意《新唐书》的说法，定在贞元四年。因史籍记载不同，后来学者们在研究的过程中，则出现了不同的观点：陈垣先生在《元西域人华化考》中认为是元和四年；对此，刘美菘先生在《江西师范学院学报》1980年第1期上发表《回纥更名回鹘考》一文，文中重新指出，回纥改名回鹘的时间是在元和四年。1989年，他在《两唐书回纥传回鹘传疏证》一书中，又重申了元和四年说。翦伯赞先生主编的《中国史纲要》，张传玺、李培浩、张寄谦等先生合著的《中国史讲稿》及刘义棠先生著的《维吾尔研究》等则主张贞元五年；冯家升、程溯洛、穆广文诸先生撰写的《维吾尔族史料简编》坚持了《新唐书》和《资治通鉴》的观点等，今从贞元四年说。

② 《旧唐书》卷195《回纥传》，中华书局1975年版，第5195—5196页。

③ 《旧唐书》卷109《契苾何力传》，中华书局1975年版，第3291页。

回纥作为铁勒的一支，大批入迁河西地区是在武则天时期。这一时期，东突厥欲再次重建后突厥政权，游牧于漠北的回鹘诸部遭到突厥的打击，漠北回纥与契苾、思结、浑三部迁徙来到甘、凉地区。《新唐书·回鹘传上》记载："武后时，突厥默啜方强，取铁勒故地，故回纥与契苾、思结、浑三部度碛，徙甘、凉间，然唐常取其壮骑佐赤水军云。"①

铁勒部落大批入迁河西地区，有着深刻的原因：

第一，后突厥势力强盛，不断夺取铁勒诸部居地。铁勒各部不满后突厥政权的统治，被迫南下降唐。《旧唐书·北狄·铁勒传》载："至则天时，突厥强盛，铁勒诸部在漠北者渐为所并。回纥、契苾、思结、浑部徙于甘、凉二州之地。"②

第二，铁勒入迁河西地区，与连年严重的自然灾害有密切关系。开成四年，"会岁疫，大雪，羊马多死，回鹘遂衰"③。陈子昂《为乔补阙论突厥表》云："先九姓（即铁勒）中遭大旱，经今三年矣，皆赤地，少有生草，以此羊马死耗，十至七八。今所来者，皆亦稍能胜致，始得度碛，碛路既长，又无好水草，羊马因此重以死尽矣。不掘野鼠食草根，或自相食，以活喉命，臣具委细问其碛北事，皆异口同辞。又耆老云：'自有九姓来，未曾见此饥饿之甚。'"于是"比者归化，首尾相仍，携幼扶老，已过数万，然而疮痍羸惫，皆无人色，饥饿道死，颇亦相继"④。陈子昂《上西蕃边州安危事》云："臣在府日，窃见碛北归降突厥，已有五千余帐，后之来者，道路相望。又甘州先有降户四千余帐，奉敕亦令同城安置。碛北丧乱，先被饥荒，涂炭之余，无所依仰，国家开安北府，招纳归降，诚是圣恩洪流，覆育戎狄。然臣窃见突厥者，莫非伤残羸饿，并无人色，有羊马者，百无一二。然其所以携幼扶老，远来归降，实将以国家绥怀，必有赈赡，冀望恩覆，获以安存，故其来

① 《新唐书》卷217上，中华书局1975年版，第6114页。

② 《旧唐书》卷199下，中华书局1975年版，第5349页。

③ 《资治通鉴》卷246，唐文宗开成四年条，中华书局2012年版，第8064页。

④ 《全唐文》卷209，上海古籍出版社1990年版，第935页。

者日以益众。”① 在自然灾害的严重影响下，以羊马为资的游牧经济遭到重创。

第三，铁勒入迁河西，与河西地区优越的自然环境和便利的地理交通有很大关系。河西地区土地肥沃，水草丰美，宜农宜牧，自战国秦汉以来，一向是月氏、乌孙、匈奴等游牧民族驻牧之地，后来汉武帝开设河西四郡，农业在该地区也发展起来。回鹘是游牧民族，西迁河西以后，河西的自然环境为回鹘经营畜牧业提供了优越的条件。另外，唐初修治的贯通大漠南北的“参天可汗道”，曾是唐朝与漠北回鹘等少数民族进行经济文化交流的大动脉，这条大动脉，加强了唐与回鹘等少数民族之间的经济文化交流。

综上所述，到唐代初期，原铁勒四十一部，经过不断的迁徙流移以及和不同民族的相互接触，再加上自身的分化与重新组合，形成十五部，他们中的一部分先后在唐太宗、高宗、武后执政时期分期、分批地迁入河西地区，“在漠北者渐为所并，回纥、契苾、思结、浑部徙于甘凉二州之间”。唐政府设置瀚海、贺兰、卢山、蹛林、皋兰等府州以安置回鹘、契苾、思结、浑部，这些府州都属凉州都督府所管辖。他们的到来，不仅增加了当地游牧民族的比重，而且也成为河西一支重要的军事力量，“景云元年(710)，置河西诸军州节度、支度、营田、督察九姓部落、赤水军兵马大使”②。

二　回鹘第二次入迁河西走廊

唐文宗开成年间（836—840），回鹘汗国瓦解，回鹘各部离散，其中一支回鹘越过戈壁，进入额济纳旗，然后沿弱水进入河西走廊，散居在甘、凉、肃等地，与原先迁入的回鹘人结合。以后势力逐渐强大，并经过几十年的发展与融合，建立了回鹘政权。甘州回鹘成为当时控制河西走廊的一股重要势力。

此次回鹘的入迁河西地区，有着深刻的社会原因。

---

① 《全唐文》卷211，上海古籍出版社1990年版，第944页。

② 《新唐书》卷67《表七·方镇四》，中华书局1975年版，第1861页。

第一，回鹘汗国瓦解，回鹘部众四处迁移。“开成初，其相有安允合者，与特勤柴革欲篡萨特勤可汗，萨特勤可汗觉，杀柴革及安允合。又有回鹘相掘罗勿者，拥兵在外，怨诛柴革、安允合，又杀萨特勤可汗，以𩵋馺特勤为可汗。”①又“属本蕃乖乱，种落未安，君长之间，自相疑阻”②。正是汗国内宰相拥兵，互相残杀，导致回鹘汗国迅速瓦解；另外，宰相、将军与外族勾结，共相侵逼。“开成四年（839），其相掘罗勿荐公引山北沙陀攻围之，可汗自杀。”③“有将军句录末贺恨掘罗勿，走引黠戛斯领十万骑破回鹘城，杀𩵋馺，斩掘罗勿，烧荡殆尽，回鹘散奔诸蕃。”④回鹘“为黠戛斯所攻，兵折众叛，畜产大耗，国人荐饥，流离转徙”⑤。在内外交困的这种形势下，文宗开成五年（840），回鹘汗国走向灭亡，退出了历史的舞台。

第二，河西地区在此之前已有回鹘部众及其近族部落居住，这样，回鹘再次进入河西，就自然而然了。公元1世纪初叶匈奴国家崩溃之时，漠北的丁零人（回鹘族的先民），就已经在金城、武威、酒泉等地定居和生活。另据前述，回鹘人在河西的最初活动是从贞观初年开始的，《旧唐书》卷199《北狄传》中比较明确地记载迁往甘凉一带的回纥及其亲族部落是在唐开元三年（715），由于后突厥复兴，回纥诸部“在漠北者渐为所并，回纥、契苾、思结、浑部徙于甘凉二州之地”。则天皇后时，东突厥贵族在漠北复国，进攻回纥，九姓回鹘中的一部分在其酋长率领下，被迫从漠北迁往甘凉地区居住，受唐政府凉州都督管辖。可见，在9世纪中期以前，河西地区就已有回鹘人在此生活了，因此，回鹘汗国灭亡后，大批回鹘人从漠北迁到这个地区也就顺理成章了。

① 《旧唐书》卷195《回纥传》，中华书局1975年版，第5123页。

② 《全唐文》卷697《授歷支特勒以下官制》，上海古籍出版社1990年版，第3173页。

③ 《唐会要》卷98《回纥》，中华书局1955年版，第1749页。

④ 《旧唐书》卷195《回纥传》，中华书局1975年版，第5213页。

⑤ 《全唐文》卷698《遣王会等安抚回鹘制》，上海古籍出版社1990年版，第3174页。

回鹘汗国覆亡以后，其部众四处逃散，其中一支投奔吐蕃控制下的河西走廊。“回鹘……余众西徙，役属吐蕃。是时吐蕃已陷河西、陇右，乃以回鹘散处之。”① 据《旧五代史·回鹘传》记载：“会昌初，其国为黠戛斯所侵，部族扰乱，乃移帐至天德、振武间。时为石雄、刘沔所袭，破之，复为幽州节度使张仲武所攻，余众西奔，归之吐蕃，吐蕃处之甘州。”② 吐蕃将回鹘人“散处之”，可见，吐蕃将他们分散安置在甘州等河西地区。

宋代时，回鹘在“甘、凉、瓜、沙，旧皆有族帐”③。对此，吴广成《西夏书事》也有记载，“回鹘自唐末浸微，散处甘、凉、瓜、沙间，各立君长分领族帐”④。另据陈溯洛先生研究，五代至宋初，河西地区的回鹘，除以甘州为中心以外，还分布在沙州、凉州、肃州等地。⑤ 这次入迁河西的回鹘部落，与武后时期相比，不论从规模上，还是影响都较为深远。

宋仁宗天圣四年（1026），辽、西夏再次联合进攻甘州，围甘州城数日，因阻卜叛辽，辽夏慌忙撤围，甘州城未被攻破。天圣六年（1028），西夏军攻破甘州，甘州回鹘政权灭亡。天圣八年（1030），瓜沙回鹘降夏，至此，西夏完全占据了河西地区。

三　回鹘入迁河西走廊的影响

以甘州为中心的河西回鹘，在中原地区政权更迭频繁。战乱不断的五代时期，占据河西一个多世纪，并建立了较为稳定和良好的秩序，同中原地区的后梁、后唐、后晋、后汉、后周及辽国，建立了良好的关系，不仅对中西经济文化交流的顺利进行有很大意义，而且对河西和中原地区生产的发展、文化的繁荣以及对整个中华民

① 《新五代史》卷 74《四夷附录三·回鹘传》，中华书局 1974 年版，第 916 页。

② 薛居正等：《旧五代史》卷 138，中华书局 1976 年版，第 1841 页。

③ 洪皓撰，阳羡生校点：《松漠纪闻》，《宋元笔记小说大观》，上海古籍出版社 2001 年版，第 2791 页。

④ 吴广成撰，龚世俊等校证：《西夏书事校正》，甘肃文化出版社 1995 年版，第 79 页。

⑤ 陈溯洛：《甘州回鹘始末与撒理畏兀儿的迁徙及其下落》，《西北史地》1988 年第 1 期。

族的社会进步都有重大的影响。

（一）继承了回鹘传统的游牧经济，吸收了中原先进的农耕文化，为中华民族共同体增添了新的内容

回鹘汗国瓦解后，回鹘各部进入河西地区，与原先迁入的回鹘人结合，并在河西地区繁衍发展100多年，并使整个河西地区的少数民族共同体发生重大变化，促进了有关各民族族体的交融和整合。甘州回鹘政权于宋仁宗天圣六年（1028），被西夏灭亡后，回鹘各部再次离散，其中一部分撤向今新疆东部，与当地的西州回鹘回合，成为今日维吾尔族的共同祖先；一部分向青藏高原方向迁徙；一部分未迁走的回鹘人，后被西夏征服，正如《西夏书事》卷15记载："自元昊取河西地，回鹘种落窜居山谷间，悉为役属。"最后他们和西北境内的党项、吐蕃、汉等各族人民融合；更有一部分退到祁连山北麓的沙州以南，成为后来的"黄头回纥"，顽强地生存于河西走廊，这一部分回鹘人，在长期的历史发展过程中，同邻近其他民族相互融合，逐步形成一个新的人民共同体，即今日的裕固族，至今仍为河西的建设事业做着贡献。因此，可以说，回鹘的西迁为民族的整合提供了契机，为新民族的形成奠定了经济和文化基础。

（二）加强了河西地区与中原王朝的联系，巩固了祖国西部边陲

甘州回鹘统辖河西地区后，继承回鹘与唐朝友好交往的传统，同五代及宋朝建立了良好的关系，并与内地各族人民往来关系密切。一方面，回鹘可汗不仅经常遣使向统治中原的历代王朝奉贡，且接受各王朝封册，以示臣服，据史载，其与统治中原王朝建立联系始于后梁开平三年（909）。当年五月，汗国派遣阿福引为首的使团入贡，乾化元年（911），又遣都督周易言等入贡。乾化二年（912），周易言再入贡。贡使往来前后三次，受到了后梁太祖朱全忠的隆重接待。后唐建立后，使命往返更是频繁。有时一年一遣使，有时一年数遣使。同光二年（924），可汗仁美遣都督李引释等入朝贡名马、玉石。唐庄宗李存勖接见使者。天成二年（927），仁裕遣都督李阿山等入贡，后唐明宗李嗣源接见使者，后晋天福四年

(939)，石敬瑭令卫尉邢德昭又册之为“奉化可汗”[①]。后汉、后周继起后，甘州回鹘贡使仍往来不绝。另一方面，回鹘可汗对中央皇朝始终以“舅甥”相称，形式上表示归附，这些与中原王朝友好往来的行为，加强了与中原王朝的联系，完成了河西地区的局部统一，巩固了祖国西部边陲。

（三）确保丝绸之路畅通，促进经济发展

甘州回鹘地处中西交通的要道，丝绸之路的中段，在占据河西之后，先后与吐蕃、西夏的统治集团围绕丝绸之路进行了一系列斗争，为维护中西交通，促进丝绸之路的经济往来，做出了巨大的贡献。

为保河西至中原王朝的贸易通道畅通，8 世纪末，“回鹘击吐蕃、葛禄于北庭，胜之，且献俘”[②]。但斗争并没有结束，直到公元 9 世纪初，回鹘汗国势力达到顶峰时，回鹘彻底打败吐蕃、占领北庭，从而确保了丝绸之路的畅通。甘州回鹘在丝绸之路上的另一个劲敌是西夏，据史载：大中祥符元年（1008），“夏州万子等军主领族兵趋回鹘，回鹘设伏要路，示弱不与斗，俟其过，奋起击之，剿戮殆尽”[③]。但直到大中祥符九年（1016）“苏守信死，其子罗莽领西凉府事，回纥遣兵攻破其族帐百余，斩级三百，夺其马牛羊甚众”[④]。自此，凉州属于回鹘，甘州回鹘控制河西走廊十余年，维护了丝绸之路的畅通。

结束了分裂割据，熄灭了连年战火，河西地区有了发展经济的良好环境。甘州回鹘占领河西走廊之后，大力发展以游牧为主导的畜牧业经济，据不完全统计，甘州回鹘共向五代、北宋进马 28 次，数量达 2567 匹；进驼 6 次，数量达 589 峰。从这些数字中可以看出，在当时的历史条件下，甘州回鹘的畜牧业已达到了相当可观的水平。

---

① 《旧五代史》卷 138《回鹘传》，中华书局 1976 年版，第 1843 页。

② 《新唐书》卷 217 上《回鹘传上》，中华书局 1975 年版，第 6125 页。

③ 《宋史》卷 490《回鹘传》，中华书局 1977 年版，第 14115 页。

④ 李焘：《续资治通鉴长编》卷 88，宋真宗大中祥符九年十二月条，中华书局 2004 年第 2 版，第 2031 页。

同时，由于回鹘人处在中西交通的要道，回鹘人“有田姓者饶于财，商贩巨万，往来于山东、河北”① 等地，并且“多为商贾于燕”，“尤能别珍宝”，他们的足迹西到波斯、阿拉伯，东至契丹的上京、北宋的汴京，这些回鹘人把中原地区的丝绸、金银器皿、服饰等物品运往西域、波斯、阿拉伯，同时将西域、波斯等地的药品、马、骆驼、玉制品等运到内地。在长期的经济交往过程中，回鹘商人不仅充当了中国和西方经济往来的中间人，而且还在中西方的先进生产技艺的交流方面起了重要的作用，并对回鹘的发展和中西贸易产生了深远的影响。

（四）驱动文化的整合、增进了国内外的文化交流

1. 改变了回鹘人的宗教信仰，丰富了回鹘民族文化

回鹘人初信奉萨满教。唐至德年间（756—758），又改奉摩尼教。由于其教法在普通游牧民中有较大影响，故在移居甘州后，仍有不少人信奉，但是摩尼教在汗国内盛行时间并不太长，9 世纪中叶，在西迁后，由于受河西地区汉族、党项、吐蕃人信仰佛教的影响而开始信奉佛教，比如 1007 年，甘州回鹘夜落纥氏派遣佛僧翟大秦来北宋送马 15 匹，想在北宋的首都开封建造佛寺；另外，宋人洪皓在《松漠纪闻》中形象地记录了甘州回鹘人在佛堂中披袈裟、诵佛经的情形：“（甘州）回鹘奉释氏最甚，共为一堂，塑佛像其中。每斋必刲羊，或酒酣，以指染血涂佛口，或捧其足而鸣之，谓之亲敬。”② 这样，佛教作为境内民族的共同信仰，在回鹘人与河西当地民族融合的过程中起了关键作用。

2. 在整合不同民族语言文字的基础上形成了回鹘自己的语言文字

回鹘最初使用突厥文，也用过粟特文，回鹘西迁后，分布在东西交通要道，为了方便和中亚的粟特人以及内地人的贸易交往，大量使用在粟特文基础上创制的回鹘文，同时也使用汉文，当然由于地域的差异，河西回鹘在整合民族语言文字的过程中，大量借用藏语词汇。公元 1028 年，西夏李元昊占据河西走廊以后，仍于公元

① 范玉梅：《裕固族》，中华书局 1975 年版，第 6 页。

② 洪皓撰，阳羡生校点：《松漠纪闻》，《宋元笔记小说大观》，上海古籍出版社 2001 年版，第 2791 页。

1037年规定设“蕃字院”，“掌西蕃、回鹘、张掖、交河一切文字，并用新制国字，仍以各国蕃字副之”①。西夏的规定说明回鹘文在当时所占的重要地位。

3. 促使回鹘的风俗习惯发生变化

回鹘的入迁与融合，促使回鹘的生活习惯发生变化。从饮食上来说，粮食在西迁后的回鹘人的生活中占了很大比重，这从今天裕固族的习俗上可得到证明，按照裕固族的古老规矩，女方在同意男方的求亲之后，女方向男方索要120种彩礼，这其中有许多体现了回鹘社会生活习惯的例子，比如：“羊毛、驼绒不能少，……白面、大米不能少，黄米、小米不能少，……茶叶、盐巴不能少，……农人的瓜果不能少，农人的蔬菜不能少”②；从居住环境上看，河西回鹘主要使用今蒙古式的帐篷，另外还有少量楼房，《新五代史》记载，“可汗常楼居”，定居甘州的回鹘，肯定居住土房而不是帐篷；从服饰上看，回鹘人的衣物主要以皮毛为主要原料，由于靠近农业区，因此，也以棉纺织品为衣服原料，妇女的服饰也很有特点，“妇人总发为髻，高五六寸，以红绢囊之。既嫁，则加毡帽”，这种服饰，只有在后来的撒里维吾尔和今天的裕固族中找到痕迹。这说明回鹘人在进入河西后，随着经济结构的变化，生活方式也在发生变化，并影响到后代。

总之，回鹘两次入迁河西走廊，改变了河西走廊的经济结构和文化构成，促进了文化的涵化和借取，并产生支系文化，形成了各民族交错杂居的分布格局。回鹘汗国瓦解后，回鹘各部离散，进入河西走廊的一支，与原先迁入的回鹘人汇合，发展并逐渐强大起来，建立了甘州回鹘政权，统一了河西地区，为维护丝绸之路的畅通，繁荣河西地区的经济，促进东西方之间的贸易做出了突出的贡献，并对今天裕固族的形成产生了重大影响，丰富了祖国文化宝藏，增进了国内外及各民族的文化交流。

---

① 《西夏书事校证》，甘肃文化出版社1995年版，第147页。

② 范玉梅：《裕固族》，中华书局1975年版，第40页。

第三章

西北各地社会经济与文化

考古发掘资料、简牍、敦煌文书、吐鲁番文书是研究西北社会问题的主要资料，本章借助以上资料与传世文献相结合，对河西地区的人类文化遗址，进行实地考察，认为河西自古以来就有人类居住，自汉代以后，河西地区变为农牧相结合的经济区。“床”在吐鲁番文书中多次出现，经过统计分析，“床”的用途在魏晋隋唐时期有不同的变化。西北地区在中国古代自然灾害较为频繁，通过统计分析，就中国古代面对自然灾害的对策及经验进行了总结。

第一节　从河西地区新石器时代文化遗址看人类活动的状况

中国各地遍布新石器时代的遗存，其分布范围、文化内涵和起讫年代各不相同，有些在生产经济上也呈现出较大的差异。但在一定地域内先后产生的几支新石器文化往往形成自身的发展序列。河西地区新石器时代遗址广泛、内容丰富，这对研究河西历史，发扬中华民族的优秀文化遗产，构建社会主义和谐社会，都具有十分重要的历史价值和现实意义。

一　河西地区的新石器时代遗址概况

（一）武威市

1. 皇娘娘台遗址[①]

位于凉州区西北约 2. 5 公里处，面积约 12. 5 万平方公里。甘肃

---

① 甘肃省博物馆：《甘肃武威皇娘娘台遗址发掘报告》，《考古学报》1960 年第 2 期；魏怀珩：《武威皇娘娘台遗址第四次发掘》，《考古学报》1978 年第 4 期。

省文物管理委员会、甘肃省第一届文物博物馆训练班等单位先后进行了四次发掘。前三次发掘面积达750平方米，发现窑穴42个、墓葬26座、白灰面住室多处。1975年第四次发掘面积560多平方米，发现房基4座、窑穴23个、墓葬62座。皇娘娘台遗址是一处单纯的齐家文化遗址，面积较大、内涵丰富，说明齐家文化的居民在这里定居生活的时间很久。

2. 塔儿湾遗址①

位于凉州区古城乡塔儿湾村杂木河东岸的山坡及二级台地上。甘肃省文物考古研究所对该遗址进行发掘并共清理马家窑类型房屋2座、灰坑3个，包含物仅有少量破碎的彩陶片，器形有盆和瓶，共计有彩陶盆2件，罐8件，瓮3件；灰坑内填灰黑色土，含少量炭屑，包含物极少，可辨器形者为侈口夹砂深腹罐。半山类型房屋1座（残破），遗物仅发现有1件陶器，为一夹砂褐色陶罐。马厂类型房屋1平方米左右（残），遗物有盆和盒各1件。

3. 五坝山墓葬遗址

位于凉州区新华乡。1984年，甘肃省文物考古研究所发现一座被魏晋墓打破的马家窑文化的墓葬，该墓人骨已无存，仅存少量陶器及骨笄、绿松石、骨珠等随葬品。陶器有彩陶瓶、彩陶壶、罐各1件；绿松石3枚，骨笄1枚。另外，还采集有石杵1件。

塔儿湾遗址及五坝山墓葬发现的马家窑文化的遗迹和遗物虽然数量少，无法与其他的遗址进行比较，但从永昌鸳鸯池遗址发现的马厂类型墓地的情况来看，河西走廊地区的马厂类型亦具有明显的地方特征。

4. 老城遗址②

老城遗址位于古浪县裴家营乡老城村的南边，遗址分布在昌灵山北麓的台地上。武威市博物馆对该遗址进行试掘并清理含有大量的草木灰、碎陶片、骨器以及石器的灰坑1个；含有小卵石和料姜

---

① 甘肃省文物考古研究所：《武威塔儿湾新石器时代遗址及五坝山墓葬发掘简报》，《考古与文物》2004年第3期。

② 武威地区博物馆：《甘肃古浪县老城新石器时代遗址试掘简报》，《考古与文物》1983年第3期。

石的居住面1处，在居住面上，有一块不规则的红烧土，其上有1个大柱洞，在大柱洞的周围有5个小柱洞；共清理墓葬5座，均为土坑墓，并在同一地层上，墓葬出土的遗物大部分保存完好，共有石器2件，一件为刮削器，器形呈三角形，一角穿孔，便于携带。一件为石凿，刃部磨光，顶端破裂；骨器共11件，分装饰品和生活用品两类，装饰品4件，其中骨环2件，月牙形饰物1件，还有1件骨器，不知用途，器形为圆柱形，表面略加磨光，两端中空，一端的外表有一周刀削的凹线；生活用品7件，其中骨针2件，骨锥3件，骨匕1件；陶器都是生活用具，完整和能复原的共计10件，主要有钵、罐、盆、杯几种器形。

老城遗址从其陶器的形制和纹饰等方面看，应属新石器时代马家窑文化马厂类型。

5. 高家滩遗址①

位于古浪县东部的裴家营乡老城村东南约2华里处。遗址现做农田，属缓坡状台地，1980年秋，武威地区文化馆文物组调查并发掘该遗址四个探方面积约20平方米，在发掘的四个探方中，每个探方都发现灰坑。坑内堆积物中含有石器、陶器和碎片，骨器较多，还有数量较多的牛、羊、猪、鹿骨以及木炭灰屑等杂物。具体有以下几类：第一，石器。包括石刀3件，石斧1件、敲砸器1件。第二，骨器。包括骨锥4件，骨刀柄1件，骨饰1件，骨壁1件，另外，还发现少量骨针残段、骨珠以及残骨饰等。第三，陶器。探方内出土的陶器，多为碎片，另外，还出土陶纺轮1件。

高家滩遗址从出土物陶器的形制与纹饰来看，系马家窑文化马厂类型，同甘肃各地同一类型文化遗存相比，它不同程度地反映了区域性的特征。

（二）张掖市

1. 黑水国遗址②

又称西城驿沙窝，民间也称“老甘州”。东南距甘州区17公

---

① 武威地区博物馆：《古浪县高家滩新石器时代遗址试掘简报》，《考古与文物》1983年第3期。

② 吴正科：《黑水国古城》，甘肃人民出版社1998年版，第32—87页。

里，位于黑河三角洲西侧的高台地段。到目前为止，在黑水国区域内共找到史前文化遗址 5 处，分别编号为 MA 点、MB 点、MC 点、MD 点、ME 点。

MA 点位于南城西，面积约 100 平方米，地面散布较多的夹砂陶片，从陶片看，器形有鬲、双耳罐等；石器有双孔石刀、打制石斧、琢制石斧、环形石器、斧形小石器，另见有骨椎和泥质陶珠等物。

其余四处均为马厂文化遗址，MD 点居东，距黑水国南城约 1 公里，MB、MC、ME 三处位于 MA、MD 点之间，MB 和 MC 点被一条古河床隔开，MC 点与 ME 点被一条沙丘隔开，这三个遗址应该是一个整体，遗址上有密集的残碎陶片和较多的石器，从器形来看，有罐、双耳盆、瓮、釜、器物盖、纺轮等，石器有打制石器、磨制石器，兼有琢制石器，其中，打制石斧共 34 件，包括有肩石斧 19 件，无肩石斧 6 件，其余为石斧柄。磨制石斧 6 件，包括棱柱状石斧 4 件，铲状石斧 2 件；石刀 47 件，石杵 4 件，石球 4 件。石纺轮 7 件，其中 4 件为半成品，3 件为残品。还采集到大砍砸器 2 件，石钻 1 件，打磨器 8 件，石网坠 1 件，石铲 1 件。器形以打制石斧和磨制石刀为主，另有石锛、石钻、石纺轮、盘状敲砸器、石杵等器形，同时伴有大量的细石器。另外，还采集到贝壳、链珠、铜器等若干。

2. 四坝滩遗址①

遗址在山丹县城南 5 公里，位于石清河的东岸。遗址的范围比较广阔，南北约 210 米，东西约 200 米。该遗址先后由山丹县培黎中学和甘肃省博物馆两次发掘，共发掘陶器 90 多件，以及一些石器。这些陶器的出土深度，距地表只有 0. 6—0. 9 米，并有完整的人骨架伴存，有的人骨旁边还有猪的头骨。

陶器的器形有单耳杯、单耳罐、盖、肩耳罐等，其中双耳罐为最多，单耳罐次之，其他均甚少。特别值得一提的是 2 件肩耳罐，陶质细腻，磨光细致，小口，高颈，耳在肩上，与耳相对的腹下凸

① 安志敏：《甘肃山丹四坝滩新石器时代遗址》，《考古学报》1959 年第 3 期。

出一片如钮状，这两件陶器的质料、器形都和这里的其他陶器不同。虽然在过去的著录中缺乏完全相同的器形，如所谓马厂陶器Ⅵ式的腹侧不见凸钮，而所谓马厂陶器Ⅹ式却又是敛口短颈的，这里所出土的却介于上述两式之间，因此不能否认它们也是属于所谓“马厂式”陶器的系统。

石器。有打制石器、细石器及磨制石器三种。其中，打制石器用砾石打成，加工粗糙，个别石器还局部磨光。器形有刀、凹腰斧、有肩斧等。细石器共有26件燧石石片，形状不整齐，并缺少加工的痕迹。其中一件残石核，可以证明这里确有细石器存在。磨制石器有刀、磨棒、祖等。

在这里还发现过金环和青铜刀残片，但不能确定它们是否与上述的陶器共存，所以对它们的时代也无从判断，但很可能是较晚的产物。因为青铜器和金耳环在民勤沙井文化的墓葬中都曾经出现过，也间接说明这里的一部分遗物可能和沙井文化有着密切的关系。

3. 民乐县东灰山遗址①

东灰山遗址属民乐县六坝乡，遗址坐落在六坝乡东北约2.5公里处的荒漠沙滩中，是由灰土与沙土堆积而成的一座沙土丘。沙土丘被当地群众称为“东灰山”。

东灰山墓地的墓葬分布密集，墓葬之间的叠压打破关系丰富，这些墓葬均为土坑竖穴墓，穴壁规整，墓地平坦。墓穴形制的差别主要表现在穴壁是否有龛上。有龛墓计55座，依墓龛的位置可以分为端龛墓、侧龛墓和端侧龛墓三种。无龛墓计194座，依墓穴底部的结构可以分为平底墓、有台墓和有坑墓三种。能够确定死者的有150座墓，其中单人墓96座，合葬墓54座，主要形式有成年男女合葬、成年男性合葬、成年男性与未成年人合葬等，有218座为二次埋葬。有80座墓葬是不出任何随葬器物的“空墓”。在使用器物随葬的169座墓葬中，随葬器物的数量多寡不均，多者达19件，

① 甘肃省文物考古研究所等：《甘肃民乐县东灰山遗址发掘纪要》，《考古》1995年第12期。

少者仅1件。随葬器物主要放置在墓穴的底部，但也有少数夹杂在墓穴的填土中，有龛墓的随葬器物主要放在墓龛内，一般情况是有龛墓的随葬器物多于无龛墓。

出土获各类遗物975件，包括陶器、石器、骨器、铜器、贝器、牙器、蚌器等。

陶器主要为生活用容器，少量为生产工具及其他。陶容器的种类比较简单，有壶、罐、盆、方鼎、豆和器盖六大类。壶有四耳壶、三角壶、双腹耳彩绘壶、无耳壶，罐有四耳带盖罐、双耳带盖罐、双耳彩绘罐、大双耳罐、小双耳罐、单耳彩绘罐、单耳素面罐；盆有双耳盆和单耳盆；方鼎的种类简单；豆有粗柄豆和细柄豆；器盖形制多样，钮有圆形、方形、花瓣形、矛头形，陶质生产工具有纺轮等。其他陶质器物有靴形器、陶埙、陶牌饰、陶玲等。

石器主要为生产工具，少量为装饰品及其他。器形有砍砸器、刮削器、斧、刀、锛、凿、磨棒、磨盘、球、环状器等；装饰品有珠饰和条饰等。

骨器主要为生产工具，器形主要有锥、针、匕、凿、纺轮等；另有少量卜骨，系羊肩胛制成。

铜器包括生产工具和装饰品，器形主要有属于生产工具的削刀、锥和属于装饰品的镯、耳饰、小圈等。

4. 民乐西灰山遗址①

位于民乐县六霸堡子乡的西面约20里的戈壁，遗址所在地由于灰层堆积关系，形成了突出地面约4米的土丘，南北长400米，东西宽约300米，灰层厚2—4米。遗址的东边常受山洪的冲刷，灰层流失得不少。从冲刷的断面上看，由沟底到地表灰层较纯，内含遗物颇多。地面上遗物分布得相当丰富，除采集有单孔石刀、石斧、石磨、骨凿、彩陶片、夹砂陶片及少数泥质红陶片外，在地表上还发现汉代铜带钩、铜箭头各1件。

东灰山和西灰山遗址虽相距20多里，但它的文化性质基本上是相同的，同时从器形、花纹、陶质上比较，和山丹四坝文化遗物属

① 宁笃学：《民乐县发现的二处四坝文化遗址》，《文物》1960年第1期。

于同一文化类型。

（三）金昌市

1. 鸳鸯池墓地[1]

位于永昌县东北河西堡附近，遗址北面为龙首山、南面为阴山，在龙首山山脚之下形成一个低区，称鸳鸯池。遗址与墓地正在鸳鸯池的南面、金川河西岸的台地上。

1973 年 5 月，武威地区文物普查队与甘肃省博物馆文物队对该遗址的墓区进行了发掘，共发掘墓葬 151 座。墓葬坑位排列得相当集中，墓坑的形制，多为土坑竖穴式，个别有打偏洞的。一般成年人墓埋得较深，小孩墓较浅。葬法有单身藏、合葬、二次葬和瓮棺葬等。葬式主要是仰身直肢葬，其次有侧身屈肢葬。另外，还有“割体葬仪”，这种现象在甘肃新石器时代，尤其是马家窑文化墓葬中还是首次发现。

有随葬品的墓葬 131 座。随葬品中以作为生活用具的陶器最为普遍，装饰品也比较多。随葬品一般都是 1—5 件，有灰陶罐、彩陶罐、彩陶盆或碗、陶杯等。这些遗物，依照质料可分为石器、细石器、骨器、陶器和艺术雕刻五类。第一，石器。发掘出土斧、刀、筒、管各 1 件，石片若干，另外，还有白色石珠，作为装饰品。第二，细石器。发掘细石器相当多，仅在墓 122 人头骨旁发现 200 余片，质料主要是透明和半透明的燧石，玛瑙很少。第三，骨器。有兽牙制成的耳坠等装饰物。第四，陶器。多为生活用具，也有明器和少量的生产工具等。生活用具有罐、盆、小壶等彩陶，罐、豆、器盖和大型陶瓮等粗红陶；单耳杯、盘和小陶盅等灰陶。第五，艺术雕刻，发现石雕人头像，形状为椭圆形，有双眼、两鼻孔和口，与人面无异。而眼、鼻孔、口均用白色小骨珠镶嵌而成。

过去认为马厂彩陶，不论从陶质、纹饰，乃至制作艺术都不及半山那样精美。通过对鸳鸯池墓地的发掘，可以看出马厂类型的制陶工艺技巧可以与半山相媲美。特别是细石器时代的制品在这里大

[1] 甘肃省博物馆文物工作队等：《永昌鸳鸯池新石器时代墓地的发掘》，《考古》1982 年第 2 期。

量发现，为我们研究细石器的分布范围，提供了新的线索。

2. 三角城沙井文化遗址①

位于永昌县双湾乡尚家沟村二队西北角约 0.5 公里处，因其形状呈不规则三角形而得名。甘肃省博物馆、武威市博物馆、永昌县博物馆等单位对该遗址进行保护，并征集到铜刀 1 件，铜镞 1 件，残铁臿 1 件，骨牌饰 1 件，器盖 1 件，双耳红陶罐 2 件，夹砂粗红陶片 40 多片等遗物。

3. 蛤蟆墩墓葬遗址②

位于三角城遗址略偏西南 1 公里处，随葬品计有铜刀 1 件，铜牌饰 22 件，其中，双连珠铜牌饰 11 件、三连环铜牌饰 8 件；还有 1 件多孔铜牌饰、铜泡 4 件、喇叭形铜饰 1 件，还有马头骨 2 件，山羊头骨 4 件，这些器物除 1 件铜刀外，都为装饰品，特别是弧背小刀，带有鄂尔多斯式铜刀的特征，从墓填土中采集到一件残筒状杯，夹砂红褐陶，陶质坚硬，表面磨光，外有烟熏痕迹，具有沙井文化器物的特点。

（四）酒泉市

1. 火烧沟遗址

位于玉门市清泉乡政府东侧约 300 米处。因当地有红土山沟，土色似火烧而得名。1976 年，甘肃省博物馆文物工作队在火烧沟发现遗址一处，清理了 312 座墓葬，出土了大量的彩陶、石器、铜器、金银器、绿松石珠、玛瑙等遗物。其中最引人注目的是铜器，在清理的 312 座墓葬中有铜器的 106 座，约占全部墓葬的 1/3 多，铜器以模铸为主，有斧、锄、镰、凿、刀、镞、锥、针、锤、匕首、镜形物等 200 余件。还出土铸镞的石范。

火烧沟遗址出土的陶器分早、中、晚三期，早期多见双耳小彩陶罐，双耳大彩陶罐仅见于中期，晚期多见单耳的彩陶罐。墓葬中还出土有彩陶方杯和人足罐，这应是一种酒器，有些墓的大陶罐中

---

① 甘肃省文物考古研究所：《永昌三角城与蛤蟆墩沙井文化遗存》，《考古学报》1990 年第 2 期。

② 甘肃省博物馆文物工作队：《甘肃永昌三角城沙井文化遗址调查》，《考古》1984 年第 7 期。

贮有粟粒。陶纹轮也大量出现。出土 20 多个陶埙，形象玲珑，皆是一孔有三个音，可吹出“5、6、1、2、3”等全音。彩绘的狗、马、雕塑的羊头和狗，形态逼真，1989 年春在火烧沟出土的人形彩陶瓶，高 21 厘米，造型奇妙，为国内罕见。

火烧沟的墓葬中，用人殉或人祭的墓已发现有 20 多座，随葬品有狗、牛、羊、马、猪等，用羊随葬甚多。在葬俗上发现用金、银或铜制作的鼻饮，金耳环男女都有佩戴。很多墓葬无论男女常常在头顶发现有粗壮的骨针，似椎发用具。

火烧沟文化据考证，其年代大致与夏代同时，相当于齐家文化后期阶段，时间距今 3800 年左右。

2. 骟马城文化遗址

位于酒泉骟马城（今白土梁）南、骟河西南，高距河面 10—15 米的台地上，有灰层、墓葬等遗址及陶器等遗物。陶器都是夹砂红褐色或灰色平底器，制作粗糙，器形小件较多，有的陶器遗有烟熏的痕迹，当为炊具，就陶器的特征及考古调查发现看，这类文化有可能是秦汉以前活动在这一带的乌孙或月氏的遗物。

骟马类型文化今见者有酒泉北大河、丰乐河流域和玉门市清泉乡一带。

3. 下河清遗址

位于酒泉城东 43 公里，下河清农场场部正北约 1 公里处的东西支渠北。1956 年，甘肃省文物管理委员会发掘出土石磨盘、石磨棒、石斧、石锄、石锛等生产工具和刮削器及石片、石核等细石器。1964 年和 1971 年市文化馆又在该遗址上捡到石斧以及其他小石器，同时发现的还有细沙红色陶片，属马家窑文化马厂类型，距今 4300—3900 年。

4. 千骨崖遗址

位于酒泉城东南 65 公里丰乐乡大庄村八组附近的丰乐河东岸。河岸冲积扇下缘散布有细泥红褐色河灰色陶片，崖岸六七米深的断层间有人骨骸，附近刘家沟口壁上和三坝洞子一带有灰层，内含兽骨、陶片。

1987 年 5 月初，甘肃省考古研究所发掘、清理墓葬 104 座，出土随葬物388件，其中红色、褐色夹砂陶罐101件（内四耳带盖罐较曲型，单耳、双耳彩陶罐48件）。陶纺轮13件，铜刀、耳环、铜斧等铜器13件；同时出土的还有大型细砂红陶罐；兽牙、骨针、石珠、石斧及蚌壳饰物数量最多，属新石器时代火烧沟和四坝类型文化。

5. 赵家水磨遗址

位于酒泉城北2.5公里、讨赖河北崖崖壁上。遗址东西长约400米，崖上全为耕地，文化层距地表约5米，灰层厚度约1米，近似青土。灰层中含有少量兽骨、柴灰河细沙为掺和料的红色陶片，有的施红色陶衣。

1956年，甘肃省文物管理委员会在遗址近处采集到动物角化石1件；1964年县文化馆在灰层中采集到加工较细的石纺轮1件；骨刀一件；残石斧1件。时间距今2700—2200年，属马厂、骟马、火烧沟类型。

6. 西河滩遗址①

位于酒泉市清水镇中寨村，遗址面积约180万平方米。包括史前和汉至魏晋等几个时期的遗存。其中史前遗存为该遗址主体堆积。

共发掘房屋基址50多座，烧烤坑400余座，形式多样，坑内一般保留有大量灰烬，坑壁多经烧烤而形成坚硬的红烧土层。坑内出土有陶器、石器和动物骨骼，有些动物骨骼被烧烤成黑色；储藏坑150多座，出土物有陶器、石器、骨器以及动物骨骼等；祭祀坑20余座，皆设于房屋建筑内或其近旁，多以整羊或附带有陶器等器具埋祭；陶窑7座，其中以一组组合式陶窑最富特色，在一个坑口2×1.5米、深2米左右的长方形坑的西、北两边，设有窑室平面为圆形或不规则形的陶窑4座；墓葬3座，为竖穴土坑的形式，墓主人骨骼较乱，应属于迁葬所致。随葬器物有陶器、玉器、石器、骨器等。发掘出土大量的陶器和陶片，器形以罐最常见，其中夹砂褐陶

① 赵丛苍：《西河滩遗址发掘主要收获及其意义》，《西北大学学报》2005年第3期。

鼓腹双耳罐数量最多，其次为双耳或单耳彩陶罐以及器盖，还有单耳彩陶杯、彩陶盆、纺轮等。石器出土数量众多，主要是细石器，有石叶、刮削器、尖状器等，制作精致。大型石器中有打制的石斧、盘状器、磨制石刀、石凿、石纺轮等。骨器也有较多出土。

7. 古坟滩遗址

位于金佛寺镇东北 10 公里处，南北长约 400 米，东西宽约 200 米。1987 年 5 月文物普查时，发现有较多的红陶片、彩陶片和灰陶片，采集石镢 1 件，彩陶质地、色彩、纹饰近似四坝文化。

此外，1987 年 5 月文物普查时，发现的还有丰乐河东岸高苜蓿地遗址、夹梁子遗址、金佛寺镇红寺村高疙瘩滩遗址；新城场水库西遗址；丰乐乡甘坝口大树台遗址等。

8. 马圈湾遗址

位于敦煌市西北 95 公里处，东距小方盘城 11 公里。南湖遗址，位于市西南 79 公里的南湖乡境内。从征集文物的类型看，主要有夹砂粗陶残片单耳夹沙陶罐，夹砂陶钵（马圈湾）。石镰（1978 年采集于南湖乡墩墩山戈壁滩，通体磨光，刃部弧形，中有一小孔，长 8 厘米，宽 4 厘米，厚 0.6 厘米）、石斧（南湖）等。

9. 西土沟遗址①

位于敦煌市南湖林场东南约 3 公里处西土沟的西岸沿线地带，遗址处在古代阳关大道附近，此次共发现石结构遗迹群一处，包括 10 座椭圆形丘状堆积的遗迹；11 处遗物采集点，采集的遗物均为陶片，其中彩陶罐 2 件，其中一件为彩陶双耳罐，另一件为彩陶罐（残）。陶罐（片）22 件，可辨认器形的有带状耳罐、鸡冠状鋬耳罐、褐陶罐等，钵 3 件，均素面，慢轮修整，盆 2 件，均夹细砂，素面。

这些资料为进一步探讨半山、马厂类型文化与四坝文化的关系提供了新的资料。

---

① 西北大学考古系等：《甘肃敦煌西土沟遗址调查试掘简报》，《考古与文物》2004 年第 3 期。

10. 金塔县榆树井遗址

位于金塔县金塔乡五星村东的草滩上，距县城东北12公里处。该处全是草滩和碱湖，遗址中心至今仍有一棵老榆树，故名。周围地面暴露有新石器时代夹砂陶片。粗陶片、红陶片和汉代灰陶片、砖等遗物。

11. 金塔县火石梁遗址

又名炉场遗址。位于金塔县大庄子乡东北25公里处，面积为9.5万平方米，遗址地表分布着夹砂陶片、红陶片和彩陶片，灰层厚达0.3—2米，远眺，整个遗址如烈火通红，故名。遗址内东北部，直径约30米的灰堆中有大量的石灰结块铜矿石和碎铜片。初步鉴定，此处是青铜器冶炼场遗址。1978年文物普查时发现，采集标本有石刀、石勺等新石器时代器具，通体磨光，制作精细，彩陶残片有粗细的几何纹饰。

12. 金塔县缸缸洼遗址

位于金塔县大庄子乡永丰村东南7公里处的沙丘地、芦草滩上。遗址面积约25万平方米，地表夹砂、红陶片、彩陶片密布，破碎石器甚多。其东边梁上，夹砂红陶残片的覆盖层在0.3—0.9米，西边有窑址4座，一号窑长、宽各1米；二号窑残底呈圆形，直径1.4米；三号窑长2米，宽1.5米，炉门南开，门口宽0.3米；四号窑仅存灰层，范围模糊，烧制陶器以木炭为燃料。遗址西部石墓葬区，多为竖穴坑墓。1987年文物普查时发现，征集的文物有彩陶双耳罐、双耳盆、石刀、石斧等69件，陶纹黑色，呈人字形或菱形，石器通体磨光，多穿孔。

据金塔县艺术团团长王天虎同志（参加过1987年文物普查工作）谈，在缸缸洼遗址发掘的墓葬中，其中一墓葬的墓主是女性，随葬物有钗子、红铜，还有一只破缸，缸底部有一个“厝”字，在缸底还发现稻壳，这说明在此地曾种植过水稻。

从缸缸洼遗址所发现的陶片、石纺轮、窑址看，时间距今3700年左右。

13. 兔葫芦遗址

位于瓜州县布隆吉乡双塔村兔葫芦一队西南5公里沙丘中，

1972年，在酒泉地区文物普查时发现，是一处规模大、文化内涵丰富的古遗址。出土文物有刀、锄、锛、球、网坠、磨盘、磨棒等石器；双耳罐、大口罐、釜、纺轮等陶器。从陶器的性质上观察，与玉门市骟马城遗址颇为近似。

14. 潘家庄遗址①

位于安西县布隆吉乡潘家庄西南约3公里，遗址处于南部的祁连山和北部的马鬃山之间的疏勒河流域所形成的安西盆地中部。该遗址共清理墓葬3座。形制均为圆角长方形竖穴。共出土随葬品43件，其中陶器10件、石器5件、骨珠饰28枚。这3座墓葬，地层关系明确，保存状况较好，随葬器物组合完整。随葬器物中双耳彩陶罐M1：1、M2：2与甘肃武威皇娘娘台遗址57M1、M9、M32及玉门火烧沟墓地M208所出彩陶罐相似。

另外，在安西县境内还发现少数民族的遗物，如东巴兔乡农民从灰层中发现一件牛角杯，有人认为这很可能是月氏遗物。在老师兔西18公里处，发现一墓葬。在采石场附近，发现有打制石器的痕迹，墓葬封土表放置的石头有一定规律，这种情况在以前尚未见过，据此，有的学者认为这可能是一座乌孙墓。

二 遗址所反映河西地区先民活动的状况

河西地区已发现的新石器时代的文化遗址就其类型来看，主要有马家窑文化的马家窑类型、半山类型和马厂类型、火烧沟类型、骟马类型以及齐家文化类型等。

马家窑文化指主要分布在甘肃省，以陇西平原为中心，东起陇东山地，西到河西走廊和青海东北部，北达甘肃北部和宁夏南部，南抵甘南山地和四川北部的仰韶文化晚期的一个地方文化分支，故又名“甘肃仰韶文化”。它上承仰韶文化的庙底沟类型，下接齐家文化。它的年代为公元前3300—前2050年。马家窑文化的突出特征是彩陶特别发达，在整个陶器中占20%—50%，随葬品中的彩陶

① 西北大学考古专业等：《甘肃安西潘家庄遗址调查试掘》，《文物》2003年第1期。

有时多达80%以上，在中国的所有彩陶文化中，这个比例是最高的。马家窑文化经历了1000多年的发展，文化特征发生了很大的变化，一般把它分为马家窑、半山、马厂、火烧沟和沙井文化等几个类型。

马家窑类型的分布范围比较广泛，东从泾、渭河上游，北入宁夏清水河流域，南达四川岷江流域汶川县地区，西至甘肃武威。年代为公元前3300—前2900年。

马家窑类型的经济以农业为主。生产工具常见的有石斧、凿、锛、刀等。同时还发现有骨簇、石弹丸等狩猎工具和鹿等野生动物骨骼，说明当时人们在经营农业的同时还兼营狩猎。

石器有打制和磨制两种，以磨制石器为主。打制石器有石刀、石铲、盘状器和细石器。磨制石器有石铲、石斧、石锛、石杵、弹丸、石网坠等，磨制得比较精致。

制陶业比较发达。陶质可分为泥质红陶、泥质灰陶、夹砂红陶等不同陶系。夹砂红陶表面多饰有绳纹与附加堆纹。泥质红陶除素面外，主要是彩陶，其纹饰以旋涡纹和弧线三角形构成的变形鸟纹为主，特别是形体较大的夹砂瓮，均在肩部塑一组附加堆纹，有的在附加堆纹中间塑有人头像，应该有其特殊的意义。从陶器的花纹和器形特征来分析，其时代相当于马家窑类型的早中期，结合在武威五坝山一座残墓中发现的马家窑类型的陶器来看，河西地区的马家窑类型当独具本地特色，与河湟地区的马家窑类型的特征有区别。器形有盆、钵、碗、瓶、壶、罐、甑、瓮等。

马家窑类型的房子具有独特的地方特征，特别是半地穴式的“吕”字形双间房屋，有前室和后室，前室地面略高，后室稍低，居住面为经踩踏形成的硬土面，上有厚0.08米的草木灰。

马家窑类型的墓地已发现多处，墓葬多位于居址附近，形制多为方形或长方形竖穴土坑墓。葬式有二次葬、仰身直肢葬和瓮棺葬等。马家窑类型用瓮棺埋葬小孩的葬俗与仰韶文化的葬俗是相同的。随葬品以陶器为主，其次是骨珠、蚌壳、绿松石饰等装饰品，还有牛蹄、牛尾、羊、鼠类等动物作为随葬品的。

半山类型，因甘肃和政县半山遗址而得名。分布于陇西河谷和盆地、青海省东北部和河西走廊（永昌以东），与马家窑类型分布范围大部分重合而稍稍偏西。年代为公元前2650—前2350年。

半山类型居民的经济生活与马家窑类型的大体相同，仍以农业为主，兼营狩猎业。石斧、锛、凿、刀等生产工具，无论遗址或墓地都有发现。有的墓地出土有较多的石弹丸、骨簇等遗物，说明当时狩猎业在经济生活中占一定的地位。

制陶业相当发达，在制陶工艺上有其特有的风格。陶器造型美观，彩陶纹饰富丽堂皇，附加堆纹富于变化。彩陶花纹既施于器外表，也施于器内壁。最常见和最有特点的是用黑、红两彩相间的锯齿形花纹为母题，勾画出各种色彩鲜明、形式多变的图案，其中以旋涡纹最常见。图案设计严谨规整，不论正视或俯视陶器图案，都呈现完整而美丽的画面。

马厂类型文化是1922—1924年，首先发现于青海省民乐县马厂塬而得名的。它在甘肃西部的洮河、大夏河、黄河附近以及河西走廊等地都有分布。年代为公元前2350—前2050年。

马厂类型的经济以农业为主，不论在遗址还是墓地中都大量发现石制和骨制的生产工具。石器有斧、刀、凿、锛和杵等，多用质地较坚硬的石料加工而成，制作较精细，有的工具刃部加宽，柄部加长，可提高劳动生产率。这说明当时农业是比较发达的。

随着农业的发展，纺织业也日益发达。在发掘中经常发现陶、石、骨质的纺轮和骨针等纺织工具。

制陶业发达。陶器数量多，种类多，形制多样，彩陶图案绚丽多彩。陶器纹饰有彩陶、绳纹、附加堆纹、锥刺纹、刻划纹等。彩陶占较大的比例，陶器上半身普遍施有一层红色或紫红色的陶衣，彩陶以黑彩为主，也有黑、红二色兼有的。彩陶的主要花纹是几何图案、人像（人面纹）、蛙纹等。器形有壶、双耳罐、长颈壶、葫芦形罐、小口垂腹罐、豆、瓮等。

马厂类型的墓葬较多，有长方形和凸字形墓两种，以前者为主，后者即在墓室的前面加一墓道。在永昌鸳鸯池还发现"割体葬仪"的葬俗，即将死者的脚趾骨放入随葬的陶器内或者将已破碎的头骨盛在陶器中。各墓随葬品的数量不同，少则2—3件，多则数十件。总的来说，马厂类型墓葬的随葬品是比较多的。随葬品多放在死者头部附近或墓室的一侧，大型陶器（瓮）多放在墓室口的近处。

沙井文化自1924年安特生在甘肃民勤县首次发现沙井文化遗存后，很长时间内对这种文化的内涵和分布没有深入的了解，20世纪70年代在永昌县发掘的几处遗址使我们对这种文化遗存有了比较明确的认识。就目前的材料看，沙井文化主要分布在民勤绿洲和永昌盆地之间，考古发现证明，沙井文化分布区未能超出民勤、金昌、永昌三县市。从民勤沙井子至永昌三角城一线是该文化的中心区。较重要的遗址有民勤沙井子、永昌三角城、蛤蟆墩、西岗、柴湾岗等地点。

火烧沟文化于1976年在玉门火烧沟首次发现。主要分布在甘肃河西走廊中西部，向东可达武威附近，向北进入黑河下游地区，向南进入疏勒河中上游，向西直到新疆哈密附近。在这一范围内发现的重要遗址有玉门火烧沟、酒泉干骨崖、民乐东灰山、西灰山、山丹四坝滩、安西鹰窝树、玉门沙锅梁等地点。火烧沟发掘的312座墓葬，出土铜器的墓葬达106座，占三分之一，有斧、镢、镰、凿、刀匕首、矛、镞、针、钏、管、锤、镜等达200余件。在数量上超过同时代其他遗存，经鉴定的标本中，含锡或铅锡的铜器33件，而红铜仅有13件，表明随着时代进展，红铜器的比例已在下降，火烧沟文化性质接近齐家文化，与同时代的二里头文化却有显著的差异，或意味着文化传统上有所不同。

农业方面，除了使用石斧、刀、锄、石磨等工具外，还使用了铜质的镰、刀、斧等农具。在不少墓中出土的大陶罐，都储藏有粟粒，如金塔县缸缸洼遗址。这不仅表明人类在耕作方面、生产效率方面明显提高，而且说明粮食生产已有积蓄，另外，从所出土的小型杯和人足形罐看，似是一种酒器，因人类只有在满足生存条件外，才有可能从事娱乐活动。

畜牧业方面，从墓中所出土的羊骨、猪头、牛头、狗骨和马骨看，畜牧业在当时是相当繁荣的生产部门，并占有重要地位。家畜殉葬状况，表明当时人们已跨入文明的门槛。

手工业和冶铜业也很发达。人们不仅使用青铜工具，而且还用青铜作装饰品，如管、鼻环等。出土的石范，表明在冶炼铜器制作中已进行批量生产。只有在冶铜业有一定发展的情况下才能成批铸造。此外，墓葬中出土的玉器，质地细腻，通体磨光，这在一定程度上表明当时的人们已具备了较高的手工工艺水平。

在火烧沟墓葬中所发现的松绿石珠、玛瑙珠、海贝等遗物，表明商业已在当时出现，他们与外界的联系已成为生活中不可缺少的重要手段。

火烧沟文化内涵十分丰富，它不仅反映了社会分工、交换发展、私有制出现所带来的原始社会的解体，而且也提供了原始公社解体后所谓古代东方型农村公社的图景。

齐家文化因 1924 年首先发现于甘肃广河县齐家坪遗址而命名。齐家文化主要分布于甘、青境内的黄河沿岸及其支流渭河、洮河、大夏河、湟水流域，宁夏南部和内蒙古西部也有零星发现。齐家文化上承马家窑文化，据放射性碳素断代并校正，年代为公元前 2000—前 1600 年。它的开始年代晚于龙山文化，其下限可能延续得更长，突出的现象是，所出土的铜器数量多而普遍，见于武威皇娘娘台遗址等，据研究，齐家文化东部的年代比西部早，而西部遗址出土的铜器比东部多，据不完全统计，皇娘娘台 29 件，永靖秦魏家 7 件、大何庄 2 件，而从总数量上已远远超过大体同时代的龙山文化遗存。

齐家文化的人们过着比较固定的定居生活。与马家窑文化相比，人们在长期的劳动实践中，积累了生产经验，改进了生产工具和生产方法，生产力有了较大的发展，这不仅表现在农业与畜牧业方面，更重要的是以铜制工具为主要标志的冶铜业已经出现。

农业是齐家文化的主要经济部门，生产工具有石斧、刀、镰、锛、铲和骨铲等，在选材上已采用了硬度较高的石料来制作，同时还普遍发现石杵和石磨盘等研磨器，说明当时所收获的粮食是经过比较精细的加工。粟是当时一种主要的粮食作物，在房屋、窖穴和墓葬中都有发现。农业生产的发展，获得的粮食较以前丰盛，还有了储备。有的遗址中，粟装在粗陶瓮内。

畜牧业有了显著的进步。饲养的动物种类增多，有猪、羊、狗、牛、马、驴等，大量猪骨的存在，说明当时养猪业已相当发达。各种类型的骨镞出现，当是人们的狩猎工具。

制陶业比较发达，各遗址都出现大量的陶器，种类复杂。陶器多为手制，一般采用泥条盘筑法，部分经慢轮修整，有一些陶罐的口颈部尚留有清楚的轮旋痕迹。

纺织业有明显进步。在居址与墓葬中，普遍发现有陶、石纺轮和骨针等纺织工具。皇娘娘台遗址出土的骨针，有的制作特别精巧，针鼻穿孔很小，说明当时人们能捻纺很细的线来缝制衣物。

冶铜业的出现是齐家文化在生产上的一项突出成就。在皇娘娘台遗址已发现红铜器和青铜器若干件。种类有刀、锥、凿、斧、铜饰品和铜渣等。1957 年和 1959 年皇娘娘台遗址出土铜器 23 件，有刀、锥、凿、环、铜钱、铜渣等，它们多出于白灰面住室近旁的灰层和窖穴中，也有出于灰面住室和墓葬内的。这些铜器的制法比较复杂，多数采用冷锻法，如刀、锥、凿、环和圆形铜饰的锤击痕迹非常明显。有的采用单范铸造，如刀；有的采用合范铸造，如条形饰。

齐家文化的聚落遗址一般都选择在便于人们生活的河旁台地上。房屋多为方形或长方形半地穴式建筑，屋内多在居住面和墙壁下部涂抹一层白灰，即所谓“白灰面住屋”；房屋中间有一个圆形的灶；门口多向南。如皇娘娘台遗址 8 号房址。白灰面房屋是齐家文化在建筑上的一个重要成就，虽然其他文化类型也发现这种住屋，但不如齐家文化普遍。这种房子具有平整光滑、兼顾美观的优点，同时还起着一定的防潮作用。齐家文化的这一建筑技术是我国先民的一项杰出创造。

齐家文化的居民有自己的氏族公共墓地。一般位于聚落的附近，既有完整成片的墓地，又有分布零散与居址交错在一起的。墓地的规模大小不一，如乐都柳湾墓地齐家文化墓葬共有 366 座，皇娘娘台墓地为 88 座。这种墓葬数目的不同，大概是与当时氏族或部落规模的大小相适应的。而且，随葬品的多寡悬殊十分突出，多者达 100 多件，寡者一无所有。齐家文化中还有一种用灰坑埋人的情况。皇娘娘台第四次发掘，发现这类灰坑五个。灰中埋的人数一至数人不等，无一定葬式，有的骨架凌乱，有的身首分离，有的肢体不全，有的无头，均无随葬品。这类埋葬和客省庄二期文化中的灰坑埋人以及河北邯郸涧沟遗址用废弃水井埋人，属同类性质，都是阶级出现的表现。

齐家文化的遗址和墓葬中还普遍发现卜骨。卜骨大都使用羊的肩胛骨制成，也有用猪和牛的肩胛骨制作的。大部分卜骨，只灼不凿，个别遗址，如皇娘娘台，曾发现卜骨上有钻的痕迹。

墓葬的形制结构是长方形竖穴土坑墓为主，部分是圆形土坑墓与“凸”字形墓。墓葬的方向绝大多数是朝向西北方。但各墓地的情况又有所差别。如皇娘娘台除头向西北外，还有头向西南的。这种头向不同反映出人们的一定思想意识或宗教信仰。齐家文化的居民的埋葬方式多种多样。从墓葬的类别上，可分为单人葬和合葬墓两大类。从葬式上看，可分为仰身直肢葬、屈肢葬、侧身葬、二次葬、俯身葬等。其中仰身直肢葬是齐家文化的主要葬式。齐家文化居民除盛行单人葬式外，还有合葬的习俗。合葬既有成年男女合葬，又有成年人与儿童合葬遗迹、多人合葬等几种葬式，其中以二人成年男女合葬为主。齐家文化居民死后常把生前所用的生产工具、生活工具和装饰品以及饲养的家畜等埋入墓内，作为死者的随葬品。其中，大部分墓葬都有随葬品，种类复杂多样。齐家文化的墓葬中，墓葬规模、随葬品的种类和数量等均有明显的差别。

齐家文化时期的农牧业、制陶业及其他手工业都有了较大的发展，尤其是冶铜业的普遍出现，反映生产力的水平有了显著的提高。生产力水平的提高，促进了财富的增多和私有制的发展，加剧了贫富分化和阶级的产生。皇娘娘台遗址发现的殉葬墓、男女合葬墓中所表现出的男子对女子的压迫，是一种阶级对立出现的反映。以上分析说明，齐家文化时期，氏族制度已趋瓦解，文明时代即将到来。

三　对河西地区的新石器时代文化遗址的认识

第一，远在距今 4000 年前后，这里就有了人类定居繁衍，并且开始了原始的农业生产，畜牧业已很发达，制陶业已趋于成熟，青铜冶炼业也达到相当高的水平，商业开始出现并缓慢发展。

第二，这一地区不仅有原始的农耕居民，而且还有“随水草而迁徙”的原始游牧民族，许多民族交杂在一起，它们辛勤劳动、相互融合，为开发这一地区和促进中华民族的形成做出了不可磨灭的贡献，这从另一方面也体现出河西地区史前文化的多种族和多民族的特点。

第三，河西地区史前文化的分布特征，主要在西大河、大马营河、黑河、北大河和疏勒河等河流的河谷及河流两岸的一二级台地及山体顶部，分布相对集中，而且总体数量较多，相对马家窑文化来说，齐家文化面积较小。

第四，特大型的遗址有多种文化共存的现象，体现了河西地区文化类型的复杂性和多样性。

第五，河西地区新石器时代文化的相对年代比较清楚，过去有一种说法，认为仰韶文化的彩陶是从中亚、西亚等地经新疆、河西走廊传到中原的，现在，通过大量的考古发掘和研究完全可以肯定，包括彩陶在内的整个仰韶文化，是在黄河流域独立地形成和发展起来的；而马家窑文化是继承仰韶文化而逐渐自东向西地形成和发展起来的；在传播过程中，马家窑文化可能同当地的土著文化相结合而发生变异。这进一步表明，中国彩陶是独立发展的，中国西部地区的彩陶源于中原，而不是“西来”的。

总之，古代先民们在漫长的生产实践和探索中创造的物质文化和精神文化，对于研究中国古代和整个人类社会的历史，发扬中华民族的优秀文化遗产，构建社会主义和谐社会，都具有十分重要的历史价值和现实意义。

第二节　汉代河西走廊产业结构的变迁

汉代经营河西以前，河西走廊主要居住着月氏、乌孙、匈奴等游牧民族，他们过着随水草而迁徙的生活，其产业结构是畜牧业经济，而这种产业结构在匈奴统治时期达到了最高峰。汉王朝占据河西以后，为了加强对这一地区的有效控制，从汉武帝开始，进行了大规模的移民戍边、开发屯垦、设置郡县等活动，揭开了河西走廊农耕经济发展的序幕。此后，农耕经济的地位在河西走廊确立并得到长足发展。但是农耕经济的发展并没有使原有的畜牧业经济窒息，相反，河西走廊的农牧经济获得了长足发展，并最终确立了以农耕经济为主，农牧结合协调发展的区域经济格局。

一　先秦时期河西的产业结构

汉代开发河西之前，河西走廊是众多民族蕃息之地。月氏、乌孙、匈奴等民族曾先后生活在这里。大约在战国初期，月氏便在这里居住，过着游牧生活。据考古发掘，在今天祝、古浪、永昌、张掖等地所发现的沙井文化，其出土的石器、陶器，质地钝厚，制作粗糙，具有浓厚的地方色彩，应当为月氏文化遗存。[①] 关于月氏活动的区域，《史记·大宛列传》记载："始，月氏居敦煌、祁连间。"[②] 张守节《正义》："初，月氏居敦煌以东，祁连山以西。敦煌郡今沙州。祁连山在甘州西南。"这就是说，月氏活动区域很广，几乎遍及整个河西走廊。月氏人所过的生活是"随畜移徙，与匈奴同俗"[③]。月氏人主要进行畜牧业生产，最主要的就是养羊，而且羊的品种很好，《凉州异物志》记载："月氏有羊，尾重十斤，割之供食，寻生如故。"[④] 郭璞注《山海经》记载："月氏国好多马、美果，有大尾羊，如驴尾，即羬羊也。"[⑤] 从中我们可以看出月氏人居住地区，畜牧业经济已有了很大发展，并且畜牧业在月氏人的生活中占很重要的位置。这种发展不仅表现在区域上，也表现在畜产品的品种上。

① 郭厚安、陈守忠：《甘肃古代史》，兰州大学出版社1989年版，第129页。

② 《史记》卷123，中华书局1959年版，第3162页。

③ 《汉书》卷96上《西域传上》，中华书局1962年版，第3890页。

④ 张澍辑录，周鹏飞、段宪文点校：《凉州府志备考》，三秦出版社1988年版，第70页。

⑤ 袁珂：《山海经校注·西山经》，巴蜀书社1993年版，第380页。

乌孙的活动区域较月氏稍西。据考古发掘，在今酒泉、玉门一带所发现的骟马类型文化，经分析可能是乌孙遗留的痕迹。从墓葬中出土的羊骨、猪头骨、牛头骨、狗骨和马骨看，畜牧业经济在当时也已经相当繁荣了。乌孙人的生活也是"不田作种树，随畜逐水草，与匈奴同俗。国多马，富人至四五千匹"[①]。可见其畜牧业以养马著称，而且马的存栏数很多。

除月氏和乌孙两个以畜牧业经济为主的少数民族部落外，当时河西走廊上还生活着另外的一支少数民族部落，即羌族。羌族的历史，早在商周时就有记载，他们过的是"所居无常，依随水草，地少五谷，以产牧为业"[②] 的生活。

从上面我们可以看出，早在匈奴人居住河西之前，河西走廊的畜牧业经济就有了一定程度的发展。月氏、乌孙和羌是河西走廊的早期居民，他们畜牧业经济的发展为该地区畜牧业经济的起步奠定了基础。"河西畜牧为天下饶"的历史应当从他们开始。

河西走廊畜牧业经济的高速发展，应当从匈奴占据河西走廊开始。秦末汉初，老上单于击走月氏，乌孙也随后西迁，于是匈奴则占据了整个河西走廊。

匈奴是以畜牧业为主的游牧民族，在占据河西走廊时，其社会结构已经进入奴隶社会。国家机构的逐步完备以及军事力量的迅速扩张，急需充足的物质作为支撑。而河西走廊优越的自然环境，为匈奴发展畜牧业经济提供了保障。河西走廊，水草丰盛，冬温夏凉，易于畜牧。尤其是绵亘千里的祁连山麓，更是理想的天然牧场。段龟龙《凉州记》记载："祁连山，山中冬温夏凉，易畜牧，牛乳酪浓好。夏泻酪不用器物。刈草着其上，不散。酥特好，酪一斛，得升余酥。"[③] 这一切都促进了匈奴畜牧业经济的快速发展。匈奴占据河西走廊，为促进其社会经济发展起了巨大作用。当汉武帝元狩二年（前121）霍去病驱走匈奴，攻取河西走廊后，"匈奴失

---

① 《汉书》卷96下《西域传下》，中华书局1962年版，第3901页。

② 《后汉书》卷87《西羌传》，中华书局1965年版，第2869页。

③ 张澍辑录，周鹏飞、段宪文点校：《凉州府志备考》，三秦出版社1988年版，第74页。

二山，乃歌云：‘亡我祁连山，使我六畜不蕃息；失我燕支山，使我嫁妇无颜色’”①。燕支山，又名焉支山，即今河西走廊中部山丹县城东南约45公里处的大黄山，亦称胭脂山。

匈奴占据河西走廊，由于河西地区特殊的地理位置，使得其必须建立强大的军事力量。而强大的军事实力必须依靠经济作为后盾。这使得匈奴十分重视畜牧业经济的发展。匈奴统治时期，也正是河西走廊畜牧业经济发展的高峰时期。

二 汉政府对河西的经营

匈奴占据河西走廊，不断地侵扰西汉西北边地，造成西汉初期严重的边患。鉴于国力有限，为求得安宁，西汉初期实行与匈奴“和亲”的政策，但是收效甚微。仍然是“与通关市，妻以汉女，增厚其赂，岁以千金，而匈奴数背约束，边境屡被其害”②。汉武帝即位以后，鉴于汉初“休养生息”已见成效，国力有了很大发展，于是决定对匈奴用兵。建元三年（前138）和元狩四年（前119），通过派遣张骞出使西域，汉武帝充分了解了西域的风土人情和物产情况，并掌握了河西走廊的地理交通和生态环境，这更增强了汉武帝出击匈奴的决心。西汉政府从元朔二年（前127）开始对匈奴用兵，中间经过元狩二年（前121）霍去病两次统兵出击河西，到元狩四年（前119），终于将匈奴驱逐到大漠以北。此后，“金城河西，西并南山至盐泽空无匈奴”③。河西走廊是内地通往西域的交通命脉，也是匈奴和走廊以南羌族来往的通道。为了彻底切断匈奴与西域诸地和羌人的联系，匈奴退出走廊以后，西汉政府建郡设县，立亭障，置烽燧，并实行移民实边的政策，大力进行农业开垦，河西走廊由畜牧草原区变为新兴农业区。

西汉政府对河西大规模的移民，自武帝时一直延续到昭帝。史料对此记载甚详，如武帝时，“初置张掖、酒泉郡，而上郡、朔方、

① 《史记》卷110《匈奴列传》，中华书局1959年版，第2909页。
② 《汉书》卷94下《匈奴传下》，中华书局1962年版，第3831页。
③ 《史记》卷123《大宛列传》，中华书局1959年版，第3167页。

西河、河西开田官后斥塞卒六十万人戍田之”[①]。昭帝始元二年（前85），“调故吏将屯田张掖郡”[②]。另外，从汉简中我们也可以了解到当初移民的情况，居延汉简中有这样的记载：“太初三年中又以负马田敦煌”，“诣居延为田”。从汉简记叙来看，仅居延一带的田卒移民，就有来自中原人口稠密地区的颍川郡、上党郡、魏郡、东郡、河内郡、大河郡、南阳郡、河东郡、巨鹿郡等十多个郡国。始元二年，淮阳国（今河南淮阳、太康一带）派遣到居延的田卒，一次就达1500人。今敦煌东北甜水井汉代遗址中，曾发现许多铁农具。[③] 这在一定程度上反映了河西走廊当时农业发展的情况。

从汉武帝经营河西到昭帝始元二年（前85）30多年的时间里，汉政府利用屯田的方式，集中劳动力和技术，开垦河西走廊，建设“官田”。建起一个屯戍结合的军事经济壁垒。汉政府一次次加大对河西地区的屯田，其中军屯占很大部分。“官田”的大量开垦，随之便产生了“假民公田”的现象。对于迁徙到河西的中原贫民，先由国家供给他们衣食，在度过一段适应性生活以后，“数岁，假予公田”，分给他们一定数量的土地，组织他们自耕自种，自给自足。由此，在河西地区出现了一种和睦的社会风气。“酒礼之会，上下通焉，吏民相亲。是以其俗风雨调节，谷籴常贱。少盗贼，有和气之应，贤于内郡。此政宽厚，吏不苛刻之所致也。”[④]

至此，河西走廊农耕经济进入了一个相对稳定的发展时期。这种发展主要表现在以下几个方面。

第一，随着汉政府对河西走廊屯田的不断增加，大量的城市兴起了。城市的发展依赖于所在地区的农业经济水平。河西走廊在月氏、乌孙、匈奴统治时期，由于他们主要以畜牧业经济为主，“逐水草而居”，不利于城市的发展。到了汉政府统治时期，不断地向河西走廊移民屯田，不断开发，使农业经济得到持续发展。农业经

① 《史记》卷30《平准书》，中华书局1959年版，第1439页。

② 《汉书》卷6《昭帝纪》，中华书局1962年版，第221页。

③ 敦煌文物研究所考古组、敦煌市文化馆：《敦煌甜水井汉代遗址的调查》，《考古》1975年第2期。

④ 《汉书》卷28下《地理志下》，中华书局1962年版，第1645页。

济的发展，促进了河西走廊郡县城市的不断出现。汉政府陆续在河西走廊设置四郡三十五县。有了居民才能设郡置县，足见当时农业开垦已十分普遍。

第二，随着农耕经济的不断发展，河西走廊水利设施的建设已趋完善。河西走廊属于干旱地区，为了发展农业，必须兴修水利。河西走廊的河流径流，主要由祁连山区的高山冰川补给，所以山前绿洲上有丰富的水源，这给发展本区的农业创造了良好的条件。走廊内河道纵横，著名的氐置水（今敦煌党河），籍端水（今安西、敦煌间疏勒河），呼蚕河（今酒泉北大河），羌谷水（今张掖黑河），谷水（今武威、民勒间石羊河）等五条河流交错回流。加上走廊地势平坦，引水灌溉极为方便。武帝元封二年（前109），塞黄河决口瓠子（今河南省濮阳西南）以后，“用事者争言水利，朔方、西河、河西、酒泉皆引河及川谷以溉田”①。《居延汉简》127·6记载：“第十三㸑长贤口井水五十步深二丈五上可治田度给吏卒”②，这是张掖郡居延地区开井修渠，用以灌溉的明证；另外，《汉书·地理志》记载张掖郡觻得县有“千斤渠西至乐涫入泽中”③，觻得县在今张掖市西，乐涫县在今高台县西北，中间隔今临泽县，因此千金渠是一条较大的灌溉工程。另外，冥安县（今安西县东南）的籍端水（今疏勒河），龙勒县（今敦煌县西南南湖附近）的氐置水（今党河）均“溉民田”。在武威郡，“修理沟渠，皆蒙其利”④，其他如居延地区的灌溉渠道，至今还残存有痕迹。⑤同时为了保证河西地区水利灌溉设施与屯田区配套，汉政府还做出了相应的规划，尽量将屯田区建在河水流域，并将屯田都尉站所置于重要的水口处。如当时北部都尉设于酒泉郡内的会水偃泉障，渔泽都尉治设于敦煌渔泽等。

---

① 《汉书》卷29《沟洫志》，中华书局1962年版，第1684页。

② 谢桂华、李均明、朱国炤：《居延汉简释文合校》，文物出版社1987年版，第208页。

③ 《汉书》卷28下，中华书局1962年版，第1613页。

④ 《后汉书》卷76《循吏·任延传》，中华书局1965年版，第2463页。

⑤ 陈梦家：《汉居延考》，《汉简缀述》，中华书局1980年版，第221—228页。

第三，一些先进的农业生产技术开始在河西走廊推广应用。如能增强农作物抗风抗旱能力，减少土地休耕的代田法，比较适合河西走廊的经济特点。经关中、中原实验后，实施于河西，“教边郡及居延城，是后边城、河东、弘农、三辅太常民皆便代田，用力少而得谷多”[①]。居延简有多处涉及代田仓，如“始元三年（前84）六月甲子朔，甲子，第二亭长舒受代田仓监……”即是居延县设置代田仓用以储存余粮的明证，当时先进的耕作方式相庸挽犁法也传入河西走廊，大大提高了耕作效率。

第四，在农业生产中，河西地区广泛饲养和使用耕牛，李广利受命远征大宛，“岁余而出敦煌六万人，负私从者不与，牛十万，马三万匹，驴橐驼以万数赍粮”[②]；居延汉简中也有多条简文记载了牛的年龄、毛色、性别等特征，如“十五日，令史官移牛籍太守府求乐不得，乐使毋告劾亡满三日五日以上”[③]等，为牛设置牛籍，证明耕牛在河西走廊农业生产中的重要性。

此外，农产品种类的不断增加也是河西走廊农耕经济发展的一个表现。居延汉简中记载的农作物品种不下20种，主要有胡豆、胡麻、糜、米、粱米、白米、黄米、黍米、谷、黄谷、麦、土麦、白粟、荞、菽、茭、秫、姜等。[④]

汉政府对河西走廊的农业开发，也促进了当地人口的增加。汉初不断地进行移民屯田，使这里迅速由草原区变为新兴的农业区。中原汉族把先进的生产技术带到河西，促使社会生产力迅速发展。河西走廊的不断开发又促进了该地区人口的增加。据史料记载，汉代张掖郡有户24352，口88731；酒泉郡有户18137，口76726；武威有户17581，口76419；敦煌有户11200，口38335。合计河西四郡有户61270，口280211，领县35个，出现了广泛的城市分布。

① 《汉书》卷24上《食货志上》，中华书局1962年版，第1139页。

② 《汉书》卷61《张骞李广利传》，中华书局1962年版，第2700页。

③ 谢桂华、李均明、朱国炤：《居延汉简释文合校》，文物出版社1987年版，第57页。

④ 薛英群：《居延新简释粹》，兰州大学出版社1988年版，第8—9页。

三　汉代河西的产业结构

汉代经营河西，奠定了河西走廊农耕经济发展的基础。在此后的近120年的时间中，河西走廊农业社会经过了一个相对平稳和顺利发展的阶段。

河西地区阶级结构相对稳定。西汉政府统治时期的关中及中原、河北、关东等地区，封建地主土地制度已经建立。激烈的土地兼并以及由此引起的土地高度集中，贫富分化严重，阶级对立尖锐的问题，使这些地区的社会处于动荡不宁之中，这种动荡也波及农业经济的发展。而在河西走廊内，农耕经济起步很晚，虽然封建经济关系和政治关系也在形成和发展，但土地兼并似很少见。河西走廊内土地广阔，人口稀少，亟待开发。这种现象就避免了出现像中原地区那样由于土地少、人口多而导致的土地兼并，为河西走廊农耕经济的发展提供了稳定的外部环境。

汉政府为大力开发河西地区，安定民生，对迁徙到河西走廊的百姓实行了各种优待政策。“假民公田”在一定程度上调动了农民生产的积极性。正所谓“此政宽厚”、“吏不苛刻”以及“有和气之应”。河西地区的百姓很少遭受封建政府以及当地官吏“急政暴虐，赋敛不时”的侵扰，自然安居乐业。这种安定的社会局面非常有利于发展农业生产。

河西走廊“避远”的地理位置和险阻的地理环境，使得这一地区不易受到外部战乱及灾害的波及和影响。元封四年（前103），因天灾人祸所致，关东流民多达200万口，而“无名数者”多达40万，朝廷为解决严重的流民问题，“公卿议欲请徙流民于边以适之”①。公卿所提的“边”，也包括河西走廊；汉武帝后期，关东、关中地区屡屡发生“群盗并起”、“水旱连年”的现象，而河西地区却很少出现；西汉末，关中起兵，窦融因“河西殷富”，向始帝要求去河西任职，乃任为张掖属国都尉；东汉初，“时天下扰乱，

① 《汉书》卷46《石奋传》，中华书局1962年版，第2179页。

唯河西独安"[①]，"安定、北地、上郡流人避凶饥者，归之不绝"[②]，光武帝给窦融的诏书中也说："（河西）仓库有蓄，民庶殷富。"[③]这种政治上的稳定，经济上的富庶，使得内地一遇到战乱或灾荒，就有不少人迁往河西定居。大量流民的移入，给河西走廊带来了先进的农业生产技术和丰富的劳动力，极大地促进了该地区农耕经济的发展。这种人口的不断流入，也是导致河西走廊人口增长的原因之一。

优越的自然环境、特有的社会结构和宽容的政策使得河西走廊的农耕经济不断增长，成了"殷富"之地。河西走廊的西部是干旱荒漠地区，而汉代敦煌郡有委粟里、宜禾里、美稷里等地名，还有以力田得谷而名的效谷县，这在一定程度上证明汉代敦煌地区农业经济的繁荣。安帝延光二年（123）东汉政府接受敦煌太守张珰献策，在西域柳中（今新疆鄯善西）一带屯田，由河西四郡供给耕牛、谷食，说明河西走廊还是经营西域的后勤基地，河西走廊的农耕经济越来越受到中央政府的重视并且占有举足轻重的作用。但是河西走廊农耕经济的开发和发展，并没有影响到畜牧业经济的发展，汉代国家牧苑的设置和农业人口兼营畜牧业，使农耕经济和畜牧业经济形成有机结合并协调发展的局面。河西走廊原有的畜牧业经济仍占有相当重要的地位。"地广民稀，水草宜畜牧，故凉州之畜为天下饶。"[④]汉代河西走廊在农业经济迅速发展的情况下，畜牧业经济也在不断发展，农牧结合的经济发展方式给河西地区人文方面也带来了许多变化。除了民风敦厚之外，移居河西的关东人在习俗上也与原先大不相同，即"习俗颇殊"，而农牧结合、协调发展的经济格局形成的重要意义，在于使河西走廊的区域经济朝着良性循环的方向发展，也正是这种区域经济的存在，成为以后河西地区区域政治发展的基础。

总之，秦代河西走廊以畜牧业经济为主，这主要由当时居住的

---

① 《后汉书》卷31《孔奋传》，中华书局196年版，第1098页。

② 《后汉书》卷23《窦融传》，中华书局1965年版，第797页。

③ 同上书，第799页。

④ 《汉书》卷28下《地理志下》，中华书局1962年版，第1645页。

乌孙、月氏和匈奴等民族“逐水草而居”的生活方式所决定，汉武帝经营河西，设置河西四郡，移民屯田，河西走廊农业经济开始发展。此后，河西地区的经济结构由畜牧业经济转变为以农耕经济为主，农牧结合发展的道路。经过汉代100多年的大力开发，河西地区的农耕经济已粗具规模。

河西走廊为民族杂居区，长期以来本区的农牧生产有过复杂的变化。由于各民族势力的消长和变迁，农牧业曾多次进行交替。秦汉时期河西走廊农牧经济的变迁，受到各方面的影响。探讨这一问题，将会对该地区区域经济的发展起到一定的借鉴作用。

第三节　敦煌汉简所见几种农作物及相关问题

元狩二年，河西归汉后，汉王朝通过移民、屯田等措施，使河西走上了发展农业的道路，并逐步打破了原有畜牧业一枝独秀的局面。敦煌汉简所记录敦煌农业初步发展的概况，是河西地区农业发展的一个缩影，是多种因素共同作用的结果。敦煌处于河西走廊最西部，敦煌农业的初步发展不仅是汉廷开发河西的结果，也是它与中原、西域相互交流的结果。其农业的发展使敦煌成为汉王朝开拓西域的一个重要战略基地和后备粮仓，对丝绸之路的畅通和敦煌当地的人口结构和经济结构也产生了重要影响。由于传世文献对敦煌农业的记载甚少，敦煌汉简①中却有丰富的材料，这就为探讨敦煌地区农业的产生、发展的情况提供了可能。

一　敦煌汉简中所见几种农作物

（一）粮食作物

五谷是粮食作物的主体，具体所指不尽一致。《周礼·天官·疾医》郑玄注：“五谷，麻黍稷麦豆也。”②《孟子·滕文公上》赵

① 本书所用的敦煌汉简编号为甘肃省考古文物研究所编的《敦煌汉简》，中华书局1991年版。为了行文方便，用D代表敦煌汉简。

② 郑玄注，贾公彦疏：《周礼注疏》，北京大学出版社1999年版，第112页。

歧注："五谷谓稻、黍、稷、麦、菽也。"[①] 菽是豆的总称，综合以上二说，五谷就是麦、粟、黍、菽、稻或麻。但随着历史的发展，五谷不再专指这五种或六种谷物，而成为粮食作物的代名词。敦煌汉简中所见粮食作物主要有以下几种。

1. 麦

麦在我国较早的古籍中是大小麦的通称。它是有芒有穗的谷物。《说文》："麦，芒谷也，秋种厚埋，故谓之麦。麦，金也，金王而生，火王而死，有穗者也。"敦煌汉简中所见的麦类作物有大麦、穬麦、小麦三种。

大麦也称麰。《说文》："麰，来麰，麦也。"《广韵》："麰，大麦也。"与小麦相比，大麦"颗粒瘦而长，内涵不饱满，与现在西北种植的大麦完全相同，当年或隔年而生，穗长芒，晚于小麦收割，除食面粉外，还可作甜酒"[②]。

穬麦是大麦的一种。《说文》："穬，芒粟也。"《玉篇》："穬，大麦也。"可见，穬麦为一种有芒的大麦。穬麦在青藏高原称青稞，汉简中的穬麦当指青稞。[③] 又因"穬秔同音相假借也"[④]，因此，汉简中出现的秔麦就是穬麦，它是当时西北边郡的主要粮食作物之一。

较早文献中的麦指大小麦，直到《氾胜之书》的问世才有小麦这一专称。这一过程说明小麦的种植已相当普遍。敦煌汉简中可以见到多条这些麦类作物的记载：

（1）郡仓居摄三年正月癸卯转一两入居摄三年三月戊辰大麦小石卌七石五斗煎都士吏牛党候史尹钦受就人效谷益寿里邓尊　D284

（2）出穬麦九斗　一以牧卒□□二月食　D312

（3）入十二月食秔麦一斛　建武卅一年十二月癸巳宜秋卒代

① 郑玄注，贾公彦疏：《孟子注疏》，北京大学出版社 1999 年版，第 146 页。

② 何双全：《居延汉简所见汉代农作物小考》，《农业考古》1986 年第 2 期。

③ 吴礽骧：《敦煌汉简释文》，甘肃人民出版社 1991 年版，第 295 页。

④ 罗振玉、王国维：《流沙坠简》，中华书局 1993 年版，第 160 页。

仲民受尉史 D2010

（4）元平元年七月庚子禽寇卒冯时卖橐络六枚杨卿所约至八月十日与时小麦七石六斗过月十五日以日斗计盖卿任（A）

麹小麦（B） D1449

（5）入正月食大麦一斛五斗永平七年正月十二日来 D2250

根据敦煌汉简的简文，可统计出这几种麦类作物出现的情况：麦出现33条，主要在西汉；小麦1条，出现在汉昭帝元平年间；大麦2条，出现在东汉明帝永平年间；穬麦15条，主要在西汉末年东汉初年；秔麦3条，出现在东汉光武帝建武年间。小麦这个专称出现是西汉后期的事，史籍和简文中所谓的麦，主要指小麦。可见，西汉时期小麦在敦煌地区已经普遍种植。

那么，敦煌地区的小麦从何而来？

关于小麦的原产地，有两种观点：一种观点认为小麦由西亚首先培育，在大约5000年前从域外传入中国。[①] 有学者还认为张骞出使西域才将它引进中国的。另一种观点认为我国是世界上小麦的起源和最大变异中心之一。[②] 靳桂云通过考古资料，发现新石器文化时期黄河流域具有小麦种植的条件，最早的小麦文化遗存是龙山文化。[③] 但仍然不能确定中国的小麦起源于本地。中国小麦的起源问题还有待于继续探讨和研究。

尽管中国小麦的起源还存在分歧，但是可以肯定的是中国是较早种植小麦的地区之一。在距今四五千年的甘肃民乐东灰山文化遗址中，发现了数百枚的颗粒饱满的炭化小麦。[④] 这充分说明河西在史前就已经种植小麦。

敦煌地区在河西归汉后大规模种植小麦，这是伴随着中原等农耕发达地区的移民带来种子、劳动力、技术所致。

---

① 李裕：《中国小麦起源与远古中外文化交流》，《中国文化研究》1997年秋之卷。

② 曹隆恭：《关于中国小麦的起源问题》，《农业考古》1983年第1期。

③ 靳桂云：《中国早期小麦的考古发现与研究》，《农业考古》2007年第4期。

④ 李璠：《甘肃省民乐县东灰山新石器遗址古农业遗存新发现》，《农业考古》1989年第1期。

2. 粟

就是俗称的谷子。粟即稷[①]，“自汉以来，稷之名已不常用”[②]，只用粟这个名。其脱壳后称米或小米，原产自我国。河南庙底沟、西安半坡新石器时代遗址中发现有距今六七千年的粟粒或粟壳。周代的祖先弃称为后稷，说明了周族是以农立邦的族群，同时也说明了粟是中国古老的粮食作物。

汉简中经常见到粟、米、稷：

(1) ■凡入粟廿一日一石九斗二升少　D308

(2) 候长孙并 十一月食粟三石三斗三升少　　以出
□□□□□出 P　D549

(3) 今余粟米四石九斗　今八石八斗☐　D1576

(4) 守千人冯焉 米四斗　D341

(5) 白粱稷米六斗　D1308

敦煌汉简中粟的简文达 33 条之多，说明西汉时敦煌已经普遍种植中原的这种粮食作物粟。

3. 黍

黍也称黍子、糜子，脱壳后称黄米，也原产自我国。《说文》：“黍，禾属而粘者也。”由此可知，黍是一种比较黏的谷物。甲骨文中多次出现黍，商朝人往往用黍来酿酒。《诗·王风·黍离》有“彼黍离离，彼稷之苗”的记载。这说明黍在商周时期就在中原、关中等地区已普遍种植。河西归汉后，黍在偏远的敦煌地区也开始种植。敦煌汉简中关于粟的记载有 3 条：

(1) 酒四斛　　□□□
黍米二斛　　酱二斗
白稗米二斛　　□三斗　　教德尹遣史汜迁奉到

① 李根蟠：《古籍中的稷是粟非穄的确证》，《中国农业科学》2000 年第 5 期。
② 吴礽骧：《敦煌汉简释文》，甘肃人民出版社 1991 年版，第 294 页。

牛肉百斤 D246

(2) 黍米一石☐ D574

(3) 候吏所贷黍视米计

王子杰取粟五升直一斗 又贷稷米口斛□□□□☐

候虏张卿稷米四升黍米二升为社 为稷米三升为社

张单君稷米四升黍米二升为社 D364

由简文可以看出，黍在汉代已经成为敦煌人缴纳赋税、相互借贷的粮食作物。

4. 縻

縻是黍的一种。《说文》："縻，穄也。"段玉裁注："縻，黍之不粘着也。"可知縻是与黍相对的专指不黏的黍类谷物。何双全认为，縻为"红色，细粒，比谷子小"① 的一种粮食作物。敦煌汉简中也有关于縻的记载：

(1) 出縻九斛 正月出□ D315

(2) 出縻五斛一斗 正月十一日中舍子通取 D317

敦煌汉简中一共有 8 条縻的记载，有 5 条明确记载缴纳縻或縻钱。可见，当时縻已作为征收赋税的对象，由此可以看出，汉朝时期敦煌地区縻的种植已经十分普遍。

(二) 其他农作物

汉简中还可见到苜蓿、姜、菱等作物。

1. 苜蓿

苜蓿原产大宛，汉武帝时引入中国。② 苜蓿有多种用途，既可作为饲料喂牲畜，又可作为蔬菜食用。敦煌汉简 239 号简正面上记：

□□□□□益□欲急去恐牛不可用今致卖目宿养之目宿大

① 何双全：《居延汉简所见汉代农作物小考》，《农业考古》1986 年第 2 期。

② 《史记》卷 123《大宛列传》，中华书局 1959 年版，第 3173—3174 页。

贵束三泉留久恐舍食尽今且寄广麦一石

王子春家车欲益之主不肯到完取之兼度二十余日可至亭耳市谷大贵□□□□□□□□□□□□□□□

麦百三十余西未甫等贱□□□

□□□□□□☑ D239（A）

简文反映了买卖中苜蓿的价格昂贵，主人担心买来的苜蓿不够牛食用，于是又准备了一石大麦作为牛的饲料。可见，苜蓿已成为一种商品出售，敦煌地区的苜蓿种植已经非常普遍。

2. 姜

姜是一种重要的蔬菜。姜，古文作“薑”，《说文》：“薑，御湿之菜也。”姜生长在潮湿阴暗的地方，其作用很多。姜可作为一种调料去腥，亦可作为一种中药，具有健脾胃、解表散寒、促进食欲、温中止吐、解毒行水、促进人体的血液循环的功效。[①] 汉简中也会见到姜的记载：

（1）□□或贫困被饥寒疾疫之姜日疎而俱于天地 之技未知所津君将何以辅胜介 D1846

（2）诒久欬逆匈痹痿痹止泄心腹久积伤寒方人参茈宛昌蒲细辛姜桂蜀椒各一分乌喙十分皆合和以 D2012

敦煌汉简中一共有 5 条这样的记录，可见，姜在当时的敦煌被作为药物广泛使用，说明了姜的种植也很普遍。

3. 菱

菱是西北边疆地区一种农作物，菱也可作为一种饲料，亦可以被作为燃料点燃来报警，敦煌汉简中有关于菱的记载：

（1）谷气以故多病物故今菱又尽校☑ D169

（2）急遣人持菱

① 安忠义、强生斌：《河西汉简中的蔬菜考释》，《鲁东大学学报》2008 年第 6 期。

□急=春卿□□□☑（A） D646

（3）合符取茭六十束（A）

合符取茭六十束（B） D1152

敦煌汉简中共有12条茭的记载，这些茭被用来喂马或报警，反映出其在敦煌军事上的重要性。

敦煌汉简常见有麦、大麦、小麦、穬麦、秔麦、粟、稷、黍、糜、苜蓿、姜、菱等农作物。这些农作物品种繁多，既有本地原有的，又有中原的，亦有西域的。这反映出汉代的敦煌地区农业有了初步发展。

二 敦煌农业初步发展的因素分析

敦煌汉简中出现的农作物反映了敦煌农业的初步发展，这是历史发展的必然结果。

元狩二年，河西归汉后，河西逐步走上了汉王朝体制的轨道。汉王朝在此设置四郡三十五县，并设立相应的官职；沿河西走廊修建了以汉塞为主体，烽燧、城障、塞天田、棱柱、关口等为辅的一整套军事防御工程；又设置郡都尉、部都尉、属国都尉、关都尉、农都尉等都尉之官。这些措施的实施使河西地区统治稳固、社会安定，成为包括敦煌在内的河西农业初步发展的先决条件。除此之外，有些因素是敦煌农业初步发展的主要原因。

第一，优越的自然环境为敦煌农业发展提供了良好的基础条件。河西归汉前，该地区是月氏、乌孙、羌、匈奴等游牧民族天然的游牧场。当时河西“习俗颇殊，地广民稀，水草宜畜牧，故凉州之畜为天下饶”[①]。纳入汉王朝版图后，河西畜牧业还在继续发展，逐步形成了农牧共同发展的格局。河西地区南有祁连山，北有马鬃山、合黎山，又有石羊河、黑河、疏勒河三大水系流贯其间，具有发展绿洲农业的优越自然环境。敦煌地区有敦煌平原和许多面积不等的绿洲，又有疏勒河、党河提供水源，为农业的发展创造了优越

① 《汉书》卷28下《地理志下》，中华书局1962年版，第1645页。

的自然条件。

第二，移民和屯田是敦煌农业初步发展的重要因素。河西设郡后，汉武帝通过各种方式徙民以实边郡，当时迁往河西者，“其民或以关东下贫，或以报怨过当，或以悖逆亡道，家属徙焉”[①]。明确向敦煌徙民的记载也不绝于书。元鼎六年（前111），分武威、酒泉地新置张掖、敦煌郡，并“徙民以实之”[②]；征和二年（前91），刘屈氂等随戾太子发兵，结果“以反法族，吏士劫略者，皆徙敦煌郡”[③]。向敦煌遣送刑徒和招徕流民的记载也见于悬泉汉简[④]：

（1）建始二年三月戊子朔乙巳，氐池长延寿移过所，遣传舍佐普就，为诏送徒民敦煌郡，乘轺车一乘，马一匹，常舍传舍，徙者如律令。/椽长，令史临，佐光。四月巳亥过，西。

X37

（2）河平元年八月戊辰朔壬午，敦煌太守贤、丞信德谓过所县道：遣广至司空啬夫尹猛收流民东海、泰山，当舍传舍，从者如律令。八月庚寅，过东。

X39

汉朝移民到敦煌的类型有强制移民、因犯罪迁至敦煌、招徕流民于敦煌。这些移民，大多来自农业发达的中原、关中、关东等地。他们的到来不仅增加了敦煌地区的人口，为农业生产提供了丰富的劳动力，而且还带来了先进的农业生产技术和耕作经验，为敦煌地区农业发展注入了新的动力。

汉朝在移民的同时，还在河西地区进行屯田。起初是在河西走廊东部的绿洲区推行，元封（前110—前105）以后，又扩展到走

① 《汉书》卷28下《地理志下》，中华书局1962年版，第1645页。

② 《汉书》卷6《武帝纪》，中华书局1962年版，第189页。

③ 《汉书》卷66《刘屈氂传》，中华书局1962年版，第2882页。

④ 张德芳、胡平生：《敦煌悬泉汉简释校》，上海古籍出版社2001年版，为了行文方便，用X代表悬泉汉简。

廊西部和北部的绿洲区。[①] 敦煌屯田是较早进行的，《汉书·武帝纪》中有“（元鼎四年，前113）秋，马生渥洼水中”句，颜师古注引李斐曰：“南阳新野有暴利长，当武帝时遭刑，屯田敦煌界。”[②]《汉书·地理志》颜注“效谷”：“本渔泽障也。桑钦说孝武元封六年济南崔不意为鱼泽尉，教力田，以勤效得谷，因立为县名。”[③] 崔不意在鱼泽障教戍卒耕田，因屯田很见成效，因此在该屯田区设置效谷县。敦煌地区一共有三个屯田区：一为玉门关外的大煎都候官辖境的屯田区，在今敦煌市榆树盆地东部；一为宜禾都尉鱼泽候官属地的屯田区，在今敦煌市和瓜州县交界地区；还有一个是阳关都尉所属渥洼水西岸屯田区，在今敦煌市南湖乡。[④] 屯田开垦了大量的荒地和草原为可耕地，虽然在一定程度上造成了生态的破坏，但是为敦煌农业的初步发展奠定了基础。

第三，铁器、牛耕、代田法等中原农业技术的推广，水利灌溉的建设是敦煌农业发展的重要因素。

铁器在春秋时期的中原已经出现，到战国时已经普遍使用，秦汉时开始向边郡传播。在敦煌马圈湾汉代烽燧遗址中出土了35件铁器，其中就有斧、镰、锄、臿等农具。[⑤] 在敦煌汉简中也见到铁器出入簿：

(1) 永光元年二月戊戌朔辛酉敦煌玉门都尉平丞得□敢言之谨

移部铁器簿一编敢言之（A）　D1064

(2) 元康三年九月辛卯朔癸巳县泉置啬夫弘敢言之谨

移铁器簿一编敢言之（A）　D1295

① 刘光华：《西北通史》（第一卷），兰州大学出版社2005年版，第463页。

② 《汉书》卷6《武帝纪》，中华书局1962年版，第184页。

③ 《汉书》卷28下《地理志下》，中华书局1962年版，第1615页。

④ 徐乐尧、余贤杰：《西汉敦煌军屯的几个问题》，《西北师院学报》1985年第4期。

⑤ 吴礽骧：《敦煌汉简释文》，甘肃人民出版社1991年版，第290—291页。

可见，汉朝时敦煌地区普遍使用铁制农具，这使其农业有较高的起点。

牛耕是中国农业耕作技术史上的重大革新，畜力替代人力，提高了耕作效率。西汉后期，河西地区也已普遍采用牛耕，武威磨嘴子西汉末年墓中就出土了牛拉犁的木质模型。[①] 敦煌汉简中多见养牛的记载，悬泉置遗址中也出土有铧、犁等铁制生产工具。[②] 可见，敦煌地区也使用牛耕技术。

汉武帝时，搜粟都尉赵过发明代田法。其法是将一亩土地修成三甽三垄，甽、垄皆宽一尺，在甽和垄之间或耕或休，从而最大限度地发挥地利，增加粮食产量。因“用力少而得谷多”，于是“教边郡及居延城”[③]。在居延汉简中多次出现“代田仓”，说明居延地区确已实行过代田法。居延是河西地区规模最大的屯田区，“代田法既已在居延推行，河西诸‘边郡’的其他屯田区亦当如此”[④]。代田法在敦煌地区推行也是可能的。

水利灌溉是农业发展的命脉。尽管河西有石羊河、黑河、疏勒河三大水系，但是要发展灌溉农业则需要修建完备的灌溉渠系，引水入田。《汉书·沟洫志》载，元封二年（前 109），“用事者争言水利。朔方、西河、河西、酒泉皆引河及川谷以溉田”[⑤]。敦煌悬泉 58 号汉简有民间开挖渠道的记载：

> 民自穿渠，第二左渠、第二右内渠水门广六尺，袤十二里，上广……　X58

敦煌地区灌溉河渠的修建，对其农业发展来说显得非常重要。

第四，河西与中原、西域的相互交流是敦煌农业发展的又一因素。敦煌位于河西走廊的最西段，阳关、玉门关是东西交通的咽喉

---

① 甘肃省博物馆：《武威磨嘴子三座汉墓发掘报告》，《文物》1972 年第 12 期。
② 何双全：《甘肃敦煌汉代悬泉置遗址发掘简报》，《文物》2000 年第 5 期。
③ 《汉书》卷 24 上《食货志上》，中华书局 1962 年版，第 1139 页。
④ 高荣：《河西通史》，天津古籍出版社 2011 年版，第 97 页。
⑤ 《汉书》卷 29《沟洫志》，中华书局 1962 年版，第 1684 页。

所在，独特的地理位置使得敦煌能不断吸收西域与中原的经济因素。敦煌地区农作物品种繁多，既有中原带入，又有西域传来。麦、粟、黍、糜等农作物的种植是伴随着中原等移民的到来传播和推广到当地的，其耕作技术也是中原式的深耕细作；苜蓿原产自大宛国，汉武帝时传到汉朝，敦煌地区的苜蓿正是汉廷和西域交流的见证；姜和菱可能为西北土生的作物。敦煌地区的农业融合了中原、西域、本土三种因素。这不仅促使了敦煌农作物品种繁多，而且吸收了其他地区农业生产的先进技术经验，提高了敦煌农业的水平。

三　敦煌农业初步发展的历史定位

敦煌农业的初步发展是河西地区农业发展的一个缩影。但是由于敦煌地处河西走廊的最西部，扼阳关、玉门关之险，是西域和河西之间的咽喉，是中原和西域两大文明的交汇处。敦煌地区地理位置的特殊性、重要性就使得它与敦煌其他三个郡相比，其农业的初步发展对汉王朝西部边疆来说尤为重要。

第一，敦煌是河西通往西域的必经之道，是汉王朝通往西域的咽喉，敦煌农业的初步发展使敦煌成为汉王朝开疆拓土、挺进西域的战略基地和后备粮仓。两次大宛战争就是很好的说明。

太初元年（前104年），汉武帝派使臣用千金和金马欲换大宛国的汗血马，但大宛郁成王却“攻杀汉使，取其财物”[①]。汉武帝大怒，派李广利发兵攻打大宛[②]，汉军在郁成城与大宛军开战，结果惨败而归。李广利到达敦煌玉门关下“士不过什一二”，他向汉武帝奏报，汉武帝震怒，立即派使传诏玉门关曰：“军有敢入者辄斩

① 《史记》卷123《大宛列传》，中华书局1959年版，第3174页。

② 关于汉武帝发动伐宛战争的原因，有当作玩物和用于礼仪说、补充军马说、天子好宛马说、大宛杀汉使劫掠财产说、巩固西汉“威德”说五种说法。侯丕勋驳斥了前两种说法的错误，并分析出天子好宛马不是发动此次战争的真正和根本原因，大宛杀汉使劫掠财产也只是这次战争的导火线，引起这次战争的根源在大宛敢公然挑战汉朝的权威，汉武帝为巩固西汉在西域的“威德”才发动伐宛战争。（见侯丕勋《汗血宝马研究》，甘肃文化出版社2006年版，第25—29页。）

之！”[①] 李广利被迫留在敦煌。

太初三年，武帝再次发兵攻打大宛。此次汉武帝“赦囚徒材官，益发恶少年及边骑，岁余而出敦煌者六万人，负私从者不与。牛十万，马二万余匹，驴骡橐驼以万数。多赍粮，兵弩甚设，大下骚动，传相奉伐宛，凡五十余校尉”[②]。并“益发戍甲卒十八万，酒泉、张掖北，置居延、休屠以卫酒泉”[③]。经过充分的准备和艰难的征战，汉军打败大宛军，获取汗血马。并拥立与汉友好的昧蔡为大宛王，罢兵而还。第二次大宛战争取得完全胜利。此次战争后，“西域震惧，多遣使来贡献，汉使西域者益得职”。可见，伐宛之战后汉王朝和西域诸国建立了友好的关系。汉廷还“自敦煌西至盐泽，往往起亭”[④]，以保证来往商旅、使臣的安全。

第一次大宛战争失败到第二次大宛战争发动，时隔一年。这一年李广利停留在敦煌的玉门关外，史书上没有明确记载李广利在做什么，但可以预见李广利及他所带的士兵的粮食供应一方面可能是自己屯田而得，一方面可能是来自敦煌当地政府的供应；第二次大宛战争的集结地和出发点在敦煌，兵卒、车、马、牛、骆驼、粮食等大多数可能是从敦煌筹集而来。由此可见，敦煌农业的初步发展对汉军开拓西域的重要贡献。

汉简中还记有：

> 假敦德库兵奴矢五万枚杂驱三千匹令敦德廪食吏士当休马审处 D80

简文中的敦德就指敦煌，该简文反映了敦煌为汉军挺进西域提供必要的人力、物力、粮食等。

第二，敦煌农业的初步发展，为丝绸之路的畅通和敦煌商业的兴起提供了条件。敦煌地区的特殊地位，使它在丝绸之路上担负着

---

① 《史记》卷123《大宛列传》，中华书局1959年版，第3175页。

② 同上书，第3176页。

③ 同上。

④ 《汉书》卷96上《西域传上》，中华书局1962年版，第3873页。

重要的作用。这里是东西方人口、物品的一个重要的集散地，过往的商人、行旅、使者往往在这里暂留。而敦煌农业的初步发展使得当地有能力为这些商旅、使者提供食宿，为丝绸之路的畅通奠定基础。敦煌作为河西西部的新兴农业区，连接了河西其他三郡的新农业区，也使得“中原的老农业区与天山以南的农业区连接了起来”①，为丝绸之路的畅通和繁荣提供了物质基础。

敦煌地区的农作物有麦、粟、黍、糜、姜等，这不仅为农业人口提供基本的口粮供应，而且他们将多余的农产品拿到市场上去出售，供应非农人口，从而为敦煌地区商业的兴起提供了必要条件。

第三，敦煌农业的初步发展，改变着敦煌当地的人口结构和经济结构。大量的中原等地人口迁移至敦煌，为当地农业的发展提供了丰富的劳动力和经验技术，是敦煌农业初步发展的一个重要原因；敦煌农业的发展反过来又吸引着更多的汉族人迁移定居于此，进而使汉族逐步成为敦煌地区的主要人口；敦煌农业的初步发展，打破了敦煌地区畜牧一枝独秀的局面，与河西其他地区一起共同发展着农牧业。

总之，敦煌地区农业的初步发展在汉简中有所反映，这是各种因素共同作用的结果，这使得敦煌地区成为汉王朝开拓西域的一个重要的战略基地和后备粮仓，对丝绸之路的畅通和敦煌当地的人口结构和经济结构也产生了重要影响。

第四节　《吐鲁番出土文书》中的“床”

“床”在《吐鲁番出土文书》第1—10册中多次出现，是十六国、高昌、唐代中期以前吐鲁番地区普遍种植的粮食作物之一，主要用作食物及马料等。从晋到唐中期，其种植呈现出一种下降趋势，并由人所食用的一种粮食逐渐变为牲畜饲料，这是由当时的地

① 吴廷桢、郭厚安：《河西开发研究·古代卷》，甘肃教育出版社1993年版，第42页。

理环境及社会局势所决定的。

一 《吐鲁番出土文书》中有关“床”的文书

《吐鲁番出土文书》第1—10册收录了有关“床”字的文书62件，来自28处墓葬。从时间上来看，属于西凉时期（400—421）的有1件，北凉时期（397—439）的1件，高昌时期（460—640）的24件，唐代（618—907）33件，未注明时代的3件，如表3—1所示：

表3—1 **吐鲁番出土“床”字文书统计表**

序号	时代	文书名称	墓号	出处
1	西凉	西凉建初十一年（415）张仙入贷床文书	63TAM1	册1 p. 16
2		某人条呈为取床及买毯事	63TAM1	册1 p. 18
3	北凉	北凉玄始十二年（433）翟定辞为雇人耕床事	66TAM59	册1 p. 39
4	高昌	残床、粟、酒帐	75TKM91	册1 p. 160
5	高昌	高昌延昌二十二年（582）康长受从道人孟忠边岁出券	75TKM99	册1 p. 191—192
6		田亩籍	64TAM22	册1 p. 202
7	高昌	高昌付张都堆等供粮食帐（1）	69TKM33	册2 p. 288—289
8	高昌	高昌付张都堆等供粮食帐（2）	69TKM33	册2 p. 289—291
9	高昌	高昌奇乃等粗细粮用帐	69TKM33	册2 p. 294—295
10	高昌	高昌付思相等粗细粮用帐（1）	69TKM33	册2 p. 296—297
11	高昌	高昌延昌三十六年（596）宋某夏田券	72TAM153	册2 p. 326—327
12	高昌	高昌道人真明夏床田券	66TAM48	册3 p. 108
13	高昌	高昌义和六年（619）伯延等傅付麦、粟、床条（1）	60TAM331	册3 p. 110—112
14	高昌	高昌重光元年（620）夏田残券	73TAM116	册3 p. 156—157

续表

序号	时代	文书名称	墓号	出处
15	高昌	高昌重光三年（622）条列虎牙氾某等傅供食帐（1）	66TAM50	册 3　p. 167—169
16	高昌	高昌重光三年（622）条列虎牙氾某等傅供食帐（2）	66TAM50	册 3　p. 170—172
17	高昌	高昌重光三年（622）条列康床向等供食及作坊用物帐	66TAM50	册 3　p. 173—174
18	高昌	高昌某寺条列粮食帐（2）	67TAM80	册 3　p. 209—212
19	高昌	高昌某寺条列粮食帐（3）	67TAM80	册 3　p. 212—213
20	高昌	高昌乙酉、丙戌岁某寺条列月用斛斗帐历	67TAM377	册 3　p. 225—234
21	高昌	高昌田婆泰夏田券	69TAM135	册 4　p. 245—246
22	高昌	高昌竺佛图等傅供食帐（1）	60TAM307	册 4　p. 250—251
23	高昌	高昌竺佛图等傅供食帐（2）	60TAM307	册 4　p. 251—253
24	高昌	高昌□善等傅供食帐（3）	60TAM307	册 4　p. 258—259
25	高昌	高昌令狐等傅供食帐（1）	60TAM307	册 4　p. 260—261
26	高昌	高昌僧众粮食帐（4）	60TAM319	册 4　p. 359
27	唐	唐贞观十四年（640）张某夏田契	64TAM15	册 4　p. 40—41
28	唐	唐西州蒲昌县粮帖（1）	67TAM78	册 4　p. 91
29	唐	唐西州蒲昌县粮帖（2）	67TAM78	册 4　p. 92
30	唐	唐西州蒲昌县粮帖（3）	67TAM78	册 4　p. 93
31	高昌	高昌延和八年（609）七月至延和九年（610）六月钱粮帐	72TAM151	册 4　p. 151—152
32	高昌	高昌义和三年（616）张相熹夏床田券	72TAM151	册 4　p. 175
33	高昌	高昌义和三年（616）氾马儿夏田券	72TAM151	册 4　p. 177—178
34	唐	唐男粟粟户残籍	68TAM103	册 4　p. 230

续表

序号	时代	文书名称	墓号	出处
35	唐	唐西州高昌县武城乡床田残文书	60TAM337	册 5 p. 122
36	唐	唐龙朔元年（661）左慈隆等种床亩数帐	60TAM332	册 6 p. 277
37	武周	武周（?）西州高昌县石宕渠某堰堰头牒为申报当堰见种苗亩数及田主佃人姓名事	73TAM501	册 7 p. 192—193
38	武周	武周沙州敦煌县田亩籍帐	72TAM225	册 7 p. 258
39	唐	唐开元三年（715）西州营典李道上陇西县牒为通当营请马料姓名事	68TAM108	册 8 p. 38—42
40	唐	唐开元三年（715）西州牒为通当营请马料姓名事（2）	68TAM108	册 8 p. 47—51
41	唐	武周沙州敦煌县田亩帐	72TAM230	册 8 p. 168—169
42	唐	唐西州高昌县史张才牒为逃走卫士送庸牒价钱事（1）	72TAM230	册 8 p. 184
43	唐	唐开元十一年（723）状上北庭都护所属诸守捉剛田顷亩牒	72TAM226	册 8 p. 197—198
44	唐	唐开元某年伊吾军典王元琮牒为申报当军诸烽铺剛田亩数事	72TAM226	册 8 p. 202—204
45	唐	唐伊吾军牒为申报诸烽铺剛田所得斛斗数事（1）	72TAM226	册 8 p. 209
46	唐	唐伊吾军诸烽铺收贮粮食斛斗数文书（1）	72TAM226	册 8 p. 213
47	唐	唐伊吾军诸烽铺营种豆床文书	72TAM226	册 8 p. 217
48	唐	唐北庭诸烽铺斫田亩数文书	72TAM226	册 8 p. 222
49	唐	唐开元二十一年（733）西州蒲昌县定户等案卷	73TAM509	册 9 p. 97—100
50	唐	唐天宝十四载（755）交河郡某馆具上载马食床历上郡长行坊状	73TAM506	册 10 p. 55—75

续表

序号	时代	文书名称	墓号	出处
51	唐	唐天宝十四载（755）柳中县具属馆私供马料帐历上郡长行坊牒	73TAM506	册 10　p. 76—85
52	唐	唐天宝十四载（755）柳中县具达匪馆私供床麦历上郡长行坊牒	73TAM506	册 10　p. 86—91
53	唐	唐天宝十四载（755）交河郡长行坊申上载在槽减料斛斗数请处分牒	73TAM506	册 10　p. 155—157
54	唐	唐天宝十四载（755）杂事司申勘会上载郡坊在槽马减料数牒	73TAM506	册 10　p. 160—164
55	唐	唐天宝十四载（755）某馆申十三载三至十二月侵食当馆马料帐历状	73TAM506	册 10　p. 165—188
56	唐	唐天宝十四载（755）交河郡长行坊具诸馆预给及不给马料数请勘会牒	73TAM506	册 10　p. 229—232
57	唐	唐天宝十四载（755）郡坊申十三载九至十二月诸馆支贮马料帐	73TAM506	册 10　p. 233—237
58	唐	唐大历五年（770）后粮食什物残帐	73TAM506	册 10　p. 260
59	唐	唐佃人入租帐（1）	73TAM506	册 10　p. 267
60	唐	唐佃人入租帐（2）	73TAM506	册 10　p. 268—269
61	唐	唐出纳粮物帐	73TAM506	册 10　p. 270—271
62	唐	唐大历六年（771）某寺田园出租及租粮破用帐	73TAM506	册 10　p. 296—298

通过对表 3—1 的统计，各个时期“床”字文书所占的比例见表 3—2。

表 3—2　　各时期有关“床”字文书所占比例表

时期	西凉（400—421）	北凉（399—439）	高昌（531—640）	唐（含武周）（618—907）	时代不明
文书件数	1	1	24	33	3
所占比例约（%）	1.61	1.61	38.71	53.23	4.83

二　关于“床”字的读音

《汉语大字典·广部》记载，“床，mí，《集韵》忙皮切，平支明。糜子，也叫穄子。一年生草本植物，与黍相似，但子实不粘，可供食用。清钱大昕《十驾斋养新录》：‘《九域志》、《宋史·地理志》俱云秦州有床穰堡。遍检字书，皆无“床”字，莫详其音。读《一切经音义》，知《大般涅槃经》有粟床字，云字体作糜、縻二形，同皮忙反，禾穄也。’《龙龛手鉴·广部》：‘床，穄别名也。’《隋书·东夷传·流求》：‘土宜稻、粱、床、黍、麻、豆、赤豆、胡豆、黑豆等。’宋陆游《江北庄取米到作饭香甚有感》：‘山荞畲粟杂沙碜，黑黍黄床如土色。’《辽史·二国外记·西夏》：‘土产大麦、荜豆，青稞、床子。’”① 据此，“床”字读“mí”，它是“糜、縻”字的俗体字，它在经文、字书及史籍中都有所记载。

三　文书所反映“床”的情况及分析

前面已阐释，“床”即“糜”的俗体字。我们知道，糜子是一种耐干旱的粮食作物，种植历史很悠久，遍及我国华北和西北地区，根据陈文华、张忠宽编写的《中国古代农业考古资料索引（12）——农作物》来看②，新石器时代，人们就已以糜子作为粮食作物。现根据索引资料整理糜子的种植情况如表 3—3 所示。

① 汉语大辞典编委会：《汉语大辞典》（缩印本），湖北辞书出版社、四川辞书出版社 1992 年版，第 369 页。

② 陈文华、张忠宽：《中国古代农业考古资料索引（12）——农作物》，《农业考古》1987 年第 1 期。

表 3—3　　中国古代农业考古资料所反映糜子的种植情况表

时代	出土地点	名称	资料来源
新石器	新疆和硕新塔拉	糜粒	《农业考古》1983 年第 1 期，第 104 页
新石器	甘肃兰州青岗岔	糜子	《考古》1972 年第 3 期，第 26 页
商周	新疆哈密五堡	糜	《文物报》1986 年 11 月 28 日 2 版
西汉	河南洛阳西郊	糜子	《考古学报》1963 年第 2 期，第 43 页
西汉	陕西咸阳马泉	糜子	《考古》1979 年第 2 期，第 128 页
西汉	甘肃敦煌马圈湾	糜子	《文物》1981 年第 10 期，第 4 页
汉代	甘肃武威磨嘴子	糜子	《考古》1960 年第 9 期，第 25 页
汉代	山西平陆茅津	糜子	《农业考古》1984 年第 1 期，第 248 页
汉代	山西平陆盘南	糜子	《农业考古》1984 年第 1 期，第 248 页
汉代	山西平陆西延	糜子	《农业考古》1984 年第 1 期，第 248 页
汉代	山西平陆寨头	糜子	《农业考古》1984 年第 1 期，第 248 页
汉代	山西平陆七里坡	糜子	《农业考古》1984 年第 1 期，第 248 页
汉代	陕西宝鸡	糜	《文物资料丛刊》第 4 期，第 237 页
晋—唐	新疆吐鲁番阿斯塔那	糜子	《农业考古》1983 年第 1 期，第 104 页、封二
晋代	新疆楼兰故城	糜子	《农业考古》1983 年第 1 期，第 124 页
高昌	新疆吐鲁番阿斯塔那	糜子	《农业考古》1983 年第 1 期，第 118 页
高昌—唐	新疆吐鲁番阿斯塔那	糜子	《农业考古》1983 年第 1 期，第 119 页
唐代	新疆吐鲁番阿斯塔那	糜子	《农业考古》1983 年第 1 期，第 119 页
金代	内蒙古清水河	糜黍	《内蒙古文物古迹简述》第 61 页

从表 3—3 所反映的情况来看，其种植范围遍及新疆、甘肃、河南、陕西、山西、内蒙古等省区，其种植的历史可上溯到新石器时代。

新疆吐鲁番地区所发掘的墓葬中，有许多墓葬随葬糜籽。根据王炳华《新疆农业考古概述》的《吐鲁番地区晋—唐时期墓葬出土糜子统计表》来看①，共列出 94 座墓，其中有 17 座墓中有随葬的

① 王炳华：《新疆农业考古概述》，《农业考古》1983 年第 2 期。

糜籽。经整理如表3—4所示。

表3—4 **吐鲁番地区晋—唐墓葬出土糜子统计表**

序号	时代	出土糜子及其他农作物	墓号	附注
1	高昌	糜子、葫芦片	66TAM48	
2	高昌	糜子	67TAM90	
3	高昌	糜子、青稞	69TAM149	
4	高昌	小麦、糜子、葫芦片	72TAM155	
5	高昌	小麦、糜子、枣、葡萄	72TAM169	
6	高昌	小麦、糜子、小米、黑豆、青稞	72TAM173	置于五谷袋中
7	高昌—唐	麦子、糜子、葡萄	69TAM140	葡萄见于文书记录
8	高昌—唐	糜子、葫芦片	69TAM143	
9	唐	糜子	64TAM5	分置于四小麻布袋中
10	唐	糜子	64TAM19	分置于两小麻布袋中
11	唐	糜子二包、面饺	64TAM37	饺内包豆馅
12	唐	麦子、枣子、柿子、芝麻、糜子	72TAM191	芝麻见于面点上
13	唐	小麦、糜子、黑豆、青稞、大麦、麦草	73TAM213	装在一麻质五谷袋中
14	唐	小麦、糜子、枣	73TAM214	
15	唐	糜子	73TAM214	
16	唐	糜穗	60TAM336	
17	唐	梨、糜子	73TAM532	糜子装于枕内

《吐鲁番出土文书》有关“床”字的62件文书中，有8件内容不涉及高昌和唐西州，即表3—1所列的第38、41、43、44、45、46、47、48文书，其余的54件均与高昌和唐西州有关。现将这54件文书的内容进行归类。

第1类，床为贮粮的文书。表3—1中有1、2、4、13、42、

49、58、61 等 8 件，其中，属于十六国、高昌时期的 4 件，唐代的 4 件。

第 2 类，田地种床的文书。表 3—1 中有 3、5、6、11、12、14、21、27、32、33、35、36、37、59、60、62 等 16 件。其中属于十六国、高昌时期的 9 件，唐初期的 3 件，中唐的 4 件。在这类文书中，盛唐时期的开元、天宝期间没有一件。

第 3 类，床为食物的文书。此类文书又分为两类，第 1 类是为人的食物，表 3—1 中有 7、8、9、10、15、16、17、18、19、20、22、23、24、25、26、28、29、30、31 等 19 件。其中高昌时期的有 16 件，初唐的 3 件。第 2 类是牲畜饲料，主要用作马料。表 3—1 中有 39、40、50、51、52、53、54、55、56、57 等 10 件，皆属于唐开元、天宝时期的。

第 4 类，以“床”字来取名的，表 3—1 中为 34 号。

从表 3—1 所列的关于“床”字文书和表 3—2 中十六国、高昌及唐代“床”字文书所占的比例来看，唐代出现次数高于十六国、高昌时期。从“床”字文书的内容及床的用途这个角度来分析，我们发现以下问题。

第一，第 1 类文书反映出十六国、高昌和唐西州时期都贮床。

第二，第 2 类文书反映出十六国、高昌时期普遍种植床，床是当时主要粮食作物之一。这在唐初还存在，到了开元、天宝时期呈现出下降趋势。

第三，第 3 类文书反映出十六国、高昌时期及唐初，床是当时人们的主要粮食作物之一，而到了开元、天宝时期则变为牲畜的主要饲料。

第四，第 4 类文书反映出床不仅是当时吐鲁番地区的主要粮食作物和食物之一，而且人们对床有一种特殊的感情，所以给孩子起名时也用“床”字。

上述第二和第三种现象值得注意。为什么会出现这种情况，我们认为这与吐鲁番地区的自然条件及当时的社会历史背景关系密切。吐鲁番地区地处亚洲内陆，干热少雨。这一地区，在西凉、北凉时期，属于这两个割据政权。承平十八年（460），兴起于北方的少数民族柔然灭沮渠氏所建立的北凉政权，在此地立阚伯周为高昌王，高昌称王从此开始，存在了181年。唐贞观十四年（640），唐灭高昌，以其地置西州。西州地广，“其界东西八百里，南北五百里”①，“户万九千一十六，口四万九千四百七十六”②。从统治区域和所辖的户口来看，高昌国是一个很小的割据政权。

西凉、北凉、高昌仅是魏晋南北朝隋时期的众多割据政权中的小部分，这一时期所建立的众割据政权，为了自身的生存，在内进行政治、经济等的改革，对外拓展疆土或防止别的割据政权入侵。各个割据政权在军事上所下的功夫有时大于其他方面，西凉、北凉、高昌这三个小的割据政权也不例外。从地理特点来看，吐鲁番地区的水源主要是天山积雪融化的雪水，年均流量稳定，变化小，对灌溉农田较为有利。但夏季时，用水量集中，这就要求每年必须对水库、塘坝等蓄水处的堤堰及渠堤进行检查维修加固，需要大量的人力和物力。一个小的割据政权，既要防止其他政权的入侵，又要加强内部建设，则有点捉襟见肘，所以选择一些耐干旱的农作物来种植，如粟、床等，这正是西凉、北凉、高昌时期“耕床”、“租田种床”、“以床作为主要食物”的主要原因。

贞观十四年（640），唐灭高昌，以其地置西州。据《元和郡县图志》、新旧《唐书·地理志》记载，唐在西州设有5个县，即柳中、交河、蒲昌、天山、前庭。高昌国纳入唐王朝版图以后，就便解放出大量劳动力，在政府统一支配下，从事农业基本建设，如组织众多人力兴修堤堰、水库等，形成了完整的水利灌溉系统。与以往相比，水资源分配更为合理。当地人们选择产量较高的农作物来种植，这也是正常的。原来作为主要食物之一的床，用途也相应发生了变化。

另外，“以田种床”，高昌、唐初有，开元、天宝年间没有，而到了代宗大历年间（766—779）又出现。这与当时的社会局势有关。唐玄宗统治前期，社会出现了从未有过的强盛局面，史学家誉

① 《旧唐书》卷198《西戎·高昌传》，中华书局1975年版，第5295—5296页。
② 《新唐书》卷40《地理志四》，中华书局1975年版，第1046页。

为“开元盛世”。唐王朝所统辖的地区内，地方政府都能正常运转，可以发挥最大的功效。但安史之乱后，正常的运转程序被打破，唐政府的主要精力用在平乱上，历经8年，内乱虽然平定下去，但唐王朝被致命一击。此后，唐政府内部危机四伏，主要精力用来稳固内部，而对地方的统治则不像从前那样强劲有力，这就使地方管理机构的运行紊乱，维持生计的水利灌溉系统也必然会受到影响。西州地处西北边陲，自然条件差，经济基础薄弱，如果在水利方面出了问题，原来的灌溉田地又变为荒地，农作物的种植再次选择耐干旱的。大历年间的“以田种床”，是由当时社会局势的变动而引起的。

从表3—1和表3—4，我们还发现另外一种现象，阿斯塔那墓区出土的带有“床”字的文书和随葬的糜籽比例远远超过哈拉和卓墓区。表3—1中所占比例竟达90%，表3—4中随葬的糜籽则全部出自阿斯塔那墓区，这说明两个墓区的人所处的生活环境、生产方式及饮食结构是有所区别的，特别是在种植农作物方面。在阿斯塔那22号墓有一件《田亩籍》①，内容几乎全部记载种床的亩数，录文如下：

【前缺】

1. ……床十亩
2. ……床七亩
3. ……床九亩
4. ……床三亩
5. …… 朱显弘床六亩
6. ……瓜一亩半
7. ……八亩
8. ……床十二亩……

【后缺】

64TAM22：21（6）

① 国家文物局古文献研究室等：《吐鲁番出土文书》（第1册），文物出版社1981年版，第202页。

此件文书反映种床的亩数，最少 3 亩，最多 12 亩，反映出吐鲁番地区种床有相对的集中区，而且种植的面积较大。

四　文书所反映“床”的价格

吐鲁番所出土的 62 件“床”字的文书，反映床价格的只有 2 件，1 件出土于阿斯塔那 1 号墓，另 1 件出土于阿斯塔那 377 号墓，录文如下：

《某人条呈为取床及买毯事》①

【前缺】

1. 杨床从刘普取官床四斛，为丝十三两。

2. □□得床十一斛，作丝二斤三两半。床儿前买毯贾（价）

3. ……条呈

63TAM1：24

《高昌己酉、丙戌岁某寺条列月用斛斗帐历》②

【前缺】

39. □□□□食 床陆床（斛）究（九）兜（斗）陆昇（升）。使人，贰床（斛）究（九）

兜（斗）。粟贰兜（斗）究（九）昇（升），供苟（狗）。麦五昇（升），□□。

40. 床陆拾究（九）床（斛），得钱陆拾究（九）文，用上三月剂道俗官绢。粟贰床（斛）

伍兜（斗）贰昇（升），用雇

41. 外作人陆人，用政啫□□，并食 粮。粟伍兜（斗），用买瓶。合麦肆床（斛）柒兜（斗）半，床粟究（九）

42. 拾贰床（斛）叁兜（斗）柒昇（升）。谨案条列斛斗

① 《吐鲁番出土文书》（第 1 册），文物出版社 1981 年版，第 18 页。

② 同上书，第 225—234 页。

如右，请僧记识施行。

43. 僧上坐　　　　中坐　　　　下坐

【后缺】

67TAM377：06，04，03，07，02，01，08，05

从前件文书中，我们看出床与丝的价格，4 斛床 = 13 两丝，则 1 斛床 = 3.25 两丝，11 斛床 = 2 斤 3 两半丝，则 1 斛床 = 3.23 两丝，两者的价格比例基本相同，西凉时期 1 斤为 16 两。在后件文书中，69 斛床 = 69 文钱，则 1 斛床 = 1 文钱。从中得知，西凉时期存在着物物交换的贸易，高昌时期出现货币贸易。

综上所述，床是吐鲁番地区普遍种植的粮食作物之一。吐鲁番地区所出土的 62 件有“床”字文书，反映出床从晋到唐中期，种植呈现出下降趋势。从饮食方面看，从晋到唐中期，床由人所吃的一种主要食物逐渐演变为牲畜的饲料，究其原因是由吐鲁番地区的地理环境及当时的社会局势所决定的。从床的价格来看，若以丝计算，1 斛相当于 3.23 两丝；若以钱计算，一斛相当于 1 文钱，这是西凉、高昌时期的情况。

第五节　历代西北防治自然灾害的对策及经验

自然灾害也就是我们通常所说的天灾。人类社会发展的历史，从某种意义上说，就是人类与各种自然灾害做斗争的历史。人类归属于大自然，生存于大自然，既得到自然界的恩惠，又受到自然界惩罚；水旱风雹，地震滑坡，山崩海啸，瘟疫虫灾，无不威胁着人类，给人类所造成的影响极为深刻。

一　历代西北自然灾害的统计及分析

西北地区是一个多灾地区。在历史时期，其灾害主要表现在干旱、水涝、冰雹、霜雪、地震、风沙、滑坡山崩地裂陷、虫类、鼠类、瘟疫、禾病等方面。现根据袁林所著《西北灾荒史》①，自公元前799年至1911年，西北地区发生自然灾害总次数3068次，平均不到1年就有1次。其中干旱灾害882次，约占总数28.875%；水涝灾害598次，占19.49%；冰雹灾害394次，占12.84%；霜冻、雪冻灾害308次，占10.04%；风沙灾害180次，占5.87%；地震灾害191次，占6.23%；滑坡、山崩、地裂、地陷灾害135次，占4.40%；虫类灾害254次，占8.28%；鼠类灾害33次，占1.08%；瘟疫灾害91次，占2.97%；禾病灾害2次，占0.06%。如表3—5所示：

表3—5　　**历史上西北地区自然灾害分种类统计表**

	干旱灾害	水涝灾害	冰雹灾害	霜雪冻灾害	风沙灾害	地震灾害	滑坡山崩地裂地陷灾害	虫类灾害	鼠类灾害	瘟疫灾害	禾病灾害	总计
前799—前700	1					1						2
前699—前600												
前599—前500												
前499—前400	1			1								2
前399—前300	1									1		2
前299—前200	1	1		2		1		1		2		8
前199—前100	15	5	5	8	1	2		11				47
前99—前1	16	5	1	6	3	4	2	3				40
1—99	28	1	1	1	4		1	6		1		43
100—199	23	5	2		3	5	3	4				45
200—299	22	13	4	6	1		2	2		3		53
300—399	15	5	1	1	5	9	4	5		2		47
400—499	17	3	2	2	2	5	3	4		1		39

① 袁林：《西北灾荒史》，甘肃人民出版社1994年版。

续表

	干旱灾害	水涝灾害	冰雹灾害	霜雪冻灾害	风沙灾害	地震灾害	滑坡山崩地裂地陷灾害	虫类灾害	鼠类灾害	瘟疫灾害	禾病灾害	总计
500—599	32	3	3	8	7	2		6	1			62
600—699	37	17	5	13	13	1	4	6		4		100
700—799	47	38	8	14	16	5	4	5		2		139
800—999	34	32	17	17	21	6	2	12	1	2		144
900—999	41	22	4	5	1	2	1	12	3			91
1000—1099	59	22	5	3	1	1	2	7	2	2		104
1100—1199	31	15		2	1	4		4				57
1200—1299	28	8	5	6	1	2		6	1			57
1300—1399	37	26	25	12	2	6	22	14	1	3		148
1400—1499	67	44	17	12	2	8	7	14	1	5		177
1500—1599	72	61	43	30	12	27	18	32	2	10		307
1600—1699	71	76	61	43	21	41	16	41	6	16		392
1700—1799	85	85	77	45	25	18	5	17	6	10	2	375
1800—1899	91	99	96	61	32	38	32	38	9	25		521
1900—1911	10	12	12	10	6	3	7	4		2		66
总计	882	598	394	308	180	191	135	254	33	91	2	

以朝代为基准，我们统计了西北地区所发生的自然灾害。其中，先秦 13 次，占 0.42%；秦汉（含新莽）178 次，占 5.80%；魏晋南北朝 191 次，占 6.23%；隋唐五代 430 次，占 14.02%；宋 246 次，占 8.02%；元 143 次，占 4.66%；明 696 次，占 22.69%；清 1171 次，占 38.17%。以各朝代所统治的时间及所发生的自然灾害来统计，先秦（前 799—前 221）579 年，每 44 年 1 次，秦汉（前 221—220）441 年，2 年 1 次；魏晋南北朝（220—581）361

年，1年超过1次；隋唐五代（581—960）379年，1年超过1次；宋（960—1279）319年，1年超过1次；元（1279—1368）89年，1年超过1次；明（1368—1644）276年，1年超过2次；清（1644—1911）267年，1年超过6次。如表3—6所示：

表3—6　　**历史上西北地区自然灾害分时期统计表**

	干旱灾害	水涝灾害	冰雹灾害	霜雪冻灾害	风沙灾害	地震灾害	滑坡山崩地裂地陷灾害	虫类灾害	鼠类灾害	瘟疫灾害	禾病灾害	总计
先秦	4			3		2		1		3		13
秦汉（含新莽）	83	18	9	15	11	11	6	24		1		178
魏晋南北朝	79	23	10	17	13	16	9	17	1	6		191
隋唐五代	151	94	31	44	52	12	10	27	1	8		430
宋辽金	126	57	9	11	4	9	3	20	5	2		246
元	34	23	22	15	2	5	21	16	2	3		143
明	182	139	89	58	25	66	35	70	7	25		696
清	223	244	224	145	73	70	51	79	17	43	2	1171
总计	882	598	394	308	180	191	135	254	33	91	2	

从表3—5、表3—6的统计及分析来看，西北地区发生的自然灾害具有以下特征。

其一，水旱灾害是西北地区的首要灾害，约占总灾害的46.67%。若从秦汉时期算起，平均一年半发生一次水旱灾害，或三年两次，明清时期几乎年年都有水旱灾害。

其二，具有多发性。据表3—5，我们可以看到，西北地区自公元前799年至1911年计2710年间，发生各种自然灾害达3068次，平均不到1年就有1次。16—18世纪300年间，每年超过3次；19世纪，每年竟达5次以上。

其三，具有递增性。据对表3—5、表3—6统计及分析，西北地区自然灾害呈递增趋势，而且频率在不断加快，如2世纪45次，7世纪100次，15世纪307次，19世纪猛增到521次。

二　自然灾害对西北地区的影响

不同类型的灾害因其破坏力的作用方式、途径及重点不同，对人类社会的影响也有所差别。诸如压杀人畜，倒塌房屋，农业歉收或无收，吞噬村庄，甚至导致“人相食”现象的发生。如汉惠帝二年（前193）正月，“地震陇西，压四百余家”①。汉元帝初元二年（前47），“二月戊午，地震于陇西郡，毁落太上皇庙殿壁木饰，坏败豲道县城郭宫寺及民室屋，压杀人众。山崩地裂，水泉涌出”②。唐宪宗元和八年（813）六月庚寅，“大风，毁屋扬瓦，人多压死。京师大水，城南深丈余，入明德门”③。宋真宗咸平四年（1001）正月，“成纪县山摧，压死者六十余人”④。金宣宗兴定三年（1219）四月癸未，“陕右黑风昼起，有声如雷，顷之地大震，平凉、镇戎、德顺尤甚，庐舍倾，压死者以万计，杂畜倍之”⑤。元惠宗至正二十六年（1366）十二月庚午，“华州之蒲城县洛水和顺崖崩。其崖戴石，有岩穴可居，是日压死辟（避）乱者七十余人”⑥。明孝宗弘治十四年（1501）正月庚戌朔，“延安、庆阳二府，同、华诸州，咸阳、长安诸县，潼关诸卫，连日地震，有声如雷。朝邑尤甚，频震十七日，城垣、民舍多摧，压死人畜甚众，县东地拆，水溢成河，自夏至冬，复七震”⑦。嘉靖三十四年（1555）十二月壬寅，“山西、陕西、河南同时地震，声如雷。渭南、华州、朝邑、三原、蒲州等处尤甚，或地裂泉涌，中有鱼物，或城郭房屋陷入地中，或平地突成山阜，或一日数震，或累日震不止。河渭大泛，华

① 《汉书》卷27下之上《五行志下之上》，中华书局1962年版，第1454页。
② 《汉书》卷9《元帝纪》，中华书局1962年版，第281页。
③ 《新唐书》卷36《五行志三》，中华书局1975年版，第933页。
④ 《宋史》卷67《五行志五》，中华书局1977年版，第1488页。
⑤ 脱脱等：《金史》卷23《五行志》，中华书局1975年版，第543页。
⑥ 宋濂：《元史》卷51《五行志二》，中华书局1976年版，第1115页。
⑦ 张廷玉：《明史》卷30《五行志三》，中华书局1974年版，第497页。

岳终南山鸣，河清数日，官吏军民压死八十三万有奇”[①]。熹宗天启二年（1622）九月甲寅，“平凉、隆德诸县，镇戎、平虏诸所；马刚、双峰诸堡，地震如翻，坏城垣七千九百余丈，屋宇万一千八百余区，压死男妇万二千余口”[②]。清康熙四十八年（1709）九月十二日，“凉州、西宁、固原、宁夏、中卫地震伤人，靖远大震，塌民舍二千余间，城墙倒六百六十余丈，压毙居民甚多”[③] 等等，此类例子不胜枚举。

灾荒不仅使人畜伤亡、社会财富损毁，而且对整个社会的经济、政治影响巨大，超出了灾荒本身损毁的范围，严重地影响了社会生产力的发展和社会的进步，同时，激化了阶级矛盾，导致农民起义爆发。如明末农民大起义，首先就是从西北地区开始的，明万历年间（1573—1620）发生了25年灾荒，到了崇祯朝，灾荒更为严重，从崇祯元年（1628）到崇祯六年（1633）持续了6年。崇祯元年（1628）全陕西发生旱灾、霜灾，北部更为严重，人食蓬蒿。二年（1629），陕北大旱，延安府各州县人相食。三年（1630），全陕西旱灾，米脂县夏秋无收获，米贵民饥。四年（1631），夏灾区域北起榆林、延安，南至西安。五年（1632），陕西大饥，人相食，僵尸遍野。六年（1633），全陕旱、蝗，耀州、澄州一带民死过半，赤地千里。明末全国农民大起义就在陕北揭开了序幕，终于导致明政权的覆灭。

三　历代西北地区防治自然灾害的对策

历史上，西北地区各种自然灾害连绵不断，严重的自然灾害使人口锐减，土地荒芜，阻碍了社会经济的发展，甚至致使骚乱发生，动摇直至推翻封建政权。因此，救助灾荒、安定社会、巩固政权，是任何朝代都不能回避的大事。然而，我国的救灾思想和救灾政策，曾经历了一个逐渐发展的过程。

---

① 《明史》卷30《五行志三》，中华书局1974年版，第500页。

② 同上书，第503—504页。

③ 赵尔巽等：《清史稿》卷44《灾异志》，中华书局1977年版，第1635页。

我国原始形态的救灾思想是天命主义禳弭思想。这种思想的产生是在人类脱离氏族社会之后，当时社会经济生活及政治生活中单一阶级支配权已经确立，人们对于自然的认识仍处于幼稚、蒙昧的状态。阶级社会初期，由于生产力水平低下，人类对自然的控制力极为薄弱，农业生产领域完全听从自然的摆布，人类茫然感到似有支配自然万物的最高主宰“天帝”的存在，人类一切吉凶祸福均由“天帝”命定。对自然灾害、生产歉收，也认为是“天帝”有意降罚于人类，这便产生了天命主义禳弭思想，既然如此，人类要免除自然灾害，就非向“天帝”祷禳以求宽恕不可。这种思想表现在实际政策中，就成为巫术救荒。后来又被历代统治阶级利用这种迷信思想麻痹人民，以掩盖其剥削阶级的本质。随着历史的发展和社会的进步，救灾思想虽然有了一定的进步，然而迄清为止，由于中国社会条件的限制，天命主义禳弭思想的残余仍然存在，同时在一些方面还表现得相当严重。历代社会思想家和当权的统治者，鉴于自然灾害的严重性和救灾工作的重要性，对于救助灾荒问题，进行深入的思考和探索，屡屡提出过各种救荒政策，不断补充和完善古代发展起来的救灾思想和具体救助措施，以缓和社会矛盾，维护统治秩序，妥善救助遭灾受难的人们。早在春秋战国时期，古代中国的救灾思想即已形成了一定系统，并见诸实施指导救灾工作。到了明清时期，古代中国的救灾思想完全理论系统化了，形成了一套完整的救灾学说。

历代西北地区防治自然灾害的对策，见于史籍，大体有以下几种。

1. 禁酤酒

如汉景帝中元三年（公元前147）夏，因遇大旱，“禁酤酒”①。北周武帝保定二年（562）二月癸丑，“以久不雨，降宥罪人，京城三十里内禁酒”②。元成宗大德六年（1302）正月，“陕西旱，禁民酿酒”③。

① 《汉书》卷5《景帝纪》，中华书局1962年版，第147页。

② 《周书》卷5《武帝纪上》，中华书局1971年版，第66页。

③ 《元史》卷20《成宗纪三》，中华书局1976年版，第439页。

2. 禁屠宰

周武帝保定二年（562）夏四月，因旱之故，“禁屠宰”①。

3. 开仓赈恤

北魏孝文帝太和二十年（496）十二月，“以西北州郡旱俭，遣侍臣巡察，开仓振恤”②。明正统三年（1438）十月，平凉、巩昌、庆阳等地连年旱涝，粮食收成锐减，政府一次性赈济官粮377640石；乾隆二十九年（1764），兰州、陇西等地旱、雹成灾，庄稼颗粒无收，清政府赈粮18.85万石，银49.9万两。

4. 徙民就食

隋文帝开皇十四年（594）八月，“关中大旱，人饥，上率户口就食于洛阳”③。

5. 蠲免赋税

唐文宗大和三年（829）十一月，因“奉先、富平、美原、云阳、华原、三原、同官、渭南等八县，旱、雹损田稼二千三百四十顷”，故下诏“蠲免”④。明宪宗成化二十二年（1486）六月，以灾伤免陕西税粮子粒85万余石。二十三年（1487）正月，以旱灾免陕西西安等八府、西安左等卫所去年夏税子粒56.3万余石。二十三年七月，以旱灾免陕西绥德卫去年屯粮13100余石，草17100余束。二十三年五月，以旱灾免陕西镇番卫去年秋粮。康熙五十五年（1716），蠲免甘肃被灾28个州县卫所额征银97870两、粮239040石、草2537800束。光绪二十年（1894）九月，蠲免陕西咸宁等六十府、厅、州、县被旱歉收地亩民欠钱粮草束。

6. 缓征

嘉庆十年（1805）七月，缓征陕西被旱之长安、咸宁、泾阳、蓝田、耀州、三原、鄠县、兴平、临潼、咸阳、高陵、渭南、同官、富平、礼泉、盩厔、凤翔、郿县、麟游、扶风、宝鸡、岐山、大荔、华阴、华州、郃阳、韩城、潼关、澄城、朝邑、白水、蒲

① 《周书》卷5《武帝纪上》，中华书局1976年版，第66页。

② 《魏书》卷7下《高祖纪下》，中华书局1974年版，第180页。

③ 《隋书》卷2《高祖纪下》，中华书局1973年版，第39页。

④ 《通典》卷491《邦计部·蠲复三》，中华书局1988年版，第5875页。

城、邠州、淳化、长武、三水、乾州、永寿、武功、鄜州、中部、宜君、洛川四十三厅、州、县新旧钱粮，并赈各属贫民。八月，缓征陕西肤施、宜川、延川、延长、安定、吴堡、陇、汧阳八州、县旱灾额赋，给一月口粮。咸丰五年（1855）十一月，缓征新疆惠远城歉收地亩本年额赋。光绪十八年（1892）缓征甘肃安化、合水、环、正宁、宁、泾、镇原、崇信八州暨董志县丞被旱地方本年上忙钱粮有差。十月谕：甘肃泾州等州、县被旱，缓征上忙钱粮。庆阳府属被旱。十九年（1893）二月，缓征甘肃安化、宁、合水、环、固原、狄道、董志县丞等七属被旱、被水、被雹、被霜地方钱粮草束。

7. 借贷

嘉庆十四年（1809）五月，贷泾阳、三原、富平、蓝田、蒲城、邠、乾七州、县灾民籽种口粮。嘉庆十八年（1813）十二月，喀什噶尔旱灾，贷灾民籽种。道光四年（1824）十一月，贷甘肃皋兰等十三州、县及东乐县丞所属（被水、被旱、被雹）灾民口粮。五年正月，贷甘肃狄道等三十九厅、州、县并肃州州同、庄浪、毛日、东乐各县丞所属（被水、被旱、被雹）灾民口粮籽种有差。五年三月，贷甘肃洮州等十七厅、州、县及庄浪县丞所属上年（被水、被旱、被雹）灾歉贫民口粮有差。

8. 施粥

康熙四十二年（1703），陕西、甘肃因连年旱灾，政府在兰州、陇西等11处开厂煮粥赈济。嘉庆八年（1803）六月，兰州旱，皋兰知县设粥厂以活饥民。

9. 以工代赈

灾荒时节，政府组织兴办各种土木工程，如浚治河道，整修学校、府衙等，募灾民劳作，日给米钱，乾隆二年（1737），兰州受灾之民达15万余口，除老弱残疾及不能力作者只令领赈外，精壮劳力另册登注，政府组织轮番修理城墙，每日役夫两三千名，每人日给银6分，20日相互替换。每人合计得工赈银1两2钱。这样，既解决了灾民的衣食之需，又利用民力修建了一些公共工程。宣统元年（1909），甘肃皋兰一带旱灾奇重，拟设法引水开渠，以培地利，并借此以工代赈。

除此之外，还有祈雪、求雨、“以旱降京师死罪”、最高统治者自责等。

纵观历代西北地区防治自然灾害的对策，主要以消极救济思想为主，同时还带有天命主义禳弭思想。所谓消极救济主要指灾后的救济，可分为遇灾治标和灾后补救。遇灾治标分赈济、调粟、养恤和除害四个方面。赈济，一般是用钱、粮食等救济灾民，分赈谷、赈银、赈工。调粟，主要有移民就粟、移粟就民、平粜。养恤，主要有施粥、居养、赎子。除害指消灭蝗蝻、疫疠等。灾后补救有安辑、蠲缓，包括免赋、免役、停征、缓刑。放贷指发放救灾货款。节约，包括减少食物、禁米酿酒、节省费用等方面。实践证明，这些措施在历代防灾救灾中都发挥了很大作用。

四　历代防灾救灾的经验

在中国历史上，人们通过无数次的防灾救灾活动，积累和总结了大量颇有借鉴价值的经验，主要有以下三点。

第一，要提高对防灾救灾重要性的认识。在我国历史上，自然灾荒向来频发，往往造成极为严重的人畜伤亡和财产损失，而每次灾后，灾民恢复生产和重建家园又面临重重困难。鉴于这些情况，历史上一些有远见的政治家，为了减轻自然灾害所造成损失和较易救援灾民，他们发表了大量有关救灾的主张，强调国人务必提高对防灾救灾重要性的认识，树立防灾救灾是“人主（帝王）之大务”与“治国之道”的思想观念。

第二，要坚持灾前预防和灾后救济相结合原则。我国历代统治者和一些政治家，对各种自然灾害的灾前预防和灾后救济问题，很早就有清楚的认识，并提出了相应的对策措施。他们所倡导的灾前预防措施，主要是尽力发展农业生产，多产粮食，并仓贮三年、六年或九年之粮，甚至说：国“无三年之蓄，曰国非其国也”①。至于灾后救济，主要是对灾民施以粮、钱、物，有时还要收养灾民子

① 郑玄注，孔颖达等正义：《礼记正义》卷12《王制》，《十三经注疏》，上海古籍出版社1997年版，第1334页。

女，并予贷款，停征劳役，以至迁移灾民去他乡度荒等。

第三，要建立中央、地方和广大民众相结合的防灾救灾体制。为了适应防灾救灾的需要，历代王朝都曾在中央和地方设置过有关官署，并委任主事官员。西周时，由大司徒职掌“赈穷”、“恤贫”之事。三国时，由尚书主管防灾救灾事务。隋朝在中央设民部，部设尚书，地方郡县及有关官吏，共同负责防灾救灾事务。唐代改民部为户部，部设尚书，主管防灾救灾之事，地方则由府、州、县及有关吏员具体办理有关事宜。至清末，又改户部为民政部，不久又废。民国时，基本上沿袭了清末的职官制度。新中国成立后，进一步完善了全国防灾救灾管理体制，其中在国务院设民政部，部设部长与副部长；省设民政厅，厅设厅长与副厅长；地区设民政局，局设局长与副局长；县设民政科，科设科长与副科长，乡设民政干事，共同负责防灾救灾事务。各级民政机关与官员，在防灾救灾工作中，充分发挥社会主义制度优越性，努力调动社会各方面积极性，尽力做到一方有难八方支援，把救灾和恢复生产、重建灾民家园有机结合起来，收到了很好的效果。

第四章

“党项”社会与西夏的建立

民族问题事关国家的统一与稳定，而西北自古以来就是多民族聚居的地区；民族问题也是学术界所关注的重点，对此，学者们探讨较多。本章就西夏建立政权之前的党项、党项拓跋部的发展及党项与周边民族的关系等具体问题进行重点的讨论。认为“党项”是“鲜卑、羌、匈奴等多种族的部落集合体的总称”，并不是一个单一的民族。在党项发展的历程中，从“隶属”的角度探讨了党项与吐谷浑，党项与吐蕃及党项与中原王朝错综复杂的关系。党项拓跋部是党项的主要部落之一，在其发展的过程中，经过部落、部落联盟、地方割据政权，最终建立了西夏王朝，李德明是西夏王朝的奠基者。

第一节 “党项”词意辨析

党项是在魏晋南北朝时期错综复杂的局势中逐渐登上历史舞台的。“党项”之名，始见于唐人魏征等编纂的《隋书·党项传》。其后，《旧唐书》、《新唐书》、《旧五代史》、《新五代史》、《宋史》等史籍均为其立传。

一 学术界对“党项”词意的阐释

史学界在阐释“党项”名称含义时，提出了不同的观点见解。

其一，从语音、语源方面分析。王静如认为，“党”即上古

“羌”之化音，“党”、“羌”同音，并论证汉代之“当”并从“向”音，以此证明党项之“党”为一复辅音字。[①] 岑仲勉则认为，“党项”与 Tangut 实同源异式之译，党得对 Tang，毫无疑义，蒙古语复数语尾为—ut，单数为—un，故“党项”之“党”字不存在复辅音问题。[②] 对王先生的看法提出异议。

其二，从语言演化过程方面分析。李志清认为，党项之“党”当为“大”之音读通假，“项”字音读如“向”；“项”与“向”同音，和四季“夏”音亦近似；“党项”之名的音义名实，当为之正字“大夏”，其音读之通假可为“党项”。隋唐史家不书正字“大夏”而书作“党项”，可能是回避其正名而与上古禹国“大夏”同号，遂借以通假以音表明。[③]

其三，从部族构成角度分析。金宝祥认为，“党项是以鲜卑为主掺杂诸羌的一个集合体”[④]。周伟洲则认为，“党项事实上是自北周以来居于‘东接临洮、西平，西拒叶护’地区内‘羌族各个部落的统称’”[⑤]。

另外，洲塔、乔高才认为，“‘党项’二字，实为北方党氏部落的缩写”[⑥]。

以上见解虽有一定道理，但如果从“党项”的整个发展历程，并依据隋以后相关“党项”史料去探讨，金宝祥、周伟洲二先生的观点更具科学性，但论述不是太全面。下面，我们就循着“党项”的历史行踪，来阐释《隋书·党项传》中“党项”之名的含义。

二 “党项”词意辨析

众所周知，任何事物的发展都有其开端，党项的历史也不例

---

① 王静如：《西夏国名考》，载白滨编《西夏论文集》，宁夏人民出版社 1984 年版，第 661—664 页。

② 岑仲勉：《中外史地考证》（上册），中华书局 1962 年版，第 278—281 页。

③ 李志清：《西夏诸名称音义析辨及其族源探索》，载宁夏文物管理委员会办公室、宁夏文化厅文物处编《西夏文史论丛》（第 1 辑），宁夏人民出版社 1992 年版，第 172—173 页。

④ 金宝祥：《吐蕃的形成、发展及其与唐的关系》，《西北史地》1985 年第 1—2 期。

⑤ 周伟洲：《唐代党项》，广西师范大学出版社 2006 年版，第 2 页。

⑥ 洲塔、乔高才：《甘肃藏族通史》，青海人民出版社 2004 年版，第 25 页。

外。若要搞清楚“党项”名称的含义，我们认为着眼点不能仅仅放在隋代，确切地说不能仅仅以唐代魏征等编纂的《隋书·党项传》为起点，而是要将它的起点向上推止魏晋南北朝匈奴西迁、鲜卑各部占据匈奴故地并向西发展其势力的东汉中后期及魏晋南北朝时期。

东汉中后期，随着北匈奴的西迁，大量的鲜卑人占据匈奴故地。此后，有些鲜卑继续西迁，有的则向中原发展，从而使我国的历史发展呈现出一种新趋势，即民族的大迁徙与大融合。这种民族的大迁徙、大融合的新趋势，不仅出现在少数民族之间，如“匈奴余种留者尚有十余万落，皆字号鲜卑”① 即为一例；而且还出现在汉族和少数民族之间，汉魏间这种例子不胜枚举。之所以出现这些错综复杂的现象，我们认为，其一，与鲜卑的迁徙密切关系。周伟洲认为，“在中国中古史上，鲜卑族的迁徙是一个十分重要而且很复杂的问题。特别是在魏晋十六国时期，居于蒙古草原、东北等地的鲜卑一批一批向南迁徙，东起山东，西至新疆，南至淮河、长江，到处都有它们活动的踪迹”②。其二，与地理环境有密切关系。在西北地区，自汉代起，从河套向西南直至青海一带，始终是许多带有游牧性的少数民族部落和部落之间及其与汉族统治者之间争夺的地方，因此，对此地各民族间、各民族内和各部落间的关系很难一一缕析。这就很自然地造成了这块土地上部落支派繁杂不清的情况。③ 其三，从《隋书·党项传》所载“党项”居地范围看，正好包括了“东接临洮、西平，西拒叶护，南北数千里”之地。临洮、西平，为隋代两个郡名。隋炀帝大业五年（609），隋炀帝为开拓西北地区，对吐谷浑发动了一场规模空前的战争。这次战争使“其故地皆空，自西平临羌城以西，且末以东，祁连以南，雪山以北，东西四千里，南北两千里，皆为隋有，置郡县镇戍”。吐谷浑主伏允“无以自资，率其徒数千骑客于党项”④，吐谷浑国几乎灭亡。隋时

① 《后汉书》卷 90《乌桓鲜卑列传》，中华书局 1965 年版，第 2986 页。
② 周伟洲：《吐谷浑史》，宁夏人民出版社 1985 年版，第 1 页。
③ 唐嘉弘：《关于西夏拓跋氏的族属问题》，《四川大学学报》1955 年第 2 期。
④ 《隋书》卷 83《西域·吐谷浑传》，中华书局 1973 年版，第 1845 页。

临洮郡为今甘肃南部洮河中上游地区；西平郡为今青海省东部的河湟平原地区；叶护一般指西突厥领地，即新疆维吾尔自治区辖地。这表明，隋时党项居地，从今天的地理范围看，东南起洮河中上游地区，西北至新疆境内。可是，自两汉起，这一地区所生活的并不都是“党项”人。据《后汉书·西羌传》记载：“河关之西南羌地是也。滨于赐支，至乎河首，绵地千里。”① 河关为汉代县名，属金城郡。赐支，《后汉书·西羌传》有解释：“赐支者，《禹贡》所谓析支也。南接蜀、汉，西徼外蛮夷，西北接鄯善、车师诸国。”晋人司马彪云：“西羌者，自析支川西滨于河首左右居也，河水曲而东北流，径于析支之地，是为河曲羌也。”应劭曰：“禹贡析支属雍州，为河关之西，……羌人所居，为之河曲羌。”《魏书·宕昌传》记载羌族活动范围说：“其地东接中华，西通西域，南北数千里，姓别自为部落，酋帅皆有地分，不相统摄，宕昌即其一也。”② 元人胡三省亦曾说：“汉人以积石为河首，北音读析如赐，故云，其地为党项所居。”可见，从两汉直至隋代，河关、析支、河首之地，曾经一直是羌人活动范围。显然，这与《隋书》所载党项居地基本相同。据此，历史学家莫不将羌与党项等同起来加以研究。

不过，历代之史家将羌与党项等同起来加以研究之时，忽视了一些至关重要的因素。如在东南起积石、河曲，西北到今新疆的这一广大范围之内，在党项尚未登上历史舞台之前（约在魏晋之后），其内部的民族成分已发生了很大的变化。据史籍记载，在这一地区之内，不仅活动着羌民族，还迁入了匈奴族、鲜卑族等。仅就出自鲜卑族的土谷浑来看，其“自永嘉之末，始西渡洮水，建国于群羌之故地”③。直至隋代时，吐谷浑活动之地，几乎也同党项与羌的活动之地相一致了。实际上，这一时期，在上述地区内所生活的居民，其部落、民族及种族情况已变得十分复杂。据研究，主要包括有鲜卑族的慕容氏、段氏、以那蒌氏、素和氏、阿若干氏、乞伏氏等；匈奴族的赫连氏、沮渠氏等；高车族的翟氏、乞袁氏；突厥

---

① 《后汉书》卷87，中华书局1965年版，第2869页。

② 《魏书》卷101，中华书局1974年版，第2241—2242页。

③ 《旧唐书》卷198《西戎·吐谷浑传》，中华书局1975年版，第5301页。

族、羌族和西域的康居、龟兹、白氏以及汉族等。[①] 若从语音系统来看，这些民族有的属于汉藏语系，有的属于阿尔泰语系的蒙古语族，有的属于印欧语系的伊兰语族。综上所述，我们认为《隋书·党项传》中的“党项”含义，应是在“东起临洮、西平，西拒叶护”这一范围之内所居住的鲜卑、羌、匈奴等多种族的部落集合体的总称。

为了能使关于“党项”名称含义的见解更具有说服力，我们考察一下唐代人的论断是很有必要的。沈亚之（781—约832）《夏平》一文对党项作了这样的叙述：“虏之多者曰党项，相聚为落于野，曰部落。”[②] 其意思是说，“党项”是多种族的部落。杜牧（803—852）曾写道：“伏以党项杂种，本在河外，生西北之劲俗，禀天地之戾气。”[③] 以上是沈亚之、杜牧对当时生活于西北地区的多种族的少数民族部落名称所做的高度概括。这些概括无疑进一步证实了“党项”为“多种族的部落的集合体”见解的正确性。

另外党项风俗颇多迥异，如崇拜天、崇尚白色、信奉萨满教、重视占卜、崇尚武勇、盛行火葬、喜血亲复仇等，可以说没有一种是他们共同的风俗。其中有的属于羌藏系统，有的来自阿尔泰民族系统。这也反映出党项是一个多种族部落集合体。

第二节　党项与吐谷浑关系探析

吐谷浑本为辽东慕容鲜卑的一支，永嘉之乱时，“始度陇而西”，通过“兼并羌、氐”，形成一个地处西北边陲，“地方数千里，号为强国”[④] 的少数民族政权。魏晋南北朝末期，党项开始登上历史舞台。隋朝时，其以“姓别为部落，大者五千余骑，小者千

① 周伟洲：《吐谷浑史》，宁夏人民出版社1985年版，第142—153页。
② 《全唐文》卷737，上海古籍出版社1990年版，第3373页。
③ 《全唐文》卷750《贺平党项表》，上海古籍出版社1990年版，第3445页。
④ 《魏书》卷101《吐谷浑传》，中华书局1974年版，第2235页。

余骑”，处于“无法令”、“无徭赋”[①] 的氏族社会阶段。起初，党项役属于叶谷浑，党项各部在叶谷浑的控制之下，为了自身的利益，曾对中原王朝西北边地不断出兵侵扰；随着中原北周、隋和唐等王朝对叶谷浑军事打击的加强，叶谷浑对党项的控制日渐减弱；党项各部又为了自身的生存及发展，开始离弱附强，摆脱了被叶谷浑役属的地位而归附中原王朝，这在唐王朝时表现得尤为明显。

魏晋南北朝时期，党项开始登上历史舞台，唐初，魏征等编纂的《隋书》首先为其立传。

一 从居地看党项与吐谷浑的关系

首先，我们看看党项的故地。《旧唐书·党项传》记载：“党项羌，在古析支之地”，“魏、晋之后，西羌微弱，或臣中国，或窜山野。自周氏灭宕昌、邓至之后，党项始强”[②]。在这里，“周氏灭宕昌、邓至之后，党项始强”，则道出了党项是在原宕昌、邓至活动之地上发展、壮大起来的事实。

宕昌和邓至是羌族建立的两个小政权。宕昌，“其地自仇池以西，东西千里，席水以南，南北八百里，地多山阜，人二万余落”[③]。仇池，在今甘肃成县境；席水，在今天水市境；就现今的地理范围而言，宕昌疆域东起天水西界，西至迭部、舟曲，南起武都北界，北至临潭、岷县南部，其活动中心在今甘肃舟曲、宕昌、迭部一带。[④] 邓至，“白水羌也”，“其地自街亭以东，平武以西。汶岭以北，宕昌以南”[⑤]。白水，即今甘肃、四川交界的白水江，这说明邓至国的活动区域大致从今甘肃文县到四川松潘一带，其中心约在今四川南坪县东北一带。

隋朝时，党项活动区域，“东接临洮（即临洮郡，指今甘肃临潭、岷县、碌曲等县地）、西平（即西平郡，指今青海西宁市及周

---

① 《隋书》卷83《西域·党项传》，中华书局1973年版，第1845页。

② 《旧唐书》卷198，中华书局1975年版，第5290页。

③ 《魏书》卷101《宕昌传》，中华书局1974年版，第2242页。

④ 杨建新、马曼丽：《西北民族关系史》，民族出版社1990年版，第151页。

⑤ 李延寿：《北史》卷96《邓至传》，中华书局1974年版，第3191页。

围地区)，西拒叶护（指西突厥居地，指今新疆维吾尔自治区)，南北数千里，处出谷间”①。唐代党项的活动区域，通过考察党项八部居地就清楚了。《旧唐书·党项传》记载：细封氏、费听氏、往利氏、颇超氏、野辞氏、房当氏、米擒氏和拓跋氏为党项八部，其居地主要在甘、青、川三省交界的山谷间②，这和宕昌、邓至的活动区域基本上是一致的。据此，我们可以看出，党项故地也在今四川、甘肃、青海三省交界地区一带。

我们再看看吐谷浑最初的居地及与宕昌、邓至居地的关系。吐谷浑自永嘉之乱后，越过陇山，开始进入西北地区，其立足点首先是枹罕，据北魏阚骃所撰《十三州志》记载：“广大坂在枹罕西北，罕千干在焉，昔慕容吐谷浑自燕历阴山西驰，而创居于此。”罕千干，据《宋书·吐谷浑传》记载，即汉枹罕县，亦即今甘肃临夏市。吐谷浑在占据枹罕后，以此为根据地并很快向河湟地区推进。《梁书·诸夷·西北诸戎·河南传》记载，吐谷浑“度枹罕，出凉州西南，至赤水而居之”③。吐谷浑进入河湟地区后，又以这里为根据地，先后征服了四周众多羌氐部落，扩大了自己的领地，为吐谷浑政权的建立奠定了基础。阿豺统治时期（417—424)，“兼并羌、氐，地方数千里，号为强国”。又据《魏书·吐谷浑传》记载：“吐谷浑遂徙上陇，止于枹罕暨甘松，南界昂城、龙涸，从洮水西南极白兰（今青海西南都兰一带）数千里中，逐水草，庐帐而居。”④ 甘松，今甘南藏族自治州的迭部与舟曲之间。昂城，《宋书·鲜卑吐谷浑传》中作“昴城”，地在今四川西北的阿坝一带；龙涸，即今四川松潘。可见，在南北朝初期，吐谷浑的势力已深入四川、甘肃、青海三省交界一带。

以上考察表明，魏晋南北朝初期，宕昌、邓至和党项的居地基

① 《隋书》卷83《西域·党项传》，中华书局1973年版，第1845页。

② 吴景敖：《党项故地在陇右》，《西北日报》1947年8月19日第2版，引自甘肃省图书馆书目参考部《西北民族宗教史料文摘·甘肃分册》，甘肃省图书馆1984年版，第129—130页。

③ 姚思廉：《梁书》卷54，中华书局1973年版，第810页。

④ 《魏书》卷101，中华书局1974年版，第2234页。

本上是一致的。而当吐谷浑强盛之后，这一地区又被吐谷浑所控制，宕昌、邓至以及以后兴起的党项被吐谷浑所役属。

二 吐谷浑与北魏的争斗及党项役属地位的形成

吐谷浑政权势力的扩张，直接威胁着地处今甘、青、川一带的宕昌、邓至两个小政权，同时也引起了踞雄北方的北魏政权的不安，这样，吐谷浑与北魏为争夺对宕昌、邓至的控制权，进行了长时期的拉锯战。

《魏书·宕昌传》载：宕昌“有梁懃者，世为酋帅，得羌豪心，乃自称王焉。懃孙弥忽，世祖（拓跋焘）初，遣子弥黄奉表求内附，世祖嘉之，遣使拜弥忽为宕昌主，赐弥黄爵甘松侯。弥忽死，孙虎子立。……世修职贡，颇为吐谷浑所断绝。”[①] 虎子立后，与北魏的关系比较密切，这便引起了邻近的吐谷浑的不满，并不断从中进行干扰。可见，小小宕昌成为北魏和吐谷浑的争夺对象，虎子死后，弥治立，虎子弟羊子先奔吐谷浑，欲借其力争夺王位，吐谷浑主乘机遣兵送羊子返国，弥治则向北魏求援，魏显祖（献文帝拓跋弘）遣武都镇将宇文生前往援救，羊子被迫退走。吐谷浑这次出兵干涉宕昌，其目的是企图借羊子之手控制宕昌，但没有成功。此后，宕昌与北魏关系更为密切，“朝贡相继”，但吐谷浑对宕昌的侵扰活动并没有停止。

北魏末期，其势力衰落，宕昌统治者开始背叛北魏而完全依附于吐谷浑，并多次协同吐谷浑侵扰北魏、西魏及北周边境地区。北周保定四至五年（564—565），宕昌王弥定协同吐谷浑进攻北周边境，被李贤击走；不久，北周大将田弘率军击灭宕昌，以其地置宕州。北周虽击灭了宕昌，但因其最主要的对手是北齐政权，所以它实际上无暇西顾。这样，原宕昌所统辖的各个部落又完全控制在吐谷浑手中了。

邓至与宕昌一样，最初与北魏的关系密切，“其王像舒治遣使

---

① 《魏书》卷101，中华书局1974年版，第2242页。

内附，高祖（拓跋宏）拜龙骧将军、邓至王，遣贡不绝”[①]。在《北史》、《周书》等史籍《邓至传》中，虽未明言邓至与吐谷浑的关系，但从有关史料看，在南北朝时期，邓至也是役属于吐谷浑的，如《隋书·地理志上》同昌郡条载：“西魏逐吐谷浑，置邓州（今四川南坪县东北）”[②]；又《太平寰宇记·文州·废扶州》条亦载：“后魏废帝前元年（552），西逐吐谷浑，讨定阴平，于此置邓州及邓宁郡，取前羌部落所居为州郡之名”[③]，即是例证。

从吐谷浑与宕昌、邓至及北魏之间的关系我们可以看出，北魏虽自认为正统，多次帮助宕昌挫败了吐谷浑的侵扰，但吐谷浑对宕昌的控制始终未放弃，以至在北魏衰微之时，宕昌和邓至几乎完全依附于吐谷浑。这样，作为在宕昌、邓至居地上兴起的党项部落也很难摆脱吐谷浑的控制和役属。从此，这些党项部落就跟随吐谷浑对中原王朝边境郡县进行寇掠。《隋书·党项传》所记载的“魏、周之际，数来扰边”[④]，正是指此。这就充分说明，在党项与吐谷浑之间，以“役属”为特征的关系终于形成了。

三　吐谷浑的兴衰及对党项控制权的变化

吐谷浑在伏连筹在位（490—528）期间，势力处于鼎盛时期，其疆域“东至叠川，西邻于阗，北接高昌，东北通秦岭，方千余里”[⑤]。后至周、隋之际，党项诸部虽曾在吐谷浑率领之下，多次进犯中原王朝边境，但多以失败告终。这一时期，在中原王朝的打击下，吐谷浑逐渐被削弱，于是有的党项部落开始脱离吐谷浑统治、摆脱役属地位而归附中原王朝。开皇元年（581），党项部落协同吐谷浑进兵凉州，隋派元谐为行军元帅，率行军总管贺娄子幹、郭竣、元浩等步骑数万击之。“俘斩万计，虏大震骇”，“其名王十七

① 《魏书》卷101，中华书局1974年版，第2245页。
② 《隋书》卷29，中华书局1973年版，第821页。
③ 《太平寰宇记》卷134，中华书局2007年版，第2634页。
④ 《隋书》卷83《西域·党项传》，中华书局1973年版，第1846页。
⑤ 《梁书》卷54《西北诸戎·河南传》，中华书局1973年版，第810页。

人、公侯十三人，各率其部来降”[1]。开皇四年（584），党项又“有千余家归化”[2]。五年（585），拓跋宁丛等各率部众内附，隋授予大将军名号。大业五年（609），隋炀帝为开拓西北地区，对吐谷浑发动了一场规模空前的战争。这次战争使“故其地皆空，自西平临羌城以西，且末以东，祁连以南，雪山以北，东西四千里，南北两千里，皆为隋有，置郡县镇戍”。浑主伏允“无以自资，率其徒数千骑客于党项”[3]。吐谷浑国几乎灭亡，其对各种族部落的控制权也相应削弱。这样，在吐谷浑统治下的党项部落实际已出现离心现象，自此，他们聚族而居，不相统一。在史籍中，我们发现吐谷浑与党项地域完全重合，其原因就在于此。隋朝末年，农民起义爆发，浑主伏允乘机“复其故地，屡寇河右，郡县不能御焉”。也就是说，吐谷浑再次进入复兴阶段，这次复兴，又使许多党项部落归附于吐谷浑。

唐王朝建立后，时势又逐渐变得对吐谷浑不利了。唐朝建立初期，因把主要力量放在打击国内群雄以及对付北边的突厥方面，很少主动对西部吐谷浑用兵，这样给吐谷浑及党项以主动出兵之机。据史籍记载，在武德年间（618—626），吐谷浑及其役属的党项部落一起寇扰唐松、岷、洮、叠等州的军事活动有以下几次。

武德三年（620），“党项寇松州……时党项引吐谷浑之众，其锋甚锐”，唐益州道行台窦轨及扶州刺史蒋善合连势击之，经过力战，“破其部众”[4]。

武德六年（623）五月，“吐谷浑及党项寇河州，刺史庐士良击破之”[5]。同年，吐谷浑与党项同扰洮州（今甘肃临潭、卓尼等县地）、岷州（今甘肃岷县），唐遣岐州刺史柴绍讨伐，“虏据高临下，射绍军中，矢下如雨”，柴绍命人弹胡琵琶，让二女子对舞，“虏异之，驻弓矢而相与聚观”。柴绍乘机派精骑从后面攻击，“虏

① 《隋书》卷40《元谐传》，中华书局1973年版，第1171页。

② 《隋书》卷83《西域·党项传》，中华书局1973年版，第1846页。

③ 《隋书》卷83《西域·吐谷浑传》，中华书局1973年版，第1845页。

④ 《旧唐书》卷61《窦威附窦轨传》，中华书局1975年版，第1366页。

⑤ 《资治通鉴》卷190，唐高祖武德六年五月庚寅条，中华书局2012年版，第6079页。

大败”，被杀者达500余人。[①]

武德七年（624）七月，“吐谷浑、党项寇松州”[②]，被蒋善合于松州赤磨镇击败。十月，“吐谷浑及羌人（按：羌人当指党项）寇叠州、陷合川”[③]。

武德九年（626）三月，“吐谷浑、党项寇岷州”[④]。五月，同寇河州。

从吐谷浑、党项与唐的战争来看，其规模较小，吐谷浑、党项处于主动出击，唐处于防御地位，但战争的结果基本以唐取胜而告终。唐王朝在太宗继位后，因对外击败东突厥，解除了来自北方的威胁；对内，吸取隋亡教训，实行轻徭薄赋政策，使社会生产得以迅速地恢复和发展，从而唐的势力无论从经济上，还是军事上都得到了长足的发展。此后，在唐军的打击下，吐谷浑遭到多次失败，并逐渐被削弱，这就使得地处西北的党项部落，逐渐摆脱被吐谷浑役属的地位而归附唐王朝。

贞观三年（629）十二月，“党项酋长细封步赖来降，以其地为轨州，各以其酋长为刺史”[⑤]。在不相统摄的党项部落中，其大姓费听氏、往利氏、颇超氏、野辞氏、房当氏、米擒氏，因唐予细封步赖以优厚待遇，也引“余部相继来降”。唐政府以其地设立崌、奉、岩、远四州。

在党项诸大姓中，拓跋部也最后脱离吐谷浑而归附唐朝。贞观九年（635），唐王朝为了反击吐谷浑不断侵扰边境和打通中西通道，对吐谷浑发动了大规模的战争。在唐进攻吐谷浑时，先将厚币送给党项各部，让其作为向导。其时，党项拓跋部首领拓跋赤辞拜见唐将，并说：“往者隋人来击吐谷浑，我党项每资军用，而隋人

---

① 《旧唐书》卷58《柴绍传》，中华书局1975年版，第2314页。

② 《资治通鉴》卷191，唐高祖武德七年七月辛巳条，中华书局2012年版，第6100页。

③ 《资治通鉴》卷191，唐高祖武德七年十月条，中华书局2012年版，第6105页。

④ 《资治通鉴》卷191，唐高祖武德九年三月癸巳条，中华书局2012年版，第6111页。

⑤ 《资治通鉴》卷193，唐太宗贞观三年十二月乙丑条，中华书局2012年版，第6180页。

无信，必见侵掠。今将军若无他心者，我当资给粮运；如或我欺，当即固险以塞军路”①，于是歃血为盟。只因唐军背信弃义，以致引起以拓跋部为首的党项诸部的反抗，结果唐军大败，死亡数万人。后因唐军在对吐谷浑战争中取得决定性胜利，岷州都督李彦道派人再去对拓跋赤辞进行劝降，赤辞从子拓跋思头背着赤辞答应归附，拓跋赤辞因形势所迫，只好归附唐朝。唐在其地分设懿、嵯、麟、可等32个羁縻州。以松州为都督府，授拓跋赤辞为西戎州都督，节制党项各部。

此外，还有“雪山党项，姓破丑氏，居于雪山之下”②，于贞观六年（632）十一月，归附唐朝，并遣使朝贡；黑党项，“在于赤水（隋河源郡治赤水，在今青海兴海县）之西。李靖之击吐谷浑也，浑主伏允奔黑党项，居以空闲之地。及吐谷浑举国内属，黑党项酋长号敦善王因贡方物”③。至吐谷浑战败后，与其关系密切的黑党项，也归附了唐朝。

通过以上考述，我们不难发现，党项与吐谷浑之间的关系，主要表现在以下方面：其一，党项在登上历史舞台之时，是役属于吐谷浑的；同时，党项各部在吐谷浑的控制之下，为了自身的利益，曾对中原王朝西北边地不断出兵侵扰。其二，随着中原北周、隋和唐等王朝对吐谷浑军事打击的加强，吐谷浑对党项的控制日渐减弱，在这种形势下，党项各部为了自身的生存及利益，开始离弱附强，摆脱了被吐谷浑役属的地位而归附中原王朝，这在唐王朝时表现得尤为明显，从此，党项在新的环境下开始了新的发展时期。

第三节 7—9世纪吐蕃与党项关系

吐蕃“在吐谷浑西南，不知有国之所由。或云：秃发利鹿孤有子樊尼，……子孙西魏时为临松郡丞与主簿，皆得众心，因魏末中

① 《旧唐书》卷60《宗室·淮安王神通附道彦传》，中华书局1975年版，第2343页。
② 《旧唐书》卷198《党项传》，中华书局1975年版，第5292页。
③ 同上。

华扰乱，招抚群羌，日以强大，……号其主曰赞府”①。赞府即赞普，意为“雄强之丈夫”。吐蕃作为一个民族，在西魏时开始发展起来。7世纪初，松赞干布继位后，对内平定内乱，加强王权，制定律历，建立军制；对外“蚕食他国，土宇广大，胜兵数十万”②。形成一个强大的奴隶制政权。吐蕃在青藏高原迅速强盛之后，其贵族为了掠夺人口和财产，发动了一系列战争，不断扩大疆土，征服邻近各族，从而同党项各部之间发生了密切的关系。

一　吐蕃对党项的征服

吐蕃与党项在贞观年间就有关系往来。贞观十二年（638），“吐蕃闻突厥、吐谷浑皆尚公主，遣使……多赍金宝，奉表求婚，上未之许”。吐蕃使者返回后，回报松赞干布，“臣初至唐，唐待我甚厚，许尚公主。会吐谷浑王入朝，相离间，唐礼遂衰，亦不许婚”。松赞干布听了使者汇报后，认为唐未答应求婚是吐谷浑因为吐谷浑的原因，“遂发兵击吐谷浑，吐谷浑不能支，遁于青海之北，民畜多为吐蕃所掠”。吐蕃打败吐谷浑之后，便“进破党项、白兰诸羌，帅众二十余万屯松州西境”③。在吐蕃的进攻下，原属唐羁縻州的党项诸部如阎州刺史别丛卧施、诸州刺史把利步利等率部依附吐蕃。永徽元年（650），松赞干布去世，其嫡子夭亡，其孙芒松芒赞继承王位，因芒松芒赞幼弱，军政大权完全操纵在相国禄东赞之手。禄东赞“性明达严重，行兵有法，吐蕃所以强大”④。吐蕃在这时大肆向外扩张势力。龙朔三年（663），吐蕃灭吐谷浑，吐谷浑可汗诺曷钵及弘化公主率数千帐逃至凉州，吐蕃完全占据其故地。咸亨元年（670）四月，吐蕃“陷西域十八州，又与于阗袭龟兹拨换城，陷之”⑤。迫使唐朝放弃龟兹、于阗、焉耆、疏勒四镇。八月，

① 《通典》卷190《边防典六》，中华书局1988年版，第5170页。

② 《资治通鉴》卷194，太宗贞观八年十一月甲申条，中华书局2012年版，第6220页。

③ 《资治通鉴》卷195，太宗贞观十二年八月条，中华书局2012年版，第6252页。

④ 《资治通鉴》卷199，高宗永徽元年五月壬戌条，中华书局2012年版，第6384页。

⑤ 《资治通鉴》卷201，高宗咸亨元年四月条，中华书局2012年版，第6478页。

吐蕃与唐朝军队在大非川决战，唐军几乎全军覆灭。至永隆元年(680)，吐蕃“尽据羊同、党项及诸羌之地，东接凉、松、茂、嶲等州，南邻天竺，西陷龟兹、疏勒等四镇，北抵突厥，地方万余里，诸胡之盛，莫与为比”①。随着吐蕃势力范围的扩大，其所役属的民族和部落显著增加。据藏文史籍《贤者喜宴》记载，“东方之咱米兴米、南方之洛与门、西方之香雄及突厥、北方之霍尔及回鹘等均被收为属民”。“咱米”，据黄颢先生研究，即是弭药（党项）的别称。② 据此，原役属于吐谷浑的党项部落，除一部分迫于吐蕃的威逼在唐政府的帮助下东迁之外，许多部落归于吐蕃统治之下。据《旧唐书·党项传》记载，“吐蕃强盛，拓跋氏渐为所逼，遂请内徙，始移其部落于庆州，置静边等州以处之。其故地陷入吐蕃，其处者为其役属，吐蕃谓之‘弭药’”③。关于“弭药”一词，它实际上是一种泛指，即指整个党项部落。在汉文史籍中，对“弭药”一词有多种译法，如“弥娥”、“弥药”、“迷娘”、“母纳”、“穆纳”或“密纳克”、“木雅”、“缅药”、“觅诺”等。

原属党项部落集合体中的拓跋部，即西夏王朝的建立者也称为“弥药”。1908—1909年，沙皇的“探险家”柯智洛夫从我国内蒙古自治区额济纳旗的黑城遗址中盗走大批西夏文物、文献，在文献中，有些西夏文诗歌、谚语，其中有一首诗是颂扬西夏祖先的，即“黔首石城漠水畔，红脸祖坟白河上，高弥药国在彼方”④。

二 吐蕃与被征服地区党项各部的关系

据史籍记载，弥药人与吐蕃很早就有关系。松赞干布在位期间，文成公主进藏后，帮助尼泊尔赤尊公主建造大昭寺，其中在康地建造的隆塘准玛寺是以弥药人为工头的；松赞干布的王妃之一茹雍妃洁莫尊是弥药王之女。赤松德赞时，弥药人容杰是“吐蕃九名

① 《资治通鉴》卷202，高宗永隆元年七月条，中华书局2012年版，第6511页。

② 黄颢：《藏文史书中的弭药》，《青海民院学报》1985年第4期。

③ 《旧唐书》卷198《党项羌传》，中华书局1975年版，第5292页。

④ 陈炳应：《西夏的诗歌、谚语所反映的社会历史问题》，《西北师大学报》1980年第2期。

医”之一。在这里，我们认为，吐蕃虽与弥药人很早就有联系，而且关系较为密切，这种关系不是指吐蕃与整个党项部落的关系，而是指吐蕃与党项众多部落中一个或少数几个部落的关系密切而已。

在吐蕃政权统治之下的党项部落，其中有一部分被编入军事组织，成为吐蕃军事力量的构成部分。据《旧唐书·党项传》记载，“雪山党项……及白狗、春桑、白兰等诸羌，自龙朔以后，并为吐蕃所破而臣属焉”。吐蕃“籍其兵为前驱”，“出师必发豪室，皆以奴从”①。再者，吐蕃对党项诸部征收赋税，使其成为经济来源之一。据《敦煌本吐蕃历史文书》记载，总章二年（669），“赞普驻于悉立之都那，吐谷浑诸部前来致礼，征其入贡赋税”②。同时，吐蕃向所统治的部落及吐谷浑征收“大料集”。咸亨四年（673），“赞普初夏驻于‘帕登木’谷，仲夏迁至孙波河。于‘董噶’之鹦武谷，由噶尔·赞聂多布、钦陵赞婆（均为禄东赞之子）二人集会议盟。行牧区大料集。”武则天万岁通天元年（696），“大伦钦陵于吐谷浑之西古井之倭高儿征吐谷浑大料集。”③ 所谓“大料集”，据王尧研究，认为是吐蕃奴隶制政权建设中的一项重要措施，其内容主要包括征集兵马、征集粮草、征集后备兵丁等。另据《旧唐书·东女国传》记载，“自中原多故，皆为吐蕃所役属。其部落，大者不过三二千户，各置县令十数人理之。土有丝絮，岁输于吐蕃”④。上述几条史料虽未明言吐蕃向党项诸部征收赋税、征集兵马的事实，但从党项原役属于吐谷浑，在吐谷浑灭国之后，党项众多部落又隶属于吐蕃，从吐蕃向所统治的部落征收赋税、征集兵马的事实来看，吐蕃向党项诸部所派差役是不可避免的。

为了加强对新归属党项部落的统治，防范其逃亡和反抗，吐蕃在党项部落居住地区还没有防守哨卡。据《王者遗教》记载，吐蕃在接近唐境的党项人居住地区设置“东岱”，当吐蕃命令发到弥药

---

① 《新唐书》卷216下《吐蕃传下》，中华书局1975年版，第6108页。

② 王尧、陈践译注：《敦煌本吐蕃历史文书》，中华书局1992年版，第146页。

③ 同上书，第148页。

④ 《旧唐书》卷197，中华书局1975年版，第5279页。

部落之后，首先传到弥药地区所设置的哨卡所在地。[①]

在吐蕃政权统治下，有一部分党项部落不堪忍受吐蕃政权的奴役与压迫，脱离吐蕃统治而归附唐朝，如武则天长寿元年（692），吐蕃“大首领曷苏率贵川部与党项种三十万降”[②]。二月，吐蕃、党项部落万余人又归附唐朝。

三 吐蕃与内迁党项的关系

在吐蕃兴起和发展中，同内迁党项各部也发生了密切的关系。内迁党项原归服唐王朝，吐蕃同这部分党项发生关系，则明显反映出吐蕃和唐王朝力量间对抗的消长变化。广德元年（763），郭子仪向朝廷多次上表，认为“吐蕃、党项不可忽，宜早为之备”[③]。为何郭子仪一再向朝廷提醒吐蕃、党项不可忽视，应尽早防备。对此，我们认为，党项部分部落虽在唐政府的帮助下迁徙到内地，但唐政府对它们的控制并不十分有力，唐与党项的隶属关系也不十分稳固，对吐蕃来说，这部分党项部落是它所争夺的主要对象，如果争夺到这部分党项部落，可以进一步壮大自己的实力，以便在对唐战争中掠夺更多的人口和财富，此后的事实正是如此。

唐在安史之乱前，其政治稳定，军事力量强大，西部边陲国防力量充实，对散居在河西、陇右党项部落尚能控制，安史之乱后，唐军东调平叛，西部边陲防守陷于空虚，吐蕃乘机加剧内侵，至德元载（756），“吐蕃陷威戎、神威、定戎、宣威、制胜、金天、天成等军，石堡城、百谷城、雕窠城”[④]。至德二年（757）攻陷西平，乾元元年（758）攻陷河源军，上元元年（760）攻陷廓州，这样，从756年至760年，吐蕃占领了全部河湟地区。在占领河湟地区之后，兵锋向东继续进行大肆扩张。广德元年（763）七月，“吐蕃入大震关，陷兰、廓、河、鄯、岷、秦、成、渭等州，尽取

① 黄颢译：《贤者喜宴》，《西藏民院学报》1981年第1期。

② 《新唐书》卷216上《吐蕃传上》，中华书局1975年版，第6078页。

③ 《资治通鉴》卷222，唐代宗广德元年四月条，中华书局2012年版，第7261页。

④ 《资治通鉴》卷219，肃宗至德元载条，中华书局2012年版，第7129页。

河西、陇右之地"①。吐蕃在赤松德赞在位（755—797）时，其势力已达到贺兰山以南、陇山以西广大地区。在吐蕃大肆扩张的过程中，许多内迁党项部落叛唐依附了吐蕃。

面对吐蕃势力的东侵和党项部落依附吐蕃的形势，唐政府则采取消极的防御政策，即将党项部落一再迁徙。如郭子仪将原散居在庆、灵、夏等州的党项部落迁至银、延等州。据《新唐书·西域上·党项传》记载，"子仪以党项、吐谷浑部落散处盐、庆等州，其地与吐蕃滨近，易相协，即表徙静边州都督、夏州、乐容等六府党项于银州之北、夏州之东，宁朔州吐谷浑往夏西，以离沮之"②。"又表置静边、芳池、相兴三州都督、长史，永平、旭定、清宁、宁保、忠顺、静塞、万吉等七州都督府"③，对党项部落重新进行安置。

在吐蕃强盛之际，唐王朝经过安史之乱，国力由盛转衰，国防力量削弱，对党项各部的控制能力已今非昔比。在这种情况下，内迁党项各部与吐蕃之间的关系则明显加强，其主要表现在以下几个方面。

其一，部分党项部落不仅单独出兵骚扰唐朝西北各州县，还往往与吐蕃的东侵活动相配合。如乾元元年（758），招讨党项使王仲升斩寇掠唐州县的党项酋长拓跋戎德的首级传送朝廷；上元元年（760），在泾、陇的党项部落及吐谷浑十余万众，在普润等地为唐凤翔节度使崔光远击破，党项、吐谷浑降；十一月，泾州又破党项；上元二年（761）二月，党项、奴剌等寇宝鸡，焚大散关，陷凤州，杀刺史萧叟。此时，党项部落活动正如崔光远所说的，"今凤翔近甸，秦、陇雄藩，北有党项之虞，西有羌、浑之患，或阻绝我道路，或侵轶我封疆，王师出征则鸟散山谷，官军罢讨则雨集郊圻"④。唐政府虽经过多次讨伐，但仍未改变当时的形势。在广德元

① 《资治通鉴》卷223，代宗广德元年七月条，中华书局2012年版，第7265页。

② 《新唐书》卷221上，中华书局1975年版，第6216页。

③ 《新唐书》卷221上《西域·党项传上》，中华书局1975年版，第6217页。

④ 《全唐文》卷424《为崔郯公谢除凤翔节度使表》，上海古籍出版社1990年版，第1915页。

年（763）之后，吐蕃基本上占据了陇右，党项诸部又与吐蕃联合，对唐朝构成了更大的威胁。广德元年（763），吐蕃率吐谷浑、党项、氐、羌20余万众，弥漫数十里，攻占武功，并占据长安，焚掠而去。永泰元年（765）八月，唐叛将仆固怀恩诱“吐蕃、回纥、党项、羌、浑、奴剌，山贼任敷、郑庭、郝德、刘开元等三十余万南下，先发数万人掠同州”①。大历末，党项野利秃罗与吐蕃联合寇掠唐州县。

其二，党项部落为了配合吐蕃进攻唐朝的战争活动，还主动为吐蕃送书信，传递唐朝内部的信息。长庆二年（822）六月，盐州上奏，抓到党项送书信给吐蕃者“一百五十人”②。在此，仅盐州一地就抓获150人，那么，没有被抓获的及其他州的党项传信者就更多了。

其三，有的党项部落在叛唐依附吐蕃后，并与吐蕃结为婚姻关系。如散居在庆州的破丑氏部、野利氏部、把利氏部，“与吐蕃姻援（缘），赞普悉王之，因是扰边凡十年”③。与此同时，党项部落与吐蕃还存在着贸易往来的关系。

四 蕃政权瓦解以后吐蕃与党项的关系

吐蕃政权自7世纪建立后，在西北地区存在了两个多世纪，其控制区域除了青藏高原外，还有陇右、河西走廊和西域南部等地，并曾一度占据关中地区。吐蕃虽曾一度很强大，但其社会内部却一直保存着氏族制遗风。其“法令严整，上下一心，议事常自下而起，因人所利而行之”④。在赤松德赞赞普时，“执政诸大论皆能和衷共济。苟有外敌入侵，先以战略及侦巡应对之。内政修明，风俗谆正，人人忠贝（贞）而勤奋，不嫉妒，不作恶，忠贞英勇之士如选择皮子精细明察。忠贞英勇之士到处予以褒扬，分授官职，牧守各地民庶安泰而安有家室者，教以贤良、正真二事。军士守边戍境

① 《旧唐书》卷120《郭子仪传》，中华书局1975年版，第3461页。
② 《旧唐书》卷196下《吐蕃传下》，中华书局1975年版，第5265页。
③ 《新唐书》卷221上《西戎・党项传》，中华书局1975年版，第6217页。
④ 《资治通鉴》卷202，唐高宗咸亨三年四月条，中华书局2012年版，第6483页。

充当斥堠者，教以谋略、武艺。因智慧谋略二者著称，故无恨敌仇怨存在之地矣”[①]。这表明，当时的吐蕃人共具“以掠夺和侵占为职志，以暴力和贪欲为内容”[②] 的特点。这种氏族制遗风和军事民主制，虽在其领土扩张和人口、财富的掠夺中起到了一定作用，但又反映出其内部缺乏一种牢固的向心力，没有稳固的经济基础，它最终的瓦解是必然的。开成三年（838），吐蕃赞普热巴巾被杀，其内部矛盾开始尖锐起来。热巴巾死后，其弟弟达摩继位，因采取排斥佛教政策，在会昌年间（841—846），又被尊佛大臣所杀，这使吐蕃内部的矛盾斗争更加尖锐复杂。

吐蕃政权内部的矛盾斗争，也影响到了占据陇右的吐蕃其他贵族。原吐蕃驻秦州落门川讨击使尚恐热，为夺取王位，率军西去。大中三年（849），由于驻陇右的吐蕃部分军队随尚恐热西去，于是仍驻秦、原、安乐三州及六关的吐蕃官兵便归降唐政府。与此同时，沙州人张仪潮乘吐蕃内乱，发动起义反抗吐蕃统治，河西各地纷纷响应，吐蕃在河西地区的统治从而土崩瓦解。当时，在吐蕃统治下的各种族、各部落也乘机反抗吐蕃统治。据《新唐书·吐蕃传》记载，“浑末，亦曰嗢末，吐蕃奴部也。……及恐热乱，无所归，共相啸合数千人，以嗢末自号，居甘、肃、瓜、沙、河、渭、岷、廓、叠、宕间”[③]。咸通七年（866），论恐热被杀，吐蕃在东方的统治完全结束，其势力也退居于青藏高原，自此不复再向各地拓展领土了。

吐蕃政权瓦解以后，其“族种分散，大者数千家，小者百十家，无复统一矣”[④]。陇右地区出现了“奴多无主，遂相纠合为部落”[⑤] 的状况。当时“纠合”而成的部落，主要是吐蕃原有部落及其所统治的如吐谷浑部落、苏毗部落和党项部落等。那些尚未返回

---

① 王尧、陈践译注：《敦煌本吐蕃历史文书·赞普传记》，民族出版社 1992 年版，第 167 页。

② 金宝祥：《吐蕃的形成、发展及其与唐的关系》，《西北史地》1985 年第 1—2 期。

③ 《新唐书》卷 216 下《吐蕃传下》，中华书局 1975 年版，第 6108 页。

④ 《宋史》卷 492《吐蕃传》，中华书局 1977 年版，第 14151 页。

⑤ 《资治通鉴》卷 250，唐懿宗咸通三年条，中华书局 2012 年版，第 8224 页。

故里的吐蕃部落就与其他种族的部落混杂而居，或耕或牧，主要分布在仪、渭、泾、原、庆、镇、夏、湟、鄯、河、岷、凉、甘、瓜、沙等州。从宋初党项分布的范围看，许多吐蕃部落也包括在其内。宋琪在向朝廷奏论边事时说，“党项、吐蕃，风俗相类”①。可见，吐蕃有些部落已包容于党项集合体之中了。

综上所述，党项是一个多种族的部落集合体。吐蕃政权在强大之时，这个集合体中的许多部落包容于吐蕃政权之中，至9世纪中叶，吐蕃政权瓦解之后，其所统辖的各种族、各部落便奔逃四散，有的生活于党项各部落的居地间，吐蕃的众多部落又成为党项这个多种族部落集合体的一分子了。

第四节 党项拓跋部的兴起与西夏王朝的建立

党项拓跋部出自鲜卑族。西夏是以党项拓跋部为核心，先后经过部落、部落集团、地方政权几个发展阶段，于公元1038年在我国西北地区建立起来的一个割据政权。它与北宋、辽、金鼎立，立国时间长达近两个世纪，在我国多民族史的发展中有重要意义。

一 党项拓跋部族属问题

西夏王朝的建立者出自鲜卑拓跋部。据《新唐书·党项传》记载，拓跋部原为党项八部之一。关于其族属问题，大致来说有两种意见：一种意见认为其族源于羌人；另一种意见认为其族来源于建立北魏的鲜卑族系。两种主张，各有依据。从羌族分布地区来说其出自羌族，未尝不可。据《隋书·党项传》，《新唐书》、《旧唐书》之党项传和《后汉书·西羌传》记载，党项与羌的活动地望大致吻合。据此，历代史家将羌与党项等同起来加以研究，得出党项拓跋部出自羌的结论。但从北匈奴西迁后，鲜卑占有匈奴故地，还有一部分鲜卑部落自辽东到河西。据此，我们认为其出自鲜卑族系则有

① 《宋史》卷264《宋琪传》，中华书局1977年版，第9129页。

更充足的理由。据此《辽史·西夏外纪》称：“西夏，本魏拓跋氏后，其地则赫连国也。”[①] 黑格尔曾在论证一条河和河中的水滴关系时指出：“每一水滴的位置；速度；运动的路线——直的、曲的、圆形的等等——向上、向下。运动的总和。概念是运动的各个方面、各个水滴、各个‘细流’等等的总计。”[②] 一个同出于鲜卑拓跋氏的子孙，随着时间的推移，它本身发生了很大的变化。如建立南凉政权的秃发氏，其先与“后魏同出，八世祖匹孤率其部自塞北迁于河西”[③]，称为河西鲜卑。南凉亡于西秦后，秃发子孙“招抚群羌”，建立了威震一时的吐蕃政权。[④] 另一部分拓跋部落，当他们从鲜卑拓跋部中分离出来以后，仍旧沿袭原来的生活方式保留原来的姓氏。正如《金史·西夏传》指出：“元魏衰微，居松州者因以旧姓为托（拓）跋氏。”[⑤] 唐时，吐谷浑为吐蕃所攻，“部落分散，其内附者，唐处之河西，其大姓慕容、拓跋、赫连等族”[⑥]。这些“水滴”、“细流”在其自身运动、发展过程中，表现出不同的形态。但就运行的规律来看，它们之间有内在的、必然的联系。在这里，拓跋氏作为吐谷浑政权的显姓之一，从种种史籍记载所反映的史实来看，在族源方面，很难说二者有什么不同。赫连氏，即十六国时期在今陕北所建夏国的匈奴铁弗部，“北人谓胡（匈奴）父鲜卑母为铁弗，因以为号”[⑦]，改姓赫连。北魏神䴥四年（431），吐谷浑王慕贵遣益州刺史慕利延、宁州刺史拾虔（树洛干子）率骑兵三万，击灭夏赫连定，此后，赫连氏便成了吐谷浑的组成部分之一，在唐代崇尚门阀、姓氏书流行、精通于谱牒之学的林宝在撰写《元和姓纂》时，将党项拓跋氏定位“东北藩”，即鲜卑族是不无道理的。

---

① 脱脱等：《辽史》卷115，中华书局1974年版，第1523页。

② 列宁：《哲学笔记》，人民出版社1956年版，第128页。

③ 《晋书》卷126《秃发乌孤载记》，中华书局1974年版，第3141页。

④ 金宝祥：《吐蕃的形成、发展及其与唐的关系》，《西北史地》1985年第1—2期。

⑤ 《金史》卷134，中华书局1975年版，第2876页。

⑥ 《新五代史》卷74，中华书局1974年版，第910页。

⑦ 《魏书》卷95，中华书局1974年版，第2054页。

那么，党项拓跋部何时从鲜卑族系中分离出来、迁于西部地区？对此，史无明言。但从吐谷浑有关的史料来看，拓跋部很可能是随慕容鲜卑并一起迁到西部地区的。对这种可能性，我们有以下几点考虑。

第一，鲜卑拓跋部作为草原游牧民族的成员，其基本特点是“随水草而迁徙”，具有很大的流动性。西北地区，特别是河湟一带，气候适宜放牧，这就在很大程度上吸引诸如拓跋部等许多游牧部落来此生息、放牧。

第二，在吐谷浑部落从辽东迁往西北地区时，同行者并非清一色的全部出自慕容鲜卑的部落，其实还夹杂着其他鲜卑部落。如《宋书·鲜卑吐谷浑传》记载，吐谷浑从辽东迁出时，其弟若洛廆遣长史“乙那娄”追吐谷浑，让其返回。“乙那娄”即“一那娄”，从《通志·氏族略四》“那娄氏改娄氏”的记载，可知“那娄”应为“一那娄”的省略。据《北史·吐谷浑传》载，北周武帝宇文邕宣政初年，“赵王他娄屯来降”。“他”应为“那”的讹音，可见，他娄屯为吐谷浑诸王之一，其祖先是随吐谷浑一起西迁的。素和部，“本鲜卑白部”[①]。据《魏书·官氏志》记载：“素和氏后改为和氏。”《资治通鉴》卷140，晋孝武帝太元元年（376）十一月条胡三省注云：“鲜卑有白部。后汉时鲜卑据白山者，最为强盛，后因曰白部。”[②] 据《新唐书·吐谷浑传》记载，唐高宗龙朔三年（663），吐谷浑大臣“素和贵”曾勾结吐蕃灭吐谷浑。从这件事看，素和氏原为鲜卑白部人，其祖先也是随吐谷浑一起西迁的。乙弗氏，据《北史·后妃传上·魏文帝文皇后乙弗氏》记载，“其先世为吐谷浑渠帅，据青海，号青海王”[③]，其风俗与吐谷浑类同。史书所载这种事例很多，恕不再一一列举。

第三，据史书记载，“拓拔”为吐谷浑政权内部的一个重要姓氏。隋开皇初年，吐谷浑首领吕夸被元谐击破，“其名王十三人，各率部落而降”。此后时叛时服，常来寇边。在开皇八年（588），

① 姚薇元：《北朝胡姓考》，科学出版社1958年版，第77页。

② 《资治通鉴》卷104，中华书局2012年版，第3328页。

③ 《北史》卷13，中华书局1974年版，第506页。

吐谷浑“名王拓跋木弥，请以千余家归化”①。拓跋木弥作为吐谷浑的名王，他不但握有人力物力，还保有相当大的政治权力。从有关吐谷浑的史料来看，血缘关系在吐谷浑社会中起着巨大的作用。其“名王”一般为其内部特殊的显贵家族。据新旧《唐书·党项传》记载，吐谷浑在唐军强大军事攻势下，浑主伏允战败危急、走投无路，当此之际，与吐谷浑王室有着裙带关系的拓拔赤辞，便挺身而出，甘为效死，忠仁不二。至于拓跋木弥与拓跋赤辞之间属何关系，史无明言，但从拓跋氏和吐谷浑之间的深厚关系看，他们之间绝不是一般的统治与被统治的关系，而在西迁之前，他们必然同出于世居东北地区的鲜卑族。

第四，在吐谷浑率部从辽东地区西迁来到阴山时，按《魏书·序纪》记载，拓跋鲜卑早已在这里生息、游牧，在晋永嘉二年(308)，拓跋猗卢将禄官时所划分的三分疆域统而为一，拓跋部的疆域更为广阔，实力更为强大。但到猗卢晚年，内部发生变乱，猗卢被部下所杀，以地域关系为基础、以拓跋部为核心的部落联盟瓦解，拓跋部额实力由此衰落。又据《晋书·吐谷浑传》记载，吐谷浑“属永嘉之乱，始度陇而西”。这时，吐谷浑为了避免卷入北方游牧部落争斗的旋涡，再次率部南下，而拓跋部的一部分也因为部落联盟的瓦解而追随吐谷浑一起南迁，也是有可能的。

二　党项拓跋部与唐王朝

西夏王朝统治者的祖先可追溯到唐时党项的拓跋赤辞，而赤辞的先世，则因缺乏史料尚无法确证。拓跋赤辞在助吐谷浑抗唐失败后，与其从子思头降唐，唐政府“拜赤辞为西戎州都督”，并赐以皇姓。党项拓跋部归属唐朝，是由当时的历史条件所决定的。就党项拓跋部而言，自唐成立以后，已有许多党项部落内附，并在贞观初即已形成“诸羌归附，而赤辞不至”② 的局面。此后，在唐军的打击下，吐谷浑势力大衰，失去了驾驭党项诸部的能力，当时赤辞

① 《隋书》卷83《党项传》，中华书局1973年版，第1844页。

② 《旧唐书》卷198《西戎·党项羌传》，中华书局1975年版，第5291页。

虽力图维持与吐谷浑的联盟关系，无奈势单力薄，加之内部矛盾重重，在此情况下，赤辞只好归附唐王朝。就唐王朝而言，随着中原地区的逐渐安定和社会经济的恢复、发展，又因唐太宗所采取的开明民族政策，这就促进了各民族的内附倾向。

拓跋赤辞归唐之处，居于松州（今四川松潘县）一带，后因吐蕃强盛，拓跋部受到威胁，故请求内迁，唐政府于是将其迁往庆州（今甘肃庆阳），并“置静边等州以处之”①。天宝之乱，拓跋部首领拓跋守寂出兵帮助唐朝平叛，立有战功，遂被“擢容州刺史，天柱军使”②。后赠灵州都督。广德二年（764），河北副元帅仆固怀恩自恃平安史之乱有功，故对唐政府所给的待遇不满，遂起兵反叛，并煽动党项诸部协同作乱。唐政府为防止事态扩大，于是采纳郭子仪建议，将静边州都督，夏州、乐容等党项部落迁往银州以北、夏州以东地区，并召党项部落大首领、左羽林大将军拓跋朝光、拓跋乞梅等五人入朝，唐代宗亲自召见，并厚加赏赐，让他们返回各自部落，安抚部众。其后，拓跋乞梅所部据庆州，号东山部；拓跋朝光所部居银夏之间，号平夏部。以后的西夏王朝就是在平夏部的基础上建立起来的。拓跋朝光与建立西夏王朝的拓跋氏属何直接关系，史无明言，但据此，我们可以看出，两者同属拓跋族系是无疑的。

党项拓跋部迁往银夏地区之后，因吐蕃的向东进一步扩张，迫使东山部和平夏部在永泰（765）、大历（766—779）年间迁往石州（今山西离石县境）。后因“永安城镇将阿思那思味扰其部落，求取驼、马无厌”，“党项不堪其弊，遂率部落”③，又回到银夏地区。从此，拓跋部以此为根据地，逐渐发展壮大起来。

中和元年（881），黄巢起义军攻入长安，僖宗逃往四川，关中地区呈现出一片混乱状态。这时，宥州刺史、平夏部首领拓跋思恭率领党项诸部及汉人合编的队伍，与鄜、延节度使李孝昌会兵鄜州（今陕西富县），共同镇压黄巢起义，因思恭镇压黄巢起义有功，受

① 《旧唐书》卷198《西戎·党项羌传》，中华书局1975年版，第5292页。
② 《新唐书》卷221上《西域上·党项传》，中华书局1975年版，第6218页。
③ 《旧唐书》卷198《西戎·党项羌传》，中华书局1975年版，第5293页。

到唐王朝的重用，僖宗升他为夏州节度使，并授以“定难军”的称号。中和三年（883）七月，分爵夏国公，再次“赐李姓”，让其统辖夏、绥、银、宥四州之地。这时，拓跋氏实际上已发展成为名副其实的新的藩镇割据势力了，而夏州政权由此而出现。

唐王朝经过黄巢起义的沉重打击，势力进一步衰弱，而各藩镇在镇压农民起义的过程中，其势力却得到了进一步的发展，从此，他们为了争夺地盘、人口，混战不休。夏州政权虽然在名义上接受唐王朝中央的调动，并先后与河中的王重荣、河东的李克用、河西的李茂贞等藩镇发生过战争，但又乘机扩大了自己的地盘，迫使唐王朝承认本身存在的事实。从此，夏州政权成为雄踞西北地区的一支不可忽视的力量。这也为以后西夏王朝的建立奠定了基础。

三　五代时期的党项拓跋部

五代初期，夏州拓跋氏政权所处夏、绥、银等地区，其河东是李克用，河西是李茂贞，北边是新兴的契丹，东南则是刚刚建立起后梁的朱温。这几个政治军事集团，从实力来看，都比拓跋氏政权强大得多，并且都有吞并、拉拢拓跋氏之意。面对这种形势，拓跋氏便采用保全实力的政策，在尽量避免卷入混战的同时，便和中原王朝保持着若即若离的关系。这种关系到后唐长兴四年（933）发生了明显变化。

长兴四年（933），夏州政权首领李仁福死，其子彝超嗣位。后唐政权一方面极力拉拢夏州政权，另一方面又害怕夏州政权和契丹勾结引起边患，因而采取了“对调换防”之计。让拓跋首领彝超与彰武军（今陕西岐山县）节度使安从进对调，并派邠州节度使药彦稠率兵五万前往夏州地区，以便剪除夏州政权。对此，彝超以“缘三军百姓拥隔，未放赴任”①为由，拒绝上任。这样就引起了后唐与夏州政权一场兼并与反兼并的战争。

战争爆发之际，夏州州城即“赫连勃勃之故城也，父老相传云，勃勃蒸土筑之。王师数道攻击，为地道至其城，基如铁石，攻

① 《旧五代史》卷132《世袭列传·李彝超》，中华书局1975年版，第1748页。

凿不能入”[1]，同时彝超令“四面党项部族万余骑，薄其粮道”[2]。在保卫夏州政权战斗中，夏州军民同心协力，抗击后唐兵，使后唐围攻夏州两个多月，无法奏效。唐兵“死者甚多”，“关中民输斗粟束藁，费钱数缗，民间困竭不能供”[3]。在这种情况下，后唐只好撤兵。夏州政权所经历的这场空前规模的战争，不但粉碎了后唐吞并的阴谋，而且促成了夏州政权发展史上的根本变化，“自是，夏州轻朝廷”，“傲视中原，阴结叛臣”。从此，夏州拓跋氏政权，一反过去俯首称臣的态度，积极从事反抗中原王朝的活动了，其时“虽未称国，而王其土久矣”[4]。

四 党项拓跋部与宋王朝

960年，夏州政权为了不被宋朝吞并，遂派使臣前去祝贺，并提供良马、兵力协同宋对北汉作战。当时北宋因江南未平、北汉未服，太祖又有收复燕云之志，由此对处在要害之地的夏州政权采取羁縻笼络政策，并给予非常优厚的待遇。如宋太祖曾打问拓跋首领彝兴的腰围尺寸后，特制玉带赐给彝兴；建隆三年（962）九月，宋尚书右丞高防在秦州为官时，当得知秦州党项尚波于经常采伐秦州西北夕阳镇木材、独享其利的信息后，曾建议北宋政府分享其利，并提出渭河以北归党项、渭河以南归北宋的主张，结果尚波于对此不满，并率所部千余人攻击北宋营寨。不料，尚波于的这次攻宋，反被高防所攻击，而其大批部众也被宋军所俘获，其时，太祖因北汉未服，为了不使矛盾扩大，故将俘获的党项部众送还夏州，同时又劝李彝兴对部下严加约束。可见这时的宋夏双方都尽量避免冲突，以求和平相处。

宋太平兴国五年（980），夏州政权首领李继筠卒，其弟李继捧嗣位。继捧继位后，因不孚众望，引起了夏州政权内部的不满。首先起来反抗的是银州刺史李克远和其弟李克顺等。李克远等率兵进

① 《册府元龟》卷438《将帅部·无功条》，中华书局1960年版，第5200页。
② 《旧五代史》卷132《世袭列传·李彝超》，中华书局1975年版，第1748页。
③ 《资治通鉴》卷278，后唐明宗长兴四年七月条，中华书局2012年版，第9211页。
④ 《宋史》卷486《夏国传下》，中华书局1977年版，第14030页。

攻夏州，继捧虽平息了反叛事件，但夏州政权内部矛盾仍未解决。同时，继捧从父绥州刺史李克文上表宋廷，要求继捧入朝，宋廷也想乘机吞并夏州政权，并命李克文和宋将伊宪同知夏州，继捧不得已，于太平兴国七年（982）五月，率家族入朝，献出拓跋氏苦心经营了300年之久的银、夏、绥、宥四州之地，这一举动引起了继捧族弟李继迁的强烈不满。继迁认为："吾祖宗服食兹土逾三百年，父兄子弟列居州郡，雄视一方。今诏宗族尽入京师，死生束缚之，李氏将不血食矣！"其弟继冲也认为："虎不可离于山，鱼不可离于渊"，继迁与其弟继冲、亲信张蒲计之，"趁夏州不备，杀招使，据绥、银，可以得志"[①]。从而揭开了夏州拓跋氏反抗宋廷战争的序幕。

继迁与宋王朝争夺夏州政权领地的战争长达15年。战争初期，李继迁虽受挫折，以及使继迁的母亲、妻子都成为宋兵的俘虏，但因李氏政权长期统治陕北、河套地区，并给这一带党项部落以许多好处，这样，继迁虽被击败，但仍有很高的威望和号召力。如雍熙二年（985），原银州党项拓跋遇来投，党项豪族野利氏还嫁女给李继迁为妻，从此，继迁的势力再度得到振兴。同时，继迁利用宋、辽开战的机会，采取联辽抗宋的策略，向辽称臣，取得定难军节度使、银夏绥宥等州观察处置使、特进检校太师、都督夏州诸军事等职，并和辽结成姻亲关系，在党项各部额支持和辽的声援下，继迁多次打败宋军，迫使宋廷于端拱元年（988），根据宰相赵普的建议，重新授继捧为夏州刺史、定难军节度使，并赐名赵保忠，让他返回故地以安抚继迁，继捧复回夏州，并不忠于宋廷，时与继迁相约合作，暗通辽，多次侵扰夏、银、灵等地。997年宋真宗继位后，继迁主动遣使请降，宋廷授继迁为夏州刺史、定难军节度使、夏银绥宥静等州观察处置押番使等。宋朝这一决定，实质上承认了原夏州拓跋政权所统治的区域。

继迁在完全恢复夏州政权昔日统治的领地之后，并没有就此罢

---

① 吴广成撰，龚世俊等校证：《西夏书事校证》卷3，甘肃文化出版社1995年版，第38页。

休，相反，当他了解到宋政府软弱无能之后，则使他向外扩张势力的欲望进一步增强。宋真宗咸平元年（998）九月，继迁击败绥州熟户李继福部后，进而出兵攻鄜、延、石等州，结果被宋军击败。咸平二年（999）六月，继迁又派兵出贺兰山，攻掠河西（今宁夏平原），杀宋将李瑶，进而乘胜攻麟、府等州；十二月，以万骑围攻延州，被宋将张佶击退，转而向西绕过灵州，夷平镇戎军城（今宁夏固原县）。咸平三年（1000）二月，继迁命属部万子、米逋、西鼠等族兵3000人屯萧关，威胁原、渭、灵、环等州的熟户，使党项诸部大批归附，咸平四年（1001）八月，继迁以五万骑兵围攻灵州，不克，转而攻破定州、怀远、永州、清远军等驻地。咸平五年（1002）三月，继迁集结重兵再次进攻灵州。灵州位于夏州西侧，是唐、宋时代西北边陲的著名重镇，是兵家必争之地，它的西面是东西交通要道河西走廊；在它的四周分布着大批的回鹘、吐蕃部落以及许多党项部落，是一个多种族的集结地。在继迁大军压境之际，宋廷对这一地区弃与守举棋不定，结果继迁乘势而攻，一举夺取，并改为西平府。因西平“北控河、朔，南引庆、凉，据诸路上游，扼西陲要害，若缮城浚壕，练兵积粟，一旦纵横四出，关中将莫知所备”①。继迁以此地有利的地理条件，故定都于此。

继迁所进行的一系列军事活动，一方面扩大了夏州政权的势力范围，显示了强大的军事实力；另一方面伴随着势力范围的不断扩大，使党项部落归附于它。宋咸平四年（1001），宋臣李继和上书道，原“从灵州至原、渭、仪州界，次更取金敖子山以西接环州山内及平夏，次并黄河以东以南、陇山内外接仪州界，及灵州北河外，番部约数十万帐”，均不附继迁，而“今则灵州北河外、镇戎军、环州并北彻灵武、平夏及山外黄河山东族帐，悉为继迁所吞”②。又据《宋史·张齐贤传》记载：继迁“攻劫不已，直至降麟、府州界八部番酋，又胁制贺兰山下帐族”③。从这两条史料可以

① 《西夏书事校证》卷7，甘肃文化出版社1995年版，第85页。

② 《宋史》卷257《李处耘附子继隆、继和传》，中华书局1977年版，第8971页。

③ 《宋史》卷265，中华书局1977年版，第9157页。

看出，东起麟州（今陕西神木县北）、府州（今陕西府谷县），西至黄河两岸、贺兰山下，北至黄河，南到环州（今甘肃环县）、镇戎军这一辽阔区域内，党项部落及其他少数民族部落已大都归附继迁。与此同时，我们还可以从一些零星的材料中发现，继迁时期的夏州政权与过去相比已大不相同了，即开始向建立封建国家的门槛迈进了一步。如定西平府为都城，仿宋王朝制度，设立各种官职，严密其与各个部落豪酋之间的隶属关系；等等。

继迁攻占西平府以后，势力大增，开始将其扩张的目标转向河西走廊。咸平六年（1003），继迁率军西越黄河和贺兰山区，兵锋指向吐蕃部族居住地区，并很快攻占了西凉府（今甘肃武威）。当时占据武威地区的是吐蕃六谷部，其首领潘罗支见凉州城已破，便诈降继迁，继迁在攻取西凉府后，显出骄傲自大的情绪，不听阴谋臣张蒲劝谏，放松警惕，这给潘罗支以可乘之机。其时，潘罗支暗聚六谷部众，突然袭击，继迁大败，中矢而还。宋真宗景得元年（1004），继迁因伤重而死，其子德明嗣位。

德明性“深沉有气度，多权谋”。他继位时，正是宋辽关系发生转折时期，1004 年，宋辽双边签订“澶渊之盟”，彼此休战，党项部众因继迁新死，又不见德明得辽册封，多生怀疑，纷纷内投宋朝。在这种情况下，德明采纳夏军司马赵保宁“不假北朝威令摄之，恐人心未易靖”[①] 的建议，一方面派使臣请求辽的册封，一面派使臣与宋和好，以稳定人心。宋朝因与继迁长期进行战争，战资耗费大，又北受辽的威胁，因此，在德明提出求和条件时，便改变以往对夏州政权的强硬态度，采取“姑务羁縻，以缓争战”的政策，宋对德明进行“招抚”，以德明为定难军节度使，封西平王，其目的是缓和矛盾，以稳固内部的统治。此后，双方经过讨价还价，遂于景德三年（1006）九月，正式签订了宋、夏之间的第一个和约。

和约的签订，使德明得以在其祖先所开辟的广阔领地上稳固业已动摇的政权，得以调整内部关系，医治战争创伤，巩固其统治地

① 《西夏书事校证》卷 8，甘肃文化出版社 1995 年版，第 96 页。

位等。宋、夏的和解，不但使夏通过和约得到了宋朝的大量物资，而且还通过不正当的途径获得宋境内打造的成批武器。德明在解除后顾之忧后，便集中力量向西方发展势力，以实现“西掠吐蕃健马，北收回鹘精兵”① 的既定目标。从1008年开始，德明与其子元昊不断用兵回鹘、吐蕃，经过十多年的征战，于1028年攻破甘州回鹘，1030年占领瓜州；1032攻占凉州，使甘、瓜、凉为灵、夏州的右臂。至1036年，夏州政权完全控制了河西走廊地区。

德明死后，子元昊承袭了夏州政权已有的业绩。在元昊称帝之前，夏州政权的疆域“东尽黄河，西界玉门，南接萧关，北控大漠，地方万余里”②。在这样广袤的地域内，元昊一面调和内部番汉地主阶级的矛盾；一面为称帝在政治上做充分的准备工作。如改元、下秃发令、升兴州为府并改名兴庆府、新立官制、设文武两班、规定官员和平民的服饰、定兵制、立军名、造番书、定礼乐等。元昊在继位之后，花费了六年时间，终于在1038年10月，于兴庆府南筑台受册，即皇帝位，国号大夏，改元天授礼法延祚元年。至此，以党项拓跋部为核心的西夏王朝经过艰辛漫长的发展过程从此诞生了。

第五节 西夏政权的奠基人——李德明

李德明经营夏州20多年，在这期间，他对外调整外交策略，主动臣宋，注意保持发展同辽的联盟关系，同时开拓夏州后方基地，攻取河西走廊；对内保境安民，发展生产，注重同北宋的经济文化交流。李德明为党项族的壮大做出了卓越贡献，为李元昊建国创造了条件，是西夏政权的奠基人。

一 与宋、辽修好

李德明政治的最大特点是“依辽和宋”，向辽宋称臣，接受封

① 《西夏书事校证》卷7，甘肃文化出版社1995年版，第79页。

② 《西夏书事校证》卷12，甘肃文化出版社1995年版，第145页。

号，为国内发展营造良好的环境。对宋、辽外交策略的改变是李德明接任后的重大举措。夏州政权与宋、辽关系的改善有着迫切的现实需要，也受历史因素的影响，同时也是李德明个人执政理念的体现。李继迁当政时期，与辽宋的长期对峙抗衡消耗了夏州大量的人力物力，致使夏州国力虚空。加之李继迁败死，夏州政权陷入内外交困之境地，与宋修好已成当务之急，李继迁临终嘱托李德明要改善与宋朝的关系。李德明个人也认为夏州政权应向西发展以巩固后方，而非向东与宋争夺。上述因素促成了李德明外交策略的转变。

首先，严峻的内外形势是影响李德明转变对宋外交策略的首要因素。如夏州谋士张浦所言，“迨继迁死，德明初立，斯时国危子弱”①。长期的抗衡耗费了夏州大量国力，同时夏州失去了与宋进行经济交流的良机，丧失了广大的中原市场和资源，造成夏州的困窘：“贼境艰窘，惟劫掠以济，又籍夏、银、宥州民之丁壮者徙于河外，众益咨怨，常不聊生。”② 夏州人民生活艰难，民怨滋生，频繁的劫掠也引发了与其他部族的矛盾，可谓内外交困。加之继迁方死，李德明的政权根基并未稳固，“嗣职期年，未膺册封，蕃族多怀观望”③。且宋朝政府对夏州党项各族分割安抚，使党项各部纷纷内投，“边臣以德明初立，乞诏抚之，因赐诏令审图去就。又诏蕃族万山、万遇、庞罗逝安、万子都虞侯、军主吴守正马尾等，能率部下归顺者，授团练使，银万两、绢万匹、钱五万缗、茶五千斤；其有亡命叛去者，释罪甄录。既而康奴者多移等率属来降”④。加以宋辽签订“澶渊之盟”，宋朝的北方压力减轻，转而致力于西方，对夏州构成了很大威胁。同时辽宋签约使夏州失去了政治联盟。如果李德明继续与宋对抗，只能孤军作战。

其次，与宋修好是夏州政权既定政策，是李继迁遗命。李继迁临终“属其子德明必归朝廷，曰：‘一表不听，则再请；虽累百表，

① 《西夏书事校证》卷8，甘肃文化出版社1995年版，第94页。

② 《续资治通鉴长编》卷55，宋真宗咸平六年九月壬辰条，中华书局2004年第2版，第1212页。

③ 《西夏书事校证》卷8，甘肃文化出版社1995年版，第96页。

④ 《宋史》卷485《夏国传上》，中华书局1977年版，第13989页。

不得请，勿止也。’继迁卒，德明纳款。”① 继迁认识到与宋作战的弊端，为让德明在辽、宋中间求得生存，确定与宋和好的政策。李德明遂秉承其父遗言内附于宋。

最后，李德明认为夏州政权应向西发展以巩固后方，而非向东与宋争夺。李德明认识到夏州政权不可能消灭宋朝。如司马光言，“西夏所居，氐、羌旧壤，所产者，不过羊马毡毯，其国中用之不尽，其势必推其余与他国贸易。其三面皆敌人，鬻之不售，惟中国者，羊马、毡毯之所输，而茶彩百货之所自来也。故其人如婴儿，而中国乳哺之。”② 可见当时宋夏实力之悬殊。鉴于此，李德明认为当时夏州的经营重心应在西边，而不是与宋对抗。与宋结好关系，既免去了战争耗资，又可以得到宋王室的赏赐、与之进行经济交流，壮大自身经济实力。

北宋在同夏州长期争战之后，也决定改变对夏州的强硬压服政策，希望缓解战事，对夏州实行羁縻统治。李德明的请和要求迎合了北宋的政治意愿，遂应允媾和并提出条件，景德二年（1005）春，“许德明以定难节度、西平王，赐金帛缗钱各四万、茶二万斤，给内地节度奉，听回图往来，放青盐禁，凡五事。而令德明纳灵州土疆，止居平夏，遣子弟入宿卫，送略去官吏，尽散蕃汉兵及质口，封境之上有侵扰者禀朝旨，凡七事”。李德明应允大部分条件，“惟以子弟入质及纳灵州土为难”③。李德明认为祖先没有遣子弟入质的先例，灵州“地居四塞”，“西北有贺兰之固，黄河绕其东南，西平（灵州，继迁攻克后改为府）为其障蔽，形势利便”④。灵州作为德明建立都城兴州的屏障，不能纳土归降。北宋就针对德明不遵守和约条件取消开放青盐禁，故办禁如旧。最后，双方达成一致，李德明遣使进表，誓不侵不叛，宋真宗下诏签订了宋夏和约。

① 司马光撰，邓广铭、张希清点校：《涑水纪闻》，中华书局 1989 年版，第 139 页。

② 《续资治通鉴长编》卷 365，宋哲宗元祐元年二月条，中华书局 2004 年第 2 版，第 8752 页。

③ 《宋史》卷 466《宦者一·张崇贵传》，中华书局 1977 年版，第 13619 页。

④ 《西夏书事校证》卷 10，甘肃文化出版社 1995 年版，第 120 页。

李德明对辽的策略，是采纳了西夏行军司马赵保宁“若不假北朝威令慑之，恐人心未易靖也”① 的建议，欲拉拢契丹人作同盟，于是派人向辽请求册封。辽也失去政治盟友，故“辽复遣金吾卫上将军肖孝诚赍玉册金印，册为尚书令，大夏国王”②。辽与夏联盟关系恢复。

夏州政权与宋和好，既可解内外之困，又可得到与宋经济贸易上的利益。与辽保持联盟关系，接受辽的册封，不仅可以得到辽在政治上的声援，起到威慑宋朝的作用，同时又可消除内部存在的疑虑观望的态度，增加政权的稳定性。

但李德明与宋、辽的和好并非完全依附，而是时而又顺服，时而对抗。景德二年（1005）二月，“德明欲臣中国，虑其（辽）见疑，乃以兵下青城告”，六月，则“遣牙将王旻入贡请降”③。对辽亦采用两手策略，虽受辽册封，但不完全臣服于辽。《辽史·圣宗纪》记载，统和二十二年（1004）“八月丙辰，党项来贡”④，表明李德明向辽称臣纳贡。辽圣宗开泰二年（1013），辽境内党项族部落多投李德明，辽帝诏令李德明联手讨伐党项部落，“契丹主闻曷党等西归，遣使抚谕不听，赐诏德明曰：‘党项叛我，今欲西伐，尔当东击，毋失犄角之势。’德明出兵境上应之”⑤。这是他们军事联盟的表现。但在开泰七年（1018），吐蕃请假道于夏朝贡辽，德明不许，吐蕃并里宗不贡契丹。开泰九年（1020），辽圣宗归罪李德明阻吐蕃贡使，“亲将兵五十万，佯言出猎，直攻凉甸，德明率兵逆拒，败之”⑥。此例反映出夏辽同盟并不完全稳固。

二　夺取河西

自夏宋和好之后，李德明为解除吐蕃、回鹘的威胁，致力于向

① 《西夏书事校证》卷 8，甘肃文化出版社 1995 年版，第 96 页。
② 《宋史》卷 485《夏国传上》，中华书局 1977 年版，第 13392 页。
③ 《西夏书事校证》卷 8，甘肃文化出版社 1995 年版，第 97 页。
④ 《辽史》卷 14《圣宗纪五》，中华书局 1974 年版，第 159 页。
⑤ 《西夏书事校证》卷 9，甘肃文化出版社 1995 年版，第 112 页。
⑥ 《西夏书事校证》卷 10，甘肃文化出版社 1995 年版，第 119 页。

西发展，拓疆扩土，攻取河西走廊。河西走廊是通往西域的通道，亦农亦牧，是屯田畜牧的理想场所，是夏州的大后方。德明当政时期，吐蕃、回鹘占据河西。若吐蕃、回鹘臣服于北宋，则可以与宋形成犄角之势，从西南牵制党项，对夏州形成巨大威胁。另外，夺取河西走廊，便可得到一个重要的粮食、物资基地，在军事上又可摆脱河西诸羌部落的掣肘，战略意义极其重要。“德明立国兴、灵，不得西凉，则酒泉、敦煌诸郡势不能通，故其毕世经营，精神全注于此。”①

（一）夺取甘州

回鹘于公元9世纪西迁，分为三支，其中一支迁往甘州，称为甘州回鹘，势力最大，地域分布数千里。甘州为边疆重地，形势险要，“东据黄河，西阻弱水，南跨青海，北控居延，绵延数千里。通西域，扼羌瞿，水草丰美，畜牧孳息”②。李德明攻取甘州历时20年，前后五次出兵乃克。大中祥符元年（1008）三月，德明命“张浦率骑数千，抄掠其境，夜落纥出兵拒之，浦不能胜”③。同年派万子军主等率领本族之兵，偷袭甘州，“回鹘设伏要路，示弱不与斗，俟其过，奋起击之，剿戮殆尽”④。大中祥符二年（1009）四月，李德明再派张浦“将精骑二万攻甘州。可汗夜落纥拒守经旬，伺间遣将翟符守荣夜出兵袭之，浦大败还”⑤。十二月，德明亲率军，“出侵回鹘，恒星昼见，德明惧而还”⑥。“天圣六年，德明遣子元昊攻甘州，拔之。”⑦ 经过一番艰难的争夺，夏州终于尽有甘州之地。

（二）夺取凉州

攻取凉州是德明夺取河西走廊的又一大军事行动。凉州同样是一处战略要地。若不攻取凉州，则甘州不保，西陲难安，酒泉、敦

① 《西夏书事校证》卷11，甘肃文化出版社1995年版，第130页。

② 同上书，第126页。

③ 《西夏书事校证》卷9，甘肃文化出版社1995年版，第105页。

④ 《宋史》卷490《回鹘传》，中华书局1977年版，第14115页。

⑤ 《西夏书事校证》卷9，甘肃文化出版社1995年版，第107页。

⑥ 《宋史》卷485《夏国传上》，中华书局1977年版，第13990页。

⑦ 同上书，第13992页。

煌等诸郡难以沟通，且“西凉南界横山，西通西域，东距河西，土宜三种，善水草，所谓凉州畜牧甲天下者也”①。而且其父李继迁就是在攻取凉州时被藩罗支所杀，李德明必复夺西凉为父报仇。

德明攻取西凉的战役同样旷日持久，自景德四年（1007）至明道元年（1032），历时25年，至德明临终前方才攻克。李德明在攻取凉州的过程中多次受到甘州回鹘的影响。自景德四年（1007）九月，李德明亲率兵屯境上，准备攻打凉州，结果“因厮铎督援结回鹘为备，德明兵不出”②。大中祥符九年（1019）十一月，甘州回鹘夜落纥，遣兵攻占凉州，斩级三百，掳掠凉州族帐、马匹甚众。宋仁宗明道元年（1032）九月，李德明“命元昊将兵攻凉州，回鹘势孤不能拒，遂拔其城”③。李德明终于夺取凉州。

李德明夺甘州、凉州，尽占河西对于夏州的发展壮大有着重要的意义。“河西殷富，带河为固，张掖属国，精兵万骑。一旦缓急，杜绝河津，足以自守，岂非以山川扼塞负隅易固哉！晋张氏世有其地，并于苻坚后，张掖为沮渠蒙逊所都。唐嗣圣中，甘州积谷至四十万斛，瓜、沙以西，皆仰其馁。贞元后，吐蕃据之，遂以富强。”可见，河西地理位置的重要性。如今李德明得此地，“恃其形势，制驭西蕃，灵夏之右臂成矣”④。

李德明先后夺取甘州和凉州，使夏州政权的势力范围扩大为银、夏、绥、宥、灵、盐、甘、凉八州之地。韩琦、范仲淹在追述李德明开疆拓土事迹时指出：“从德明纳款之后，经谋不息，西击吐蕃、回鹘，拓疆数千里。”⑤曾巩讲道，“至德明攻陷甘州，拔西凉府，其地东西二十五驿，南北十驿，自河以东，北十有二驿，达契丹之境”⑥。另一方面，夺取甘、凉二州后，德明及其后人便可西

① 《西夏书事校证》卷11，甘肃文化出版社1995年版，第130页。

② 《西夏书事校证》卷9，甘肃文化出版社1995年版，第104页。

③ 《西夏书事校证》卷11，甘肃文化出版社1995年版，第130页。

④ 同上书，第126页。

⑤ 《续资治通鉴长编》卷139，宋仁宗庆历三年二月条，中华书局2004年第2版，第3350页。

⑥ 曾巩撰，王瑞来校证：《隆平集校证》卷20《夏国》，中华书局2012年版，第603页。

掠吐蕃健马，北收回鹘精兵，大大加强了西夏的军事实力，为李元昊称帝建国奠定了基础。

三 与宋进行经济文化交流

李德明重视经济发展。自李德明与宋和好20多年（1004—1031）间相对和平的环境给夏州经济发展提供了契机。其间，夏州通过朝贡、榷场、和市、窃市、走私等贸易方式广泛参与和宋朝的经济交流，从中获利甚厚；同时重用汉人官僚，学习中原文化，丰富和发展民族文化。

其一是定期朝贡贸易。通过朝贡，夏州一方面可得到大量回赐，另一方面可利用朝贡之便进行贸易。在李德明在位期间，西夏对宋的朝贡岁时不绝。自景德二年（1005）至天圣七年（1029）间，进贡达30次之多。夏州以本族盛产马匹、骆驼为贡品，从宋得到以器币、袭衣、金带、茶叶等生活用品。李德明所遣贡使除进行公开贸易之外，还为逃避税收而非法贩卖私物，“德明进奉人挟带私物，规免市征，望行条约”[①]。同时进奉使者在来回途中也大做交易，“夏国进奉使入边，辄鬻其所采马，边人以价值贱，争市之。于是使者带马日多”[②]。这种贸易曾一度遭宋政府管制，“夏州贡使在道市物，颇扰民，真宗诏所在有司严示约束”。甚至有的贡使违禁打造武器，偷运回国，“德明供奉使至京，辄仿中国制潜造军器携归，真宗下诏禁之”[③]。

其二是榷场贸易。榷场是宋朝政府在宋夏沿边之处的特设贸易机构，有固定地址。每个榷场都设官管理，以便稽查出入货物，征收商税，进行大宗贸易。李德明纳款后，要求北宋政府设场贸易，北宋首先设置了保安军（陕西志丹县）榷场。天圣年间增置镇戎军（今宁夏固原县）榷场，“天圣中，陕西榷场二、并代路亦请置场和市，许之。……庆历六年，复为置场保安、镇戎二军”。官市所规

① 《续资治通鉴长编》卷83，宋真宗大中祥符七年十一月乙未条，中华书局2004年第2版，第1902页。

② 《西夏书事校证》卷10，甘肃文化出版社1995年版，第115页。

③ 《西夏书事校证》卷9，甘肃文化出版社1995年版，第111页。

定的贸易货物，有一定的种类管制，对贸易方式也有规定。“以缯币、罗绮易驼马、牛羊、玉、毡毯、甘草；以香药、瓷、漆器、姜、桂等物易密腊、麝脐、毛褐、羱羚角、硇砂、柴胡、苁蓉、红花、翎毛。”至于“非官市者，听与民交易。入贡至京者纵其为市”①。榷场必须经北宋政府许可，才能建立，李德明也曾单方面拟立榷场，“德明乃于石州浊轮谷筑堡建榷场，以诱致商旅。真宗诏缘边安抚使禁止之”②。

其三是和市贸易。在设置保安军榷场的同时，李德明请求和市。和市是次于榷场的交易场所，也须经北宋与夏州政府双方同意而设。如宋在河东路，陕西路沿边一带的久良津、吴堡、银星、金汤、白豹等均设有和市。

其四是“窃市”与走私。为了获取更大利润，夏州除与宋进行朝贡、榷场、和市进行正当贸易外，同时通过“窃市”与走私谋取暴利。所谓“窃市”，即西夏人同宋沿边军民私下进行交易，贩卖违禁品。如大中祥符二年（1009），“德明遣人辄由间道赍违禁物窃市于边”③。另外，北宋沿边少数民族，往往利用到西夏探亲之机，大搞走私贸易。“延、庆二州熟户，其宗族在西界，辄私致音问，潜相贸易，夏人因以为利。中国察其奸，不许。”④ 尽管北宋政府对于“窃市”、走私颁布禁令管束，但执行并不严格，由于地处边境，官员们执法大多疏慢，法禁日弛，加之“窃市”、走私贸易利润丰厚，夏人与边民贸易长期存在而且规模益大。

尽管德明与宋和好，但并不能完全遵循宋的约束。北宋为制裁德明，把青盐、铜铁、钱币、粮食均列为禁品，不许输入夏州。只有大中祥符元年（1008），因绥、银、夏三州干旱，灾情严重，需要从宋购买粮食以济饥荒，“边臣以回，真宗诏榷场勿禁西人市粮，以赈其乏”⑤。

---

① 《宋史》卷186《食货志下（八）》，中华书局1977年版，第4563页。
② 《西夏书事校证》卷10，甘肃文化出版社1995年版，第115页。
③ 《西夏书事校证》卷9，甘肃文化出版社1995年版，第107页。
④ 《西夏书事校证》卷10，甘肃文化出版社1995年版，第115页。
⑤ 《西夏书事校证》卷9，甘肃文化出版社1995年版，第106页。

李德明在与宋贸易中，获利无算。韩琦、范仲淹曾指出：“从德明纳款后，来使蕃汉之人，入京师贾贩，憧憧道路，百货所归，获中国之利，充于窟穴，贼（元昊）因其事力，乃兴兵为乱。”①

李德明臣宋及与宋贸易，其子元昊并不赞同，曾多次劝阻李德明臣宋，但李德明认为从形势和仁义两方面考虑都应臣宋：“吾久用兵，疲矣。吾族三十年衣锦绮，此宋恩也，不可负。”② 即使西夏鼎盛之时，也不失对宋入贡。

李德明还注重吸收中原先进的文化，丰富党项族的民族文化。天圣八年（1030）十二月，“遣使来献马七十匹，乞赐佛经一藏，从之”③。景德四年（1007）冬十月，请行“仪天历”④，西夏授历自此开始。这对于提高党项人对天时的认识水平，发展党项族的民族文化起了积极作用，同时也有利于党项族进行农事安排，促进农业的发展。李德明极重视汉族知识分子，在各级官府中，奖掖、提拔汉族文人，并让其身居要职。德明“以左都牙张浦为行军司马、绥州刺史，赵保宁兼有司马指挥使，贺丞珍兼左都押司马，刘仁勗为古都押牙，破丑重遇贵为都知蕃落使，白文寿、贺守文都知兵马使，何宪、白文赞为孔目官，郝贵、王旻等为牙校，复以李继援为夏州防御使，李延信为银州防御使，其余升赏有差”⑤。其中蕃姓人三人，而汉人却占八人。这表明德明对汉族人才的重视，也表明蕃汉联合统治有了明显发展，为元昊建立西夏统治机构提供了模型。

李德明建馆舍以待王人，修道路以待朝命，称臣于宋，恭顺有加，取得了北宋的信任。明道元年（1032），“仁宗以其（德明）恭顺，遣使持册封夏王，车服旌旗降天子一等，又加食邑千户”⑥。

---

① 《续资治通鉴长编》卷139，宋仁宗庆历三年二月乙卯条，中华书局2004年第2版，第3351页。

② 《西夏书事校证》卷11，甘肃文化出版社1995年版，第127页。

③ 《续资治通鉴长编》卷109，宋仁宗天圣八年十二月丁未条，中华书局2004年第2版，第2549页。

④ 《西夏书事校证》卷9，甘肃文化出版社1995年版，第105页。

⑤ 《西夏书事校证》卷8，甘肃文化出版社1995年版，第93页。

⑥ 《西夏书事校证》卷11，甘肃文化出版社1995年版，第130页。

同时与辽结援，成互相牵制之势，在宋辽朝的夹缝中求得生存。内修政理，与中原频繁接触交流，使得夏州经济文化水平有了长足进步。德明的苦心经营为元昊建国称帝铺平了道路。

清人吴广成评价："德明当西凉大创之后，诸戎叛涣之初，若犹执前修，苟徇覆辙，河南讨击之师不崇朝而集矣。于是表守遗命，誓修职贡，朝聘之使，往来如家。羊牛、缯帛，彼此各受其利，使塞垣之下有耕无战逾三十年，殆所谓识时务者耶。迨使俸赐既赡，兵力亦完，然后东战契丹，南扼苍耳，北城怀远，西拔甘、凉，粟支数年，地拓千里，夏国之业，实基于此。元昊虽雄，非藉德明燕翼，其遂夜郎自大乎？呜呼，虽曰偏据，亦云伟矣！"①

① 《西夏书事校证》卷11，甘肃文化出版社1995年版，第131页。

第五章

封建社会后期的甘肃社会与教育

甘肃是中华古代文明的发祥地之一，而教育又是甘肃几千年文明史的重要组成部分。甘肃地方教育，历史悠久，内容丰富，特色鲜明。本章主要对甘肃宋元明清时期教育、社学、义学、书院教育、伊斯兰教经堂教育和藏传佛教的寺院教育等几项颇具特色的地方教育进行探讨。

第一节　宋辽夏金元时期甘肃的教育

宋夏金元时期，是甘肃教育发展的重要阶段。这一时期，以理学形态为主的儒学在中原王朝统治区兴起、盛行乃至发展。地处西北的甘肃地区，先为北宋、南宋、西夏、金等政权管辖，后成为元朝的甘肃行省之一部分。各政权对峙，虽有民族纷争，但最主要体现在民族之间的文化融合，以儒家思想文化为主要内容的学校教育在甘肃地区得到长足发展。

一　宋代甘肃教育

北宋建立后，很注重文教。他们将学校作为培养人才场所和移风易俗的有效途径，因此很注重学校及其制度的建设。北宋初期，学校制度尚不完备。宋仁宗以后，各级学校才逐渐发展起来。宋神宗时，开始重视在西北地区兴办学校，加强对沿边少数民族的子弟的教育。北宋时，吐蕃部落逐渐衰落，当时其部落“大者数千家，小者百十家，无复统一矣"①。甘肃是吐蕃部落流散的主要地区之一。为抚宁安边，宋王朝在对吐蕃采取武力征服、羁縻怀柔的同时，在甘肃建立蕃学，对吐蕃子弟及其他民族的子弟进行文化教育。

甘肃的蕃学兴起于宋神宗熙宁年间。宋神宗起用王安石进行变法，王安石在西北地区兴办教育，作为与西夏对峙的文化政策。在吐蕃族聚集的环州、秦州、渭州、熙州、河州、岷州及远通军等州、军设立学校，招吐蕃子弟学习，称蕃学。熙宁五年（1072），秦凤路缘边安抚司建议"通远军宜建学"，得到宋廷许可。六年十二月，在熙州西罗城"置蕃学，晓谕蕃官子弟入学"，七年，在岷州"许建州学"。八年三月，"知河州鲜于师中乞置蕃学，教蕃酋子弟"②。可见，蕃学的教育目的是显而易见的。一方面，它通过招收和教育吐蕃子弟，让他们了解中原文化，促使相互间的文化交流。另一方面，通过招收吐蕃贵族子弟，拉拢了吐蕃部落上层，有利于保证北宋在这一地区的统治。

蕃学属于北宋地方官学，由宋廷拨专款兴办，吐蕃族子弟的一切学习费用也由政府资助。如河州蕃学，宋廷"赐田十顷，岁给钱千缗"，即国家赐给的十顷田的租赋可作为蕃学部分经费，除此之外，国家还拨给一千缗。熙宁八年（1075），诏"熙河路兵食、吏俸日告阙乏，而蕃学之设冗费为甚，无补边计，可令罢之，其教授令补阙，蕃部弟子放逐便"③。冗兵、冗官的开支影响了蕃学的经费，蕃学逐渐成为北宋中央财政的沉重负担，于是宋廷下令停办，并让番族子弟各归其部落。

蕃学的教学内容是国子监规定的《诗》、《书》、《礼》、《乐》等儒家经典。蕃学中的教师由懂得吐蕃语言文字、历史文化、社会风俗的人担任。王安石认为对吐蕃要"投戈再讲诸儒艺"，即对吐蕃武力征伐的同时，应用儒家文化礼仪进行教化，使其能真

---

① 《宋史》卷492《吐蕃传》，中华书局1977年版，第14151页。

② 《宋史》卷15《神宗纪（二）》，中华书局1977年版，第287页。

③ 《续资治通鉴长编》卷270，宋神宗熙宁八年十一月乙未条，中华书局2004年第2版，第6619页。

正臣服。

蕃族子弟在科举上享有特殊的优惠政策。他们不仅可以参加各级科举考试，而且享有低条件限制的应试。为照顾他们的仕途，宋廷制定了番区考试章程，实行番汉有别的录取方案，照顾沿边民族的子弟。熙宁六年，诏“熙河路举人不以户贯年限听取，应熙州以五人，河、洮、岷州各以三人为解额”①。八年，河州蕃学设置后“增解进士为五人额”。除此之外，宋王朝还在包括甘肃在内的西北民族地区推行“特奏名人”推选制。“特奏名人”为州县推举的一种享受低分录取制度。正如神宗诏书所言：“贡院考试不中格，宜依特奏名人例就试。”② 宋朝再给予吐蕃子弟“特奏名人”的优惠政策，是其教育政策和民族政策的体现。

宋廷在甘肃地区建蕃学，是甘肃教育史上的重要一笔。以经学为主要教学内容，使吐蕃游牧文明和中原文明有了较大程度的接触，促进了蕃汉民族间的文化交流。而为少数民族专设学校的做法，丰富了中国传统办学模式，是中国教育体制由单一向多元化转向的一大创举。

二　西夏时期甘肃教育

西夏时期所统辖下的甘肃部分有兴州、定州、怀州、永州、凉州、甘州、肃州、瓜州、沙州等九州，即今天的河西地区，皋兰、靖远、环县一线以北的广大地区。西夏立国后，与北宋王朝频繁交往，在文化上也吸收了传统的儒家思想，这对西夏文化产生了重要影响。教育也在西夏统辖下的甘肃得到了发展，主要体现在以下几个方面。

其一，在河西各地普遍设立州县之学，发展儒学。西夏统辖河西前，归义军政权领有敦煌、安西一带；甘州回鹘占有张掖；蕃汉奴隶主政权占据武威。它们都是在吐蕃政权瓦解的基础上建立的，

① 《续资治通鉴长编》卷248，宋神宗熙宁六年十二月戊寅条，中华书局2004年第2版，第6055页。

② 《续资治通鉴长编》卷243，宋神宗熙宁六年三月甲辰条，中华书局2004年第2版，第5911页。

甘州回鹘和蕃汉奴隶主政权又以少数民族为主体，因此，除瓜州、沙州外的河西之地文化教育发展很有限。西夏统辖河西后，在此普遍建立州县学校，发展教育。夏天授礼法延祚二年（1039），李元昊令诸州各置蕃学。大庆四年（1144），夏仁宗令“州县各立学校”①，招收的子弟增至3000人。人庆三年（1146）三月，又尊奉孔子为文宣帝，“令州郡悉立庙祀，殿宇宏敞，并如帝制”②。此诏令颁布后，西夏国内普遍设立学校，儒学在西夏得到了发展。

在这种形势下，甘州的郡学得以设立。西夏《黑河建桥敕碑》的碑文中落款记“大夏乾佑七年岁次丙申九月二十五日立石，主案郭郡王成，司吏骆永安，笔手张世恭书，写作使安善惠刊。小监王延庆。都大勾当镇夷郡正兼郡学教授王德昌”。可见，王德昌既为大勾当镇夷郡正，又是郡学教授，显然甘州已设立郡学，反映出了西夏王朝对地方教育的重视。

凉州的学校教育在这一时期也非常兴盛。1972年在武威发现西夏文的启蒙教材《四言记事文》，其通过讲述一位富贵人家子弟一生的故事，宣扬西夏社会道德规范。这说明在西夏统辖下的凉州，非常注重启蒙教育。在武威西郊西夏墓中出土了一副笔架，上插一木质毛笔，尖端有墨迹。这是学生的习字用具，反映了凉州郡学的发展。

其二，推行庙学制。庙学制是在学校中设置孔庙，并在圣庙中举行学礼的制度。早在唐朝开元时期（713—741），就在河西地区的官学中设立圣庙。经唐代的发展，庙学制已成为中国传统教学体制的一大特色。夏仁宗尊孔子为文宣帝，立称为帝庙，并以法律手段予以保护，这意味着庙学制的实施。据《西夏相斡公画像赞》记载，西夏在河西实施庙学制，凉州、甘州得以推行，庙学内殿庑齐全。凉州庙学的殿庑到元朝初年依然存在，直到延祐年间，荆王重修庙学，原存西夏的旧迹才被取代。甘州圣庙毁于战火，其结构具体不详。因甘州为西夏四府之一宣化府的治所，且其地理位置重

① 《西夏书事校证》卷35，甘肃文化出版社1995年版，第412页。

② 《西夏书事校证》卷36，甘肃文化出版社1995年版，第416—417页。

要，因此甘州的庙学规模当与凉州庙学相仿，殿庑齐全。西夏庙学制是中原庙学制的继承与发展。一方面，西夏庙学也尊奉孔子为文宣帝，这是对中原庙学制的继承。另一方面，西夏庙学殿庑中不像中原那样绘有先圣像、先贤像，而是绘有当时的贤达之像，这是西夏庙学制的创新。甘肃庙学制的实施，加强了西夏对这一地区的统治的稳固。

其三，推广蕃书。“蕃书”即西夏文字，因在河西地区广泛使用，在元代又称“河西字”。西夏建国前，已有西夏文在民间流传，但当时的文字还不规范、不统一。李元昊时期，精通儒家经典的野利仁荣，结合汉字的形体，在原有的民间西夏文的基础上，进行搜集、整理，归纳演绎成蕃书十二卷，定位国书。蕃书创制后就开始推广使用。

西夏设“切韵学士”之官，专门从事语言文字的推广、运用。又有野利仁荣主持培养蕃书教学的教师，西夏文《颂师典》记载：“文字明星东方起，光辉文字照晚夕。招募弟子三千七，一一教诲成人杰。”这3700多名学生学成后，到西夏统辖内的各地从事蕃书语言文字的推广及普及工作，其中有不少来到了河西地区。《瓜州审判记录》是用草书写成的西夏现存最早的文献，其落款为1070年，可见，西夏文在河西地区推行是比较早的。在武威出土的西夏文课本残片中有“父母智慧，选择师长”等蒙学教育的习语，这也反映了河西地区重视西夏文的教育。

西夏国也通过编写各类字典，从而使西夏文更好地普及。蕃书虽借鉴了汉字的形体，但其“画颇重复，教国人用以纪事”①，形成了一种形似汉字却无一同于汉字的新字体。这给人们学习汉文的人造成困难。为使西夏文字更好地传播，西夏国相继编纂了《掌中珠》、《文海》、《同音》、《要集》、《杂字》等西夏文字典。《掌中珠》全称为《蕃汉合时掌中珠》，由西夏文学家骨勒茂才于1190年编纂。该字典中每条词有四项，即西夏文、汉文解释、汉字读音、西夏文注音。这为汉人和党项人学习和交流语言文字，带来了便

① 《西夏书事校证》卷12，甘肃文化出版社1995年版，第143页。

利，成为初学西夏文的工具书。《文海》成书于12世纪中期，是一部解释西夏文字形、结构、字义、音义的字典，被视为最全面、最系统的西夏文辞书。《同音》成书于12世纪初，是一部韵书，其收字最多，内容更为完整。《要集》按事门分类，每一个西夏文词汇，都用汉语意思解释，然而不用汉字，而是用汉文注音的西夏文标注，这为汉人学习西夏文和党项人学习汉文都提供了便利。《杂书》也是按类分目的字书。这些字典的编纂与应用，为推广和学习西夏文提供了便利，促进了西夏文的教学。西夏统治下的河西，是西夏重要的文化中心，其教育质量与西夏文的普及程度都比较高。敦煌莫高窟与榆林窟西夏供养人题记显示，在西夏仁孝与乾顺时期，西夏文已全面推广与使用。当时的上自达官贵人、下至平民百姓都均可以熟练使用西夏文字。

三　金时期甘肃教育

金是生息于我国东北的女真族建立的王朝。1114年，臣服于辽的完颜阿骨率领女真部落举兵抗辽，第二年在会宁（今黑龙江阿城南）称帝，1125年灭辽，1127年灭北宋。灭北宋后，金继承了原北宋北方的大片领土，其中占有甘肃的领土，包括庆阳、平凉、临夏、甘南、天水等地区。

女真在进入中原后，为适应当地汉族居民的需要和推行女真封建化进程，开始注重教育，为此，金在统辖区设府州学。据《金史·选举志一》记载，甘肃设有庆阳、临洮、平凉府学及各地州学。其中庆阳、临洮两府府学有生员各25人，平凉府有20人。泰和四年（1204），诏令“州郡无宣圣庙学者并增修之”①。此诏令颁布后，甘肃地方官也纷纷响应。任天宠为威戎县令（治所在今甘肃静宁县威戎镇）时，因“县故堡寨，无文庙学舍”，于是废署建学。孔庙与学校和谐的结合，成为金朝教育制度的一大特点。

甘肃这些府州学校，仍然以儒家经典为主要教学内容。据《金史·选举志一》记载，当时的教学课本有《经》、《书》、《诗》、

① 《金史》卷12《章宗纪（四）》，中华书局1975年版，第267页。

《左传》、《礼记》、《周礼》、《论语》、《孟子》、《老子》、《荀子》、《杨子》、《孝经》、《史记》、《汉书》、《后汉书》、《三国志》、《经书》、《宋书》、《齐书》、《梁书》、《陈书》、《后魏书》、《北齐书》、《周书》、《隋书》、新旧《唐书》、新旧《五代史》。显然这是全国统一的教材。金特别尊崇知识分子，也非常注重儒学的教化作用。庆阳府有一进士叫李奖，其人"纯德博学，乡曲誉之"，章宗得知后，诏令"李奖给主簿半俸终身"[①]，以资鼓励。金统辖下的甘肃各地出土的画像砖中，往往以"义妇"、"孝子"为故事内容。这说明金朝地方教育与儒学得到了发展。

四　元代甘肃教育

1206年铁木真被推举为成吉思汗，蒙古汗国建立。1271年忽必烈定国号为元，1279年灭南宋。至此，一个统一的多民族的元帝国建立。元建立后，在地方设行中书省，简称行省。今天的甘肃东部部分地区隶属于陕西行省，西部隶属于甘肃行省。

元代也很重视各级学校的建设。在中央设国子学（汉学）、蒙古国子学、回回国子学三类，地方上有路学、府学、州县学，各级官学以四书五经为主要教学内容。路一级还设有医学、蒙古字学、阴阳学等专科学校。在甘肃境内各府州也建立了各级各类、规模大小不一的学校。据《元史》记载，世祖中统四年（1263），赵重喜出任临洮府达鲁花赤时，就在本地勤民劝学，省刑敦教。仁宗延佑三年（1316），元政府在甘州设甘肃儒学提举司，管理甘肃行省所辖路、府、州、县的地方学校。英宗至治二年（1322），傅梦臣建金县县学。泰定帝泰定二年（1325），祁安建临洮府学。顺帝至元五年（1339），兰州知州创建州学。由此看出，元代在甘肃境内设立了各级地方学校，并设置专门机构进行管理。

元朝也很重视对人才的选拔，他们往往通过开科举士选贤任能。延祐年间开始行科举，"取士以德行为本，试艺以经术为先"，逐步形成乡试、会试、殿试三级考试制度。甘肃和其他地方一样，

---

① 《金史》卷10《章宗纪（二）》，中华书局1975年版，第231页。

为科举乡试的地方之一。乡试中选 300 人参加会试，会试只取 100 人，其中蒙古人“陕西五人，甘肃三人”，色目人“甘肃二人，陕西三人”，汉人“甘肃二人，陕西五人”。由此，可以看出科举制在甘肃也在贯彻和落实。

元代时，立于陇西的万卷藏书楼是甘肃最早的图书馆。1964 年 4 月在甘肃省陇西县城西门内城墙下出土了万卷楼碑。石碑为长方体，高 61 厘米，宽 106 厘米，厚 22 厘米，刻有工整的楷书。周边有阴线刻莲花文饰。碑文详细记述了藏万卷楼的建立过程。蒙古窝阔台汗七年（1225），巩昌便宜都总帅、义武王汪世显随蒙古军攻占四川，将士们争夺金银财宝，唯汪世显“独搜典籍，捆载以归”，将这些典籍收藏于其府。其子忠烈公汪德臣继任时，补充了府内藏书，并欲“创书院，集儒生，备耕习”，但因战乱未能如愿。汪世显之孙汪惟正继任后，“凡遇善本，又极力收致”，又在府治东南建书楼，号“万卷楼”。内藏善本图书多达万余本，另有琴剑、书画、鼎砚等文物。陇西藏书楼的修建和藏书的积累，反映了元廷对文化的重视，是元时甘肃教育发展的历史见证。

第二节　明清时期甘肃社学及其性质

社学是中国古代社会一种基层教育组织，主要设在广大农村地区，以农家子弟为教育对象的初等教育形式，以劝教人民勤农桑、司礼仪、遵守社会道德规范为主要任务的基层教育组织。甘肃社学的设立，虽然较全国其他地区为迟，但也在一定程度上提高了甘肃地方教育的水平，推动了各族人民文化教育的普及化和平民化进程，推动了甘肃教育的发展。

一　明清时期的社学政策

社学形成于元代，盛行于明清。大多置于乡村，带有“普及教育”的性质。据《新元史·食货志（二）》记载，元世祖至元二十三年（1286），朝廷规定：“诸县所属村疃，五十家为一社，择高年晓农事者为社长。……每社立学校一，择通晓经书者为学师，农隙使子弟入学，如学文有成者，申复官司照验。”元成宗大德四年（1300），重申令后每设立“学校一所，择通晓经书者为学师，于农隙时月，各令子弟入学，先读《孝经》、《小学》、《书》，次及《大学》、《论》、《孟》、《经》、《史》，务要各知孝悌忠信，敦本抑末，依乡原例，出办束修，如自愿立长学者听若。积久学问有成者，申复上司照验”。大德六年（1302），朝廷再次强调：“王政必以农桑庠序为先。”并责成按察廉访官要认真“劝课农桑，勉效学校。”元朝颁布的这些有关社学的法令，其目的是为了加强对农民的伦理道德教化和农桑耕种技术的教育，以安定社会秩序，维护封建统治。

明清两代，相因元制。洪武六年（1373），诏民间立社学，司不得干预，其经断有遇之人不许为师。洪武八年（1375），有司立社学，延师儒以教民间子弟。教学内容除《三字经》、《百家姓》、《千字文》、《小学》、《论语》、《孝经》以外，还“兼读《御制大诰》及本朝律令”①，为了促进社学的发展，朝廷不止一次下诏要兴办社学，还严令各地不得干预社学的创办，阻碍社学的发展。弘治十七年（1504），“令各府、州、县建立社学，选择明师，民间幼童十五以下者送入读书，讲习冠、婚、丧、祭之礼”。

顺治九年（1652），礼部请示在每一乡设立一所社学，挑选通晓文义、行谊谨厚、足以为人师表者充任社师。雍正元年（1723），又令各省将明代的书院改为社学，其后各地的社学相继出现。

明清两代所颁布的有关社学法令，规定了社学的教授对象、教学方式、教学内容等。地处西北的甘肃社学教育建立较晚，发展缓慢，但大体是按照朝廷诏令，由地方官吏督办的。

二　明清时期甘肃社学及其特点

（一）甘肃社学概况

据《甘肃新通志》卷37《学校志·社学》及各地县志记

---

①《明史》卷69《选举志（一）》，中华书局1974年版，第1690页。

载，甘肃的社学初建于明代。明成化五年（1469），“镇夷”堡（今高台县）创设社学1所，学舍设在先师庙内，有前后堂、二斋二门，社学收民间15岁以下幼童，学习冠、婚、丧、祭之礼及经史历算，并兼读《御制大诰》和本朝律令。这是目前见于史籍记载甘肃最早的一所社学。此外，见于史籍的明代社学还有：弘治十三年（1500）副使张泰创建的岷州厅社学；弘治十七年（1504），由当地乡绅捐资、群众筹资等方式兴办的凉州各地社学，多设在人口较为集中的堡、寨，如十三里堡、河东堡、四十里堡、丰乐堡、高沟堡、三岔堡、双城堡、昌隆堡、达家寨、冯良寨等。[①] 正德间（1506—1521），兰州卫指挥同知周璜创建的社学；嘉靖三十九年（1560），河州知州刘卓利用已废宁河守御所创办的社学；万历三十年（1602），河州知州陈火焯捐建立的社学等。另外，在秦安县有明代所建社学10所，“以教乡人子弟可读经书者”。万历年间，庄浪卫各营堡陆续创建了社学。据万历四十四年（1616）成书的《庄浪汇纪》记载，当时庄浪卫有社学16处，即庄浪城2处（一在城东隅，一在关厢），平城堡、松山堡、阿坝营、裴家营、武胜堡、岔口堡、镇羌堡、通远堡、西大通堡、红山堡、沙井堡、苦水湾堡、红城子堡、青寺儿堡各1处。另外，徽县社学四路各1所，银杏树、永宁、栗亭店各1所。

清代，随着国家的统一，政局稳定，甘肃各府州县普建社学。甘肃所辖8个府、5个州、58个县有社学92所，遍及全省各地。其中最早的是康熙七年（1668）由巡抚华善在兰州府皋兰县所建的东社学和西社学。较晚的有同治七年（1868），张某在镇夷堡召集斋长阎储英、老农吕发美等人，联名报请县知事秦德钧允准，借民力和官助兴建的社学。这些社学虽然筹建途径不一，但都为地方启蒙教育提供了有利的场所。关于清代甘肃社学的具体情况，详见表5—1。

---

① 武威市志编纂委员会：《武威市志》，兰州大学出版社1998年版，第578页。

表 5—1　**清代甘肃社学**

府、直隶州名	州县厅名	州县厅社学数
兰州府	皋兰县	8
	金县	2
	靖远县	1
	狄道县	4
	渭源县	1
	河州县	
平凉府	平凉县	
	华亭县	
	静宁州	
	隆德县	3
	庄浪县	
泾州直隶州	崇信县	
	灵台县	1
巩昌府	陇西县	
	安定县	
	会宁县	
	通渭县	
	伏羌县	
	西和县	
	岷州厅	1
安西直隶州	敦煌县	
	玉门县	
秦州直隶州	秦安县	10
	礼县	
	徽县	5
	两当县	1
阶州直隶州	西固厅	
	文县	1
	成县	1

续表

府、直隶州名	州县厅名	州县厅社学数
庆阳府	安化县	
	合水县	4
	正宁县	
	宁州	4
	环县	4
凉州府	武威县	5
	镇番县	1
	永昌县	
	古浪县	
	平番县	
甘州府	张掖县	2
	山丹县	
	抚彝厅	1
肃州直隶州		32
	总计	92

注：因西宁府、宁夏府及所统的县不属于今甘肃省管辖的范围，故制表时不予考虑。

(二) 甘肃社学的特点

1. 实行阶梯式的学习和教学模式

进入社学学习者，一般在8—14岁。儿童进入社学后，先学习《三字经》、《百家姓》、《千字文》等，有一定的基础后，再学习经、史、历、算等知识。洪武二十年（1387）以后，又要求学习《御制大诰》律令，以便使其熟悉本朝的法令制度，达到威慑的目的，从而培养安分守己的良民。洪武二十年，“令民间子弟读《御制大诰》，后令为师者率其徒能诵《大诰》者赴京，礼部较其所诵多寡次第给赏。复命兼读律令”。

社学的教学按学生的程度，分为不同的类型，从事不同的教学。明人刘宗周《刘子全书》记载：“授书要随各人资质，限定行数不可或多或少，不可人人画一，亦不可勉强多读。”说明社学的教学是按照学生的程度，因人而异的。清乾隆十一年（1746），皋兰知县阎介年，按学生程度，把该县五所社学分为三种类型：蒙馆，收初入学的学童，讲师讲授《四书》、《小学》；经馆，从蒙馆中选拔聪慧可造就的学童升入，专治经义文章；文馆，从经馆中选拔“文以精通堪造就者”升入，专心学习文艺，以便为将来更高一层的深造创造条件。

2. 具有灵活的办学特点

教学时间比较灵活，每期的读书时间只有六七个月，遇农忙时节，则上学迟，下学早。社学的经费来源比较广泛，一般由捐田、捐银、捐房的租入来维持。如乾隆五年（1740），张掖知县李廷桂置学田百三十亩；乾隆十一年佥事杨应琚、知府刘洪绪、知县陈铦、主簿顾宗预捐俸创建西宁府丹噶尔城新社学；乾隆二十六年（1761），张掖知县王迁赞在城内设左右两科社。社学的学生人数没有统一标准，一般二三十名，少则十名左右。总之，在广大农村通过社学这种组织形式，把农家子弟组织起来，发挥本地长者的积极性，利用农闲时间，密切结合农时农事，传授一些伦理、文化和生产知识，作为正规学校集中教育的预备或补充，是适应农村特点、符合农村实际，对于推广教育巩固统治有一定的意义。

3. 实行“六等黜陟法”式的管理体制

社学学生的管理，实行“六等黜陟法”。学业优秀的社学生可升入县、府学为生员，附生、增生可以转为廪生；府（州）、县学生员学业优异或具备其他相关条件，可以被选拔到国子监，为太学生。反之，则依次降黜，直到勒令退学。此外，每逢乡试之年，提学官兼取一、二名民间俊秀参加乡试，如中试，即为举人。这是社学生员的另一条出路。这一有升有降的管理措施，为所有生员提供了深造进取的可能空间，极有利于刺激和调动学生的学习积极性，有益于人才培养和社会风气的良性转变。

4. 具有相当广泛的教育对象和教育内容

明清时期甘肃的社学教育，教育对象包括社会的各个阶层和各个民族，比如回、汉等民族的各个阶层的各个年龄阶段的儿童；教育的内容包括儒家经典、国家法令、乡规民约以及劝善书等。比如《四书》、《五经》、《性理大全》、《通鉴纲目》、《大学衍义》、《历代名臣奏议》、《文章正宗》及《卧碑文》、《圣谕十六条》、《御制训饬士子文》、《大清律》。教育目标也比较明确，如对学子的养成教育和对一般民众的宣传教育，希望通过这种教育，达到“各知孝悌忠信、敦本抑末”的目的。如此众多并且复杂的教育对象和庞杂的教学内容在甘肃的历史上是前所未有的。

5. 比较重视少数民族学生的学习

在少数民族地区建立社学，对民族子弟进行启蒙教育，是甘肃古代教育的又一特点。一些有远见的地方官在少数民族较为集中的地方，如敦煌等回民区设立了专门教授民族学生的社学，肃州东关设有汉民社学、回民社学两处。另外，据《高沅圆通寺社学记》载：“抚彝者，古居延郡地也。南界祁连，番民环面，北连沙漠，蒙古居之，民处其中，以耕以牧，崇尚释教，鲜事诗书，习染之移，由来久矣。”为了使这一带的居民习书知礼，乾隆十八年（1753）春，在其地设置抚彝厅社学，招收本地子弟就学，“诵诗读书于其中”，总之，在少数民族地区创办社学，为各民族子弟就学创造了条件，使少数民族地区形成了全民重视教育的优良传统，推动了各族人民文化教育普及的进程，提高了民族地区的文化素质，推动少数民族地区社会的进步和教育的发展。

总之，明清时期由于政府的重视和大力支持，甘肃社学的创建和发展，推动了各族人民文化教育的普及化和平民化进程，特别是在广大农村地区，读书识字的人数明显增加；推动了甘肃的文化发展，同时，也开创了我国教育史上普及初等教育，特别是农村初等教育的先例。

三　社学的性质

由上述所知，社学是设立于城乡的地方学校，有官立、私立等多种形式，以进行封建伦理道德教育为主要任务。关于明清时期社学的性质，史学界存在着较大的争议，主要有以下几种观点。

第一种观点认为社学是典型的官学。孙培青认为，“社学是设在城镇和乡村地区以民间子弟为教育对象的一种地方官学”[1]；陈剩勇认为，“社学的教育宗旨、课程设置均由朝廷钦定，并受政府的管辖、督察和经费上的支持，因此，明清时期的社学属于官办的正规初等教育体制”之内的“官立的初等学校”[2]。

第二种观点认为社学属私学性质。王日根认为，“社学是由官府倡导，并非意味着就由官府来办”[3]，特别是社学与义学不像州县学那样在各州县都有较固定的设置，而是显示出较大的地域差异性，表明这些社学与义学绝不是官学，对社学的官办性质提出质疑。

第三种观点认为社学的性质是变化的，不能一成不变地分析和研究。日本学者五十岚正一认为，从洪武初期“社学之设，官吏以为营生”，甚至出现了“收财卖放”、“逼令入学”等弊端，由此来看，政府对社学应该有较大的影响与操纵力，因而洪武八年所建立的社学当属“官学”性质。在洪武十六年命民间重建社学，并令“有司不得干预”之后，社学开始演变为民间之一种私学。但在正统元年令“各按察使添设佥事，专督学政，……创修社学”之后，社学又恢复到了“官学”的轨道之中[4]；陈时龙认为，“洪武八年至十三年所设立的社学与洪武十六年后设立的社学有所不同”，并从经费开支、学生的招收、设置的决策权、教师的地位等方面做了比较。[5]

吕达认为，元明清三代的社学，与那些正规的系统的以科举入仕为宗旨的培养各级官吏的府州县学不完全相同，它首在“延师授徒，以广教化”，主要是对农家子弟进行所谓教化和训俗的场所，同时，社学与地方官学之间仍然有一定的联系，故而社学是介于学

---

① 孙培青：《中国教育史》，华东师范大学出版社 1992 年版。

② 陈剩勇：《清代社学与中国古代官办初等教育体制》，《历史研究》1995 年第 6 期。

③ 王日根：《“社学即官办初等教育”说质疑》，《历史研究》1996 年第 6 期。

④ 五十岚正一：《中国近世教育史の研究》，转引自赵毅、刘晓东《明代“社学”之社会属性辨析》，《东北师大学报》2007 年第 1 期。

⑤ 陈时龙：《论明代社学性质的渐变与明清小学学制的继承》，《教育史研究》2000 年第 3 期。

校教育与社会教育之间、又介于官学与私学之间的乡学村校。[①]

我们认为，甘肃社学在发展的过程中，包含着官方和民间两方面的力量，《甘肃新通志》卷37记载，“社学由绅民捐办教其同社子弟，甘省地方瘠苦，义举不概见，闻有创办者特标举众人风”。在所建的这些社学中，有的属地方官捐办，如康熙九年（1670），知县王之鲸捐建金县（今榆中）社学；乾隆二十四年（1759），知县保中在秦安县龙山镇捐建的龙山镇社学等。有的则由地方官倡议，本地绅民捐资所建，如同治七年（1868）三月间，县派张某在镇夷堡监放仓粮，得知该地自儒学并入县学后，当地子弟不能就学，遂召集斋长阎储英、老农吕发美等人，联名报请县知事秦德钧允准，借民力和官助兴建社学一所。有的属于乡民自己筹建，如乾隆四十二年（1777），皋兰县龙泉里乡民梁建中、石王枢等筹建龙泉里社学。另外，《肃州新志校注》：“（云）至（云）义学、社学之分，则以修建于官，置有公款者为义学；倡修于民，递年捐设者，为社学。其实，皆为官主也。”[②] 由此可见，甘肃社学是由官府倡导的，主要由地方绅民捐办的官主民助的地方教育机构。

第三节　清代甘肃的义学

义学又称义塾，是私学的一种，本为私人捐资建立或宗族设立的乡校村学，是免费的蒙学，主要招收本族子弟；经费基本来源于地租。我国义学之设，在清代以前就已有，如宋朝范仲淹就曾为同族设立义学，教授同族子弟。但由朝廷大力提倡兴办，作为一种地方的教育组织形式，在全国普遍设立，用来宣传封建伦理道德，作为推行教化、控制思想的工具，则是在清代，尤其是雍正以后。

① 吕达：《元明清三代的社学考略》，《上海师范大学学报》1986年第3期。

② 吴生贵、王世雄等校注：《肃州新志校注》，中华书局2006年版，第176页。

一　清代义学政策及形式

康熙五十三年（1713）议准“各省府州县，应令多立义学，延请名师。聚集孤寒生童，励志读书”①。雍正元年（1723）奉上院，“各直省现任官员，自立生祠、书院，令改为义学，延师授徒，以广文教”②。于是全国各地掀起了办义学的热潮，义学一度发展到了相当的规模。

清代设立的义学与过去不同，主要有三种方式。第一，由地方官将书院、寺庙、祠堂等改建，如皋兰县义学由贤良祠改建，崇信县义学在关帝庙和开化寺；第二，由地方官修建，如岷州义学、洮州义学为同知汪元絅创建，庆阳府义学为康熙五十五年知府金垣生创建；第三，少数由地方绅士捐建或由宗祠合建，聘请文品兼优之生员为塾师，进行教学，教学组织形式和教学方式沿袭元明之社学，招收的多是贫寒人家的子弟，带有慈善事业的性质，由于朝廷的大力提倡，清代义学的普及发展现象为前代所没有。因此，我们从中可看出清代的义学具有启蒙教育和普及教育的性质。

二　甘肃义学状况

据《甘肃新通志》卷36《学校志·义学》记载，甘肃义学最早出现于明代，是由巡抚陈九畴创建的肃州直隶州义学。“明初，亦迁四方之民以实河西，故其习尚错杂，风俗靡有一定，玉门、嘉峪羌人出入，民无宁居。儒学建于成化三年（1467）都御史徐廷璋，及正德元年（1506）兵备副使李端澄廓而大之，其设义学在东北隅，盖其先巡抚陈九畴毁其礼拜寺为之者。嘉靖二十二年（1543），副使张愚常选生童读书其中。”

清朝时，甘肃各府州县普遍建立义学。据不完全统计，在所辖8府、5州、58县地区（包括宁夏、青海部分地区）有义学288所。顺治五年（1648），由知州赵鸣乔在庆阳府宁州地区创建了宁

① 《清文献通考》卷69《学校考》。

② 《清通志》卷76《选举略》。

州义学；顺治九年（1652），由掌印守备王永清在靖远县关帝庙西北创建了靖远县义学。康、雍、乾三朝，义学创建的数量越来越多。这一时期，有具体创建时间的义学达52所，占288所的18%左右。可见，在清代前期强盛繁荣的社会背景下，普及教育也有所发展。同时，也反映出清政府对发展教育、巩固边陲的重视。康熙七年（1668），巡抚华善在皋兰县创建明伦义学和序贤义学；五十五年（1790），静宁知州黄廷钰在高台寺建义塾，聘师教授农家子弟。雍正元年（1723），清廷命各省改生祠、书院为义学，“延师授徒，以广文教”。雍正三年（1725），甘肃按察使张适设立皋兰县义学。至此，全省各地相继建立了义学。后来随着书院复兴，义学多设在乡村，起补充书院设置不足的作用，但规模较小、设备较为简陋。至清光绪年间（1875—1908），甘肃兴建的义学已遍及城乡各地，左宗棠任陕甘总督期间不仅注重选拔封建统治人才，而且十分重视启蒙教育，从1873年起他屡次命令省属各府州县兴办“义学”、“私塾”，几年间，办学之风盛行一时，省城兰州新办义学16处，其他州县新办义学184处，义塾120处。河西各县兴学风气也很浓厚，肃州新设义学4处，敦煌县知县“于光绪六年举兴义学，筹措社粮，取息充经费”。

三　甘肃的少数民族义学

清代，在各少数民族聚居和杂居的农业地区，义学比较普遍。雍正七年（1792），巡抚许容在兰州南关创设养正义学，专收回民子弟。乾隆五十年（1785），“皋兰新关回民请于瀛沱沿建义学，是为存诚义学”。咸丰、同治年间，陕甘总督左宗棠在经略西北边疆时，极力在少数民族地区兴建义学，推行教化，饬令州县地方官专筹资金，普设义学，劝回民儿童入学读书识字。同治八年（1869），左宗棠在陇东时，“立（回民）义学强令读书，习礼义”。十三年（1874）又令地方一律兴办义学，“设立汉回义塾，分司训课，冀耳濡目染，渐移陋习”。光绪元年（1875），左宗棠在兰州时，重修养正、存诚、正德、序贤四所义学；次年，又创建崇文义学和讲义学舍，劝导回民子弟就学。为了让更多的回民子弟入学，他采取了一系列奖励办法，如对回民义学的学生免收学费，其书籍、笔墨、饮食等费用，也由官府补助。

临夏古名河州，最早称“枹罕”，是一个少数民族居住地区，回、东乡、保安、撒拉、土、藏等民族在这里辛勤劳动、生息繁衍。康熙年间，在河州城内及南关就已设立义学。清末，城乡义学和社学达到20所，后来又有所发展，其中在回族聚居的地区有三甲集日兴义学、太子寺观德义学、韩集遵闻义学等7所；在东乡族聚居地区有杨妥家正兴义学、平善集慎修义学、新同集敦睦义学、扎木池敦德义学、唐汪川养正义学、唐汪川经正义学、喇嘛川新德义学等7所；在保安族聚居地区有大河家亲仁义学、吹麻滩明善义学、居家集兴仁义学及刘家集修文义学等。

另外，在甘肃其他少数民族地区也设义学，如在回、藏、汉等民族杂居的甘肃临潭县有义学10所；在洮州地区设有回民义学；在“平番”县（今天属天祝）藏族聚居地区也设有义学；等等。

四　义学的教学情况

义学在教学内容上受到政府严格的控制，首先在教学内容上突出了社会教化和道德培养的色彩，义学学生除了读书、识字、讲书、读诗外，还要求学生要懂得礼仪揖让，懂得长幼有序，每日放学均要向老师行礼，以培养其日常行为规范。

义学的教学一般分为两级。第一级以识字习字为主，即启蒙阶段的教学。教材是传统的“三、百、千、千”，即《三字经》、《百家姓》、《千字文》、《千家诗》、《幼学琼林》等。第二级是传授儒家经典的初级阶段，教材有《论语》、《孟子》、《孝经》等，左宗棠规定朱熹所辑的《小学》为义学的必读之书。他说：“古人八岁入学，十五入大学，次第节目，一定不可易。故小成大成，各有规模。经正民兴，人才从此出，风俗亦从此厚矣。须知自洒扫，应对，至希圣、希天、下学、上达，皆是一贯。今日入塾童子，先宜讲求《幼仪》、《弟子职》，而归重于《小学》一书，方为得之。”学生的流动性很大，大多只求粗识文字，以为谋生之用。少数则升入高一级教育机构，也有的则当作科举应试童生进行预备性教育。

义学教材，从形式上看，有运用故事、名物掌故、谚语、格言、对子、诗歌等体裁，都以简赅的文字、严格的组句、整齐的押韵来表述。在内容上，除了宣传封建伦理道德规范外，还包括历史、自然、生产及日常生活等方面的知识。在回族地区所设的义学，教授阿拉伯文。

随着义学的兴起，教材供应十分困难。于是，有的地方便自行刻印书籍，发放使用；有的地方则借官府发放教材。如光绪元年(1875)，左宗棠在甘肃各府、厅、州、县颁发了一些蒙学教材，并增发了其他一些图书，如《小学》、《圣谕广训》等。有的则自编教材发放给学生，咸丰年间（1851—1861），皋兰县马步青在宛川义学授课时，将《诗经》中有关动植物与山川湖泊名称、器物名目、典章制度用语、人物称谓等词语选出来，编为骈俪韵语 30 首，结集为《蛱蝶集》作为教材，给学童传授声律对偶知识。

义学一般都订有学规。光绪二年（1876）制定的甘州府各属义学条规多达 27 条，其主要内容有：每所义学设教师一人，由府学、县学、书院斋长及经管义学的绅士共同选择品学兼优者，送县批准后，才能聘请；义学只收无力支付学费的学生；每日功课以讲经书为主，读史为副，15 岁以后方能学诗文，兼学有关天文、地理、水利、农田、算学等。

五　义学的作用

由于甘肃地理条件的限制，致使甘肃的文化教育事业，大大落后于中原地区，清朝统治者在甘肃为少数民族子弟创建义学，尽管为数少，且多数是设在汉族聚居的城镇里，而且从主观上来看清朝统治者是为了缓和民族矛盾，加强对少数民族的思想控制、“使其服王化”，才诏令设义学，因此使义学所起的历史作用受到了限制，但在客观上，清朝政府采取设立义学这一重要的文教政策，所起的作用是多方面而且巨大的。

第一，义学是私学的一种，甘肃义学作为蒙学教育的一种，具有启蒙教育和普及教育的性质，这对于我们今天正大力提倡普及九年制义务教育、民族教育，以及私立学校的发展是有一定的借鉴作用和意义的。

第二，义学经过长期运作，形成了一套较为完善的管理办法，成功地保障了义学教学与各项工作的正常进行。它的经费筹措、管理、成功运作机制也为后世的民办教育提供了一定的经验与程式。

第三，清代在甘肃广泛设置义学，义学向少数民族子弟开放，对提高各民族人民的文化素质有着积极的进步意义，使读书识字者逐渐增多，对农村和边远的民族地区的文化教育起到了一定的促进作用。受到汉族先进文化的影响，甘肃的少数民族教育还是得到了一定的发展，这是毋庸置疑的事实。

第四，甘肃义学的广泛设置，对民族地区各民族政治经济文化的发展，是有一定的促进作用的。

义学是明清时期学校的重要组成部分，它在学校教育中的比重超过了以往各代，义学虽然在名义上是民办的学校，但在经费来源和管理形式上带有浓厚的官办色彩，甚至可以称为民办官管或官民共办。从历史发展的角度来看，义学对甘肃的教育产生了深远的影响和巨大的历史作用，开创了民族教育的先河，同时，可使贫民子弟有机会读书识字，提高了他们的文化水平，对开发智力，普及教育也有一定的促进作用。

第四节　甘肃书院教育

书院肇始于唐代。唐制，门下省有弘文馆，中书省有集贤殿书院，为藏书之所。可见，唐时的书院还不是正规的讲学场所。作为我国古代别具一格的书院在宋代时开始兴盛起来，其中，白鹿洞书院、石鼓书院（一说为嵩阳书院）、睢阳书院、岳麓书院号称全国著名的四大书院。书院有的是官府所立，有的是私人创办。院址一般选在山林名胜地方，有不少名人讲学其间，教学内容以研究儒家经典为主，间或也议论时政。采用个别钻研、互相问答、集众讲解相结合的教学方法。元时，各路、州、府皆设书院。明清书院仍然盛行，并逐步官学化，成为准备科举的场所。清末废科举，众多书院改为学堂。

一　甘肃书院的创建与发展

甘肃书院，从现存资料看，其建于明代中叶，至清代中叶而兴盛，并且多为地方官员捐俸倡建。明景泰五年（1454），理学家段坚在兰州创建容思书院，聚徒阐扬理学，这是见于史籍的甘肃最早书院。明成化年间（1465—1487），静宁州知州祝祥建立陇干书院。此后，甘肃各地陆续建立书院，据《甘肃全省新通志》卷35《学校志·书院》统计，甘肃在明代时所建的书院共有5所。书院的创建多为官办，上自藩王，下至地方官，都可以办书院。有明一代，书院的创建在成化以后逐渐兴起，嘉靖间（1522—1566）最为兴盛，万历（1573—1620）以后渐次衰落。

清初，朝廷鉴于明末书院讲学结社、议论时政的风气，认为不利于封建统治，曾一度禁止开设书院。雍正十一年（1733），清世宗谕令督抚在各省会设立书院，并提供1000两白银作为开办营建书院的经费。当时的“谕旨”指出：“各省学政之外，地方大吏每有设立书院，聚集生徒讲诵肄业者，朕临御以来，时时以教育人才为念。但稔闻书院之设，实有稗益者少，浮慕虚名者多，是以未尝敕令各省通行，盖欲徐徐有待而后颁降谕旨也。近见各省大吏渐知崇尚实政，不事沽名邀誉之为；而读书应举者，亦颇能屏去浮嚣奔竟之习，则建立书院，择一省文行兼优之士，读书其中，使之朝夕讲诵，整躬励行，有所成就，俾远近士子观感奋发，亦兴贤育才之一道也。”[①] 从此清廷改变了原来对书院的抑制政策。

书院开禁以后，兴办之风十分活跃。清雍正十三年（1735），甘肃巡抚许容奉旨创建兰山书院，以此为始，甘肃各地相继兴办书院，甘肃境内（含分省前的宁夏、青海部分地区）先后创办书院87所，其中省立书院2所，府、直隶州立18所，县立61所，乡村书院6所，书院一时成为“赖以造士”的主要场所。但甘肃所建书院，因受政治、经济、文化、军事等因素的制约，分布很不平衡，

① 《清文献通考》卷70《学校考》。

在经济文化发达的州、县，不仅设置两处或两处以上的书院，而且还有乡立书院，经济文化落后的偏远州、县，仅置一处书院，有的甚至未曾设置。

鸦片战争以后，甘肃书院教育呈现出一种衰颓的趋势，有的书院毁圮荒废，学殖荒落，生源枯竭；有的书院毁于兵燹；有的书院因无人操劳而名从实亡。同治年间（1862—1874），左宗棠调任陕甘总督之后，为了兴复甘肃的传统教育，他推行了许多具有一定意义的积极措施，如恢复书院，增设义学，制定治学准则，刊印教材等。在他推行的文治政策下，甘肃书院教育再度复兴。清末，随着帝国主义瓜分中国狂潮的掀起，中华民族危机空前严重，以康、梁为代表的维新派推行了变法运动，不少维新志士把“兴学育才”看作是强国之本策略之一，积极呼吁倡导。这次变法运动虽然失败了，但“兴学育才”的社会思潮一时成为人们议论时政的主要话题。清政府迫于形势，采取了一些改良措施，废除书院制度，兴办新式学堂。光绪三十一年至三十二年（1905—1906），兰山书院和求古书院首先改为学堂，其他的书院相继改为各种专门学堂和中学堂，有的则改为小学堂，至清末民初，书院之名全部消失。至此，甘肃书院走过了自己300多年的艰辛历程。

二　甘肃书院的教育管理及特点

书院注重教育管理，主要体现在组织、学规、经费、教学、生源、考课等方面，而各方面又都具有其自身的特点。

（一）组织

甘肃书院最初成立时，组织较为简单，教学、管理人员很少。其主持人既负责书院的组织管理，又承担主要的教学之责，以后才逐渐增加和完善起来。各书院除必设山长、监院（训导）外，其他人员各有所增减。书院的主持人称山长，也叫掌院、院长、主讲或师长，各个时期、各个地方称法不尽相同。为了统一名称，方便奏事，乾隆三十年（1765），清政府通谕各省：“书院延师训课，向有山长之称，名义殊为未协，既曰书院，则主讲席者，自应称院长，著于各督抚奏事之便。”①

院长的聘任有严格的要求。省城书院由督、抚会同学政延聘，各府、州、厅、县书院由地方官延聘，但府、州、厅、县儒学学官不得兼充院长。院长不分本省、外省，或已仕、未仕，只选经明行修的名儒延聘。监院管理书院财务、图书、生徒膏火奖赏，协助院长经营书院日常事务以及督导诸生课读。

（二）学规

各书院都订有严格的学规，内容涉及书院的培养目标，诸生修身、养性、治学、处事、接物的准则等方面，体现着书院的教学方针、教学内容及教学方法。光绪二年（1876），姚协赞订立《陇南书院诸生四则》：一曰立品以定其基；二曰穷经以大其用；三曰读史以广其识；四曰博古以游于艺；对诸生修身、治学提出了严格的要求。道光三十年（1850），《详定兰山书院条规》规定：一曰膏火宜仍以甄别为准也；一曰赏罚宜严别优劣也；一曰住院诸生宜严查冒滥也；对诸生提出严加管理的要求。在《甘州书院义学章程》中，所包含的内容较为丰富，如《书院课程五则》规定：躬行宜重；经义宣讲；史事宜稽；时务宜通；功课宜严；规定了书院的教学原则和教学内容，针对师生的不同任务，提出了相应的要求。在《义学务规》中，规定书院聘请教师的标准、批准单位、招生办法、教学内容、教学方法、教学进度、管理学生等内容。在《督课七则》中，规定了山长的教学原则、教学进度及管理学生的条规等内容。在《甘州书院章程十二则》中，规定了斋长掌管书院财务的办法，甄别及考课的时间和纪律、图书及财产的管理办法、勤杂人员的管理办法等内容。

（三）经费

书院经费来自不同渠道。有的来自官府拨款；有的依靠学田征收田租或筹款发商生息，学田和利息本银多由地方官府购置、筹集；也有私人捐田、捐款的。书院经费主要用来支付教职人员的薪资和诸生的膏火费。如兰山书院，乾隆年间地方官府每年拨给经费

① 《大清高宗纯皇帝实录》卷748，乾隆三十年十一月乙卯条。

银 3500 多两；光绪年间，每年膏火银 2400 两；堂课、小课奖励银 220 两；院长脩金 400 两、薪水每月 8 两，聘金节仪相同；监院薪水 104.2 两；书办纸笔费 14.28 两；门斗工食银 23.688 两；兰州道抚案房纸笔费 13.16 两；卷价银随时酌量发给无定额。[①] 甘州书院，山长每年可得束脩银 200 两，聘仪银和节敬银各 12 两，给粮 12 石，山长的跟班给工食银 16 两，庖丁给工食银 12 两。这种束脩银供给制度，为书院教职人员的安心供职、潜心治学提供了物质保障。

（四）教学

书院的教学以经学为主，同时还讲授史学、对偶声律、书法等方面的知识。经学先读《四书》，进而再读《五经》以及宋明理学家的著作。史学着重读《二十一史》、《通鉴》。对偶声律着重读唐诗或诗律词赋，这为写八股文、试帖诗做准备。书法为六艺之一，科举考试及平日课卷极讲究书法，所以习字是诸生的日常功课。在兰山书院，著生以学习制艺为主。所谓制艺，通称八股文，或称时文，学习八股文是专为应科举考试之用。教学方法除教师讲授外，特别重视指导学生读书和自学。学习内容以读《四书》、《五经》、宋明理学书籍与学作科举文字并重。张掖甘泉书院、南华书院则要求学生“躬行宜重”，对于“圣贤之学，能知尤贵能行”，事事都要“省察体验”，以达到知行合一的境界。学习要求“循序渐进”，“先《大学》、次《论语》、《孟子》、《中庸》，每日取一二章，潜心玩味，不令一字放过”。最后，“必使一部‘四书’了如指掌，斯穷理有得”。书院要求学生娴熟《五经》，并且要专治一经，以达到“于字求其训，于句求其旨”的程度。还要求学生反复研读史书，“考其得失，辨其同异”。提醒学生“时务宜通”，以备“他日为政，多适于用”[②]。

书院对每日课程安排也有具体规定。日课安排一般为：“诸生

---

① 王励勤：《兰山书院及其他》，载郭厚安等《悠久的甘肃历史》，甘肃人民出版社 1988 年版。

② 邓明：《甘州书院义学章程述略》，载王国华《金张掖风情》，兰州大学出版社 1998 年版。

各置一簿，每日分晨起、午前、午后、灯下四节，按候将所为功课书之大要，晨起温经读文，午前看经、解史鉴、听讲、习字；午后温经、记典故一二个，用片纸书贴壁上，时为寓目，看《小学》、《近思录》及诸语录数页，点读唐诗或诗律词赋；灯下仍业经史，带读古文及先辈程文，至三更就寝。诗文不必多作，每月应官课二次外，馆课至多以三四次为止。……师长亦置课簿，分别具载，察其勤惰，慎其防闲，时其省试，俾无废业。”① 课程安排紧凑，自习为主，听讲为辅，这有利于调动学生学习的主动性。兰山书院也有类似规定；学生晨起，午前读《四书》、《五经》及宋明理学家的文章；午后读诸史纲鉴及名家文集等，有余力或作文辞，或习书法，灯下习读科举之业，读书若有心得，有疑问，载于读书手册，于月五日、十日呈交师长指导。每月课文考试一至二次，一年甄别一次，检测学生的学习情况。

从书院的教学程序来看，有以下一些具体特点：诸生严格按院长制定的读书进度自己攻读，在习读中发现疑难问题，由院长或教师予以解答，院长对诸生严加考课，日有程，月有课，不完成功课者，院长可随时予以惩戒。

（五）书院的生源及管理

书院的生源基本上来自于本省。如兰山书院，学生由官方在全省范围内的生员中，通过考试录取。清政府规定，“各直省肄业之人，令各州县秉公报送，各布政司会同专司稽查之道员再加考验，其果材堪造就者，方准留院肄业，毋得滥行收送”②。府、州县书院一般招收所辖地区的秀才童生肄业。如建于今临洮县境的超然书院，主要“集洮地士子，延师教学”，一时“学风大倡”。河州（今临夏）的龙泉书院，是一所具有县学资格的书院，光绪二十五年（1899），河州知州杨增新创办后，设山长 1 名主持校务，专门招收本地童生 20 名进行授业。

---

① 甘肃省地方史志编纂委员会编纂：《甘肃省志》第 59 卷《教育志》，甘肃人民出版社 1991 年版，第 127 页。

② 王励勤：《兰山书院及其他》，载郭厚安等《悠久的甘肃历史》，甘肃人民出版社 1988 年版。

书院对学生的管理极为严格，诸生中若有“不率教者”，则“摈斥勿留”。兰山书院先后于乾隆三十五年（1770）、道光三十年（1850）张榜公布管理学生的“条规”、“训令”，要求学生遵守，若有旷课及其他违规现象，则要严罚。书院对于考课的规定也很严格，规定官课一次不到者罚扣半月膏火，堂课一次不到者扣五钱膏火。乡试应试时犯规者，扣半月膏火。诗中平仄错伪者，每一字罚银三钱。若有雷同枪替者，则要逐出书院，永不准其应试。若学生品行不端，荒废学业，亦要逐出书院。

（六）考课及考核

书院的考课及考核组织严密，奖惩分明。考课分为官课和堂课两种。官课，省城由督、藩、臬、道、府、州、厅，县由各地方官轮流出题、考试、阅卷、发奖银。堂课由山长出题、阅卷，书院发奖银。每月进行三次考课，官课一次，堂课二次。生员课卷分为超等、特等、一等，也有分为上取或正取次取者，凡考课取得超等或上取的，可享受奖银。

兰山书院学生的考试成绩分为甲、乙、丙三个等级，当时称作“正课”、“副课”和“外课”。并以等次分别给予不同数额的“膏火”银。诸生定额为：正课40名，每人每月膏火银3两；副课80名，每人每月膏火银一两五钱；外课无定额，不给膏火银。每年年初甄别考核后，决定膏火银数额。同治十一年（1872），总督左宗棠定正课40名，副课50名；光绪七年（1881），总督杨昌睿增副课10名；十三年，总督谭仲麟增副课10名；十四年又增副课10名，正副课共计120名，遂为定额。书院的考试也有定期。课期每年2月起至11月止，除甄别考试由总督择期外，官课定于每月6日，由总督等官员轮流出题、阅卷、给奖。堂课定于每月16日、26日，由院长命题、阅卷、书院给奖。考试内容，每课试《四书》文一篇，试帖一首。光绪九年（1883），堂课加经文一篇。十年（1884），每月加小课一次，无定期。甄别考试分等以后，正课连续列劣等三次者，降为副课，副课连列劣等三次者，降为外课；外课连列三次优等者，升为副课，副课连列三次优等者，升为正课，以此来奖优罚劣。这种奖罚分明的制度，促使学生勤于学业，不敢懈怠。成为甘肃书院教育的一项重要特点。

三　兰山书院及其著名山长

兰山书院是甘肃规模最大、设备齐全、结构完整的一座省立书院。雍正二年（1724），巡抚卢询在兰州新美路北，即明代“红花园”地（今秦安路兰州三中处）捐建正业书院。十三年（1735），巡抚许容改建为兰山书院。乾隆五十年（1785）至光绪元年（1875），总督富康安、长龄、恩特亨额、左宗棠等人又屡加修缮。光绪三十二年（1906），总督升允将其改建为甘肃优级师范学堂。

兰山书院坐北向南，历经修缮，不断扩大和完善。据乾隆三十九年（1774）《皋兰县志》载：大门三间，内为“仪门”，后为“文仁堂”五间，“敬逊堂”五间，每堂两边有厢房，左右各三间，东西“斋房”共30间。又据光绪十七年（1891）《续修皋兰县志》中张廷选《增修斋房碑记》记载：由恩补庵制军筹官钱五十多万，在兰山书院旧房舍与空地间改作斋房二十一间，修补监院所居屋宇十五间，共四十六间。将新增的九间易作监院所居的十五间，共得斋房三十七间。其布局为，大门外东西各设一牌坊，额书“兴贤”、“育才”。大门内为仪门，仪门西为监院官舍，东为文书办公处的“书斗房”，中为“文仁堂”，左右为耳房，为东西官厅，东斋四院，西斋三院。

兰山书院以藏书丰富而闻名全国。据《续碑集》载：兰山书院多藏书，祁嵩藻在此研读经史，纵览诸子百家。图书多系历任布政使、总督、巡抚、学政、院长购置。乾隆年间藏有经史子集、方志240余种，书版20余种2300多块。咸丰四年（1854）遭火灾，藏书尽焚。此后又陆续购置，光绪年间藏书100余种。书版3种338块。这些藏书为书院师生研读提供了方便。兰山书院所藏书板中有《四书文》、《十经》、《孝经分传》、《四礼典要》和《官方宝鉴》等20余种珍贵书版，这对古籍流传和学术研究起到了积极作用。

兰山书院自创建至清末100多年的历史中，延聘了不少名人学者当院长或山长。其中影响较大的有：盛元珍，字仲至，江苏常熟人，乾隆七年（1742）在职。牛运震，字阶平，山东滋阳人，进士，乾隆十二年（1747）在职。张位，字伯素，秦安人，翰林，乾隆四十三年（1778）在职。吴镇，字信辰，临洮人，大挑举人，乾隆五十年至五十八年（1785—1793）在职。秦维岳，皋兰人，翰林，乾隆五十九年（1794）在职。张澍，字百瀹，武威人，进士，嘉庆十三年（1808）在职。张美如，字尊五，武威人，翰林，道光初在职。吴可读，字柳堂，皋兰人，进士，咸丰十年（1860）在职。此外，还有陕西武功人孙景烈、兰州人徐惠增、张国常等人。在他们的悉心培养下，涌现出了刘佩璜、安维峻等知名学者。

书院作为封建社会特有的一种教育组织，从宋初至清末，存在了近千年之久。其在组织管理形式和教育制度、方法等方面，跟官立的太学、郡县学有所不同，它具有许多特点，对中国封建社会教育的发展产生过重要的影响。甘肃书院和全国相比，起步较晚，到了清代，书院遍及全省各地。在长期的实践中，书院教育积累了许多经验，其中有许多是符合教育规律的，有其积极的、合理的一面，特别是在筹措经费、教学管理、奖罚分明等方面的一些条规和实践经验，仍有值得借鉴的东西。研究这些文化遗产，汲取其中有益的营养成分，仍有其现实意义。

第五节　伊斯兰教经堂教育

甘肃自古以来，就是一个多民族聚居地区。除汉族外，先后有乌孙、月氏、匈奴、氐、羌、鲜卑、吐蕃、回鹘、蒙古、藏等民族在这里生息繁衍。随着历史的发展和演变，元明时期，一些新的民族逐渐形成和发展起来，如回族、东乡族、保安族、撒拉族等。这些民族在自身发展过程中，不仅为社会做出了贡献，而且还形成了具有本民族特色的教育方式。

一　伊斯兰教的传入

伊斯兰教在7世纪初叶由穆罕默德创立以后，伴随着一系列的“圣战”和对外交往，开始向外传播。据史籍记载，大约在7世纪中叶，伊斯兰教通过来中国信仰该教的阿拉伯人、波斯人，先后经过海陆路传入中国。而西北地区的伊斯兰教多是经由丝绸之路传入的。伊斯兰教清真寺的建立以及历代官府的支持，对经堂教育的形成和发展起到了一定的推动作用。随着信仰伊斯兰教民族的形成、人口的增加、生产的发展，以及穆斯林群众信仰上的要求，清真寺开始在各地建立起来。特别是在元代，由于穆斯林帮助蒙古人灭了宋朝，因此受到优厚待遇，使伊斯兰教得到迅速发展。到了明代，回族已形成单一民族，清真寺遍布各地，穆斯林相应增多，对宗教职业者的需求增加，过去那种父子相传式的教育，已不能满足穆斯林群众的要求，经堂教育便作为教育教徒的一种方式而逐渐形成。

甘肃信仰伊斯兰教的民族主要有回、哈萨克、东乡、撒拉、保安等。其形成的历史不尽相同，信仰的时间也就各有所异。回族在14世纪以后就已形成为单一民族，成为我国信仰伊斯兰教最早的一个民族。哈萨克族最早信仰原始宗教，8世纪，阿拉伯人进入中亚以后，受伊斯兰教的影响，改信伊斯兰教。东乡族是13世纪从中亚迁徙而来的信仰伊斯兰教的撒尔塔人，他们在同当地回、汉、蒙古等民族长期相处的过程中，逐渐融合了这些民族的一些成分后，形成了今天的东乡族。甘肃境内的撒拉族是由青海循化地区迁来的，他们原居住在中亚的撒马尔罕，因不堪忍受本地统治者的压迫，在元代时沿着东西通道来到中国，最后成为中华民族大家庭的成员之一。保安族是信仰伊斯兰教的中亚回回人和蒙古人，在青海同仁地区戍边屯垦中和当地的藏、土、汉等民族融合而形成的一个民族。这些信仰伊斯兰教的居民来到甘肃地区以后，不但和当地居民融合形成了一个个新的民族，而且还将其信仰的宗教也带了进来，使穆斯林人数不断增加和发展。

同时，在迁徙而来的穆斯林群众中，还有大量的传教士，他们对伊斯兰教在甘肃的传播起了推动作用。传教士带着传教所需的《古兰经》，在穆斯林地区传教、修建清真寺、拱北等建筑，讲经布道，建立传教据点，从而使伊斯兰教在甘肃得到传播与发展。

二　清真寺的组织制度及经堂教育的建立

伊斯兰教的组织制度是政教合一制，宗教组织是伊斯兰教最基本的社会组织。凡教徒生活的各个方面，都要受到宗教组织的制约。一般来说，伊斯兰教组织主要实行的是教坊制，就是以清真寺为中心，负责管理附近地区内穆斯林的宗教事宜，并向穆斯林群众征收天课和其他捐税，形成一个地区性的宗教组织单位，这个单位就是教坊。每个教坊内设有“学董”管理系统，负责管理本教坊和清真寺的财产及经济收入，包括地产、房产和寺院修缮，办理各种宗教活动，并处理本教坊的民事纠纷。学董之下设阿訇（主持教务）、乡老（协助学董处理教务和民事）、“木哲哇”（勤杂），这些人都由民族中上层人士充任。清真寺的宗教首领是“伊玛目”，或称掌教、开学阿訇，由学董、乡老选聘，有的是终身制，有的是世袭制。阿訇不仅管理穆斯林的宗教生活和日常生活中的婚丧嫁娶，而且还负责经堂教育活动。这说明，清真寺不仅是穆斯林的宗教组织、社会活动中心，同时也是文化教育中心。

伊斯兰教传入后，由于清真寺的建立和宗教活动的开展，经堂教育就已开始萌芽。后来，随着信仰伊斯兰教民族的形成及穆斯林信仰上的要求，穆斯林子弟入寺学经逐渐形成为一种固定的制度，在汉文化的影响下，伊斯兰教的中国化进程加速，新一代的穆斯林操汉语、习汉文、拜师会友，使通读阿拉伯文和波斯文的能力渐趋衰退，宗教知识日益贫乏。这种变化，引起了宗教上层的关注和忧虑。为了寻求发展，一些热衷于伊斯兰教文化的人，一方面著书立说，宣传教育；一方面提倡经堂教育，强调学习伊斯兰文化。

经堂教育，一般认为倡兴者为明嘉靖、万历年间陕西咸阳渭城人胡登洲。胡氏幼习儒书，常随同乡高姓名师学习伊斯兰教学问，接受其关于哈乃斐法和天人性命的传授。当时，他目睹伊斯兰教“经文匮乏，学人寥落，既传译之不明，复阐扬之无目”的状况，

"遂慨然以发明正道为己任"[①]，立志兴学，招收数名子弟于家中，半功半读，遂出现经堂教育的雏形。经其二传弟子"兰州马"时，将这种教育的场所从私人家庭转移到清真寺，遂开始了在清真寺内兴办学校。自此，经堂教育就蓬勃开展起来，并逐渐推广开来，发展成为中国式的伊斯兰教教育制度。

清代初期，经堂教育达到鼎盛时期，先后形成了陕西派、山东派和云南派等几个经堂教育中心，其教育制度逐渐完善，经典教材日趋稳定，并有阿拉伯文与波斯文之分。凡是有清真寺的地方，几乎都有经堂教育。

咸丰、同治年间，回族起义失败，陕西大批回民迁徙到甘肃，经堂教育中心也逐渐西移，其主要集中在今临夏等地区，出现了"甚至于原来之陕西人，亦到导河（临夏）求学"的局面。由于清朝统治者对回族等信仰伊斯兰教民族的歧视，以及担心被汉族文化同化，为了保持传统的伊斯兰文化，他们更加重视经堂教育，不愿接受普通教育，这也是经堂教育兴盛的重要原因。临夏"有十坊，教务之兴盛，可以想见，十坊皆附有阿文学校，讲学的阿訇，近代首推马万福为第一"。马万福"于光绪年间朝觐归来，目睹中国回民所行之教门，有参杂俗，违背教法者，于是乃从事革俗，一般人称之为新教"[②]。可见，临夏地区经堂教育可谓盛况空前。这些清真寺的建立，对甘肃经堂教育的发展创造了有利条件。其他信仰伊斯兰教的民族，如东乡、保安、撒拉族等民族聚居地区的经堂教育也得到了相应发展，并培养出了一批著名的宗教学者。

三　经堂教育的学制、课程及教学方法

经堂教育的学制，一般分为大、中、小三级。小学主要是对儿童进行伊斯兰教初级常识和一般礼仪的教育，有男女校之分。男校在寺内，女校一般设在私人家中。有全日制和半日制两种，学习时间一般为3—4年。中学级和大学级主要是培养宗教职业者阿訇的

---

① 《建修胡太师祖佳城记》，引自李兴华等《中国伊斯兰教史》，中国社会科学出版社1998年版，第505—506页。

② 朱解琳：《甘宁青教育史简编》，青海人民出版社1993年版。

教育，学生称为“满拉”。“中学”学制3年左右，“大学”为4年，也有七年或八年的。学生通过考试，成绩合格，经过“挂幛穿衣”，即师长及教坊穆斯林为学生举行的毕业授衣典礼，给学生送一件绿色大衣穿上，披红戴花，并送一块锦帛，用阿文写上学生的学历，算是正式毕业，成为一名合格的宗教职业者——阿訇。

经堂教育开设的课程小学一般分为两大类：一类是经文课，另一类是初级宗教知识课。儿童一般7岁入学，首先进行阿拉伯文拼音基本训练，每个学生有一块“念经板”，要求认识念经板上的13个音标和语法符号的阿文字母表。要求记住名称，辨清形体，并能熟练地书写。后由教师讲授拼音口诀。口诀背熟后，开始进行经文的拼读练习。与此同时，教师还要教授宗教礼仪方面的知识，包括信仰、礼拜、斋戒、大小沐浴、婚丧和祭祀方面的“都阿”（祷词），这些“都阿”是穆斯林宗教生活中必不可少的，一般要求学生必须掌握。

小学的教学方法简单，学习期限也不太严格，教育的主要目的是让学生能够适应并接受以信仰为核心的伊斯兰文化，遵从伊斯兰教的社会规范，获得一个穆斯林立身处世所必需的知识。小学毕业后，有的进入中学级、大学级继续深造，但大多数穆斯林以适应宗教生活而自足，不再继续学习。

中学级和大学级的课程分语言和宗教两大类，使用的教材，属于语言类的有阿拉伯语形态学、语法学、修辞学、逻辑学等；属于宗教专业的课程有教法学、哲学、认主学等。中学级阿拉伯语形态学课程是《算勒夫》，又叫《连五本》，是文法基础课程，主要讲授阿语动词、名词的变化规律和方法。语法学课程有《满俩》，系中国穆斯林对《舍拉哈·卡费叶》一书的一种习称，亦称《满拉》、《满略》或《阿尔卡费叶补著》。“满俩”阿语意为“满盈”，为呼罗珊查密氏（1414—1492）所作，是对埃及著名语法家伊本·哈吉布（1175—1249）所著《阿尔卡费叶》的一种杰出的通俗讲解，为经堂教育倡兴后引进的语法主课，向有“不学满俩，油香满拉”之说。修辞学课程有《白亚尼》，又译《简明修辞学》，系波斯著名学者赛阿德丁·台夫塔查尼（1322—1389）的一本修辞学诠释著作。根据《古兰经》的特点，讲解阿文诗词、散文的用词。教学法课程为《舍拉哈·伟戛业》，其为阿文音译，汉译《阿尔伟戛业》，为伊斯兰教教法名著，作者是麦哈穆德（卒于1346）。后由其孙率德伦·设里尔加以注释，故又称《伟戛业的注释》。全书三部分，分别讲解从沐浴至五功的规定，婚姻等民事的处理，饮酒、行奸、偷盗、凶杀等刑事的处理。“伟戛业”是“看守”的意思，中国穆斯林认为学了它，就能看守住教门。大学级的课程有《葛最》，是对《古兰经》的注释，“为经注学之较大者”，为波斯人阿卜杜拉所著。《克俩木》（又译《奈赛斐教义学》），系欧麦尔·奈赛斐专论伊斯兰教一神论的权威杰作，其注释甚多，汉译本名《教心经注》（杨仲明译），因该书称承认真主的存在和大能是伊玛尼信条的首要一条，很符合倡兴起来的经堂教育的宗旨，故在经堂教育中居于十分重要的地位。波斯文的哲学、经注学课程还有《米尔萨德》、《候赛尼》等。

伊斯兰教经堂教育除在清真寺上课，听教师讲授或自学外，也可负笈远游，投奔名师门下，进一步学习深造，也可跟随一位或几位老师学习，直到达到“穿衣”的程度为止。这对扩大知识领域，开阔视野都是有益的。

四　经堂教育的作用

伊斯兰教经堂教育经过几百年的发展，成为中国穆斯林正统的宗教教育制度，不论在内容或形式上，对阿拉伯的伊斯兰宗教教育都有新的变革，充实了适应中国伊斯兰教实际的内容，建立了自己独具特色的教学组织形式，为伊斯兰教的巩固和发展起了重要作用。经堂教育的倡兴，使具有伊斯兰优秀文化传统的回族、东乡族、保安族、撒拉族等少数民族的教育有了系统的宗教教育体制和一定的伊斯兰教教义学体系，从而向制度化宗教、理论体系化宗教迈出了一大步。

经堂教育在信仰伊斯兰教的各民族教育史上有重要的地位。它既是信教民族的一种宗教信仰实践活动，又是一种传统的民族自我凝聚方式。通过经堂教育，使伊斯兰教渗透到回、东乡、保安、撒拉等信教民族的各个方面，直接影响信教各民族共同心理素质的形成和巩固，奠定民族教育应具有的社会基础和群众基础，对伊斯兰教育传统向信教各民族的民族教育转化，起了促进作用。

伊斯兰教经堂教育的倡兴，为甘肃培养出了一批从事宗教活动和宗教教育的著名人士，如马来迟、马启西、马明心、祁静一、马占鳌、马化龙、马万福等。他们虽然著述不多，但在西北地区的穆斯林中具有一定影响。自明代后期，陕西回族著名教长胡登洲鉴于当时“经文匮乏，学人寥落”的状况，遂立志兴学，创立私塾式的经学教育方式，其后各地清真寺竞相仿效，形成了具有中国伊斯兰文化特点的经堂教育制度，结束了回、东乡、撒拉等民族长期靠口授家传传袭信仰的历史。

经堂教育是甘肃古代教育的一个重要组成部分。信仰伊斯兰教的各民族，作为有专门教育设施、制度和教学内容的民族教育，是从经堂教育开始的，它是信教各民族自办教育的开端。它的出现适应了信教各民族社会发展的要求，为甘肃乃至中国伊斯兰教培养了许多人才，它在甘肃民族教育中占有重要的历史地位。

经堂教育对加强回、东乡、保安、撒拉等穆斯林民族各教坊之间，特别是宗教知识界之间的联系、交流，对统一回、东乡、保安、撒拉等穆斯林民族的宗教意识、宗教行为以及与伊斯兰教经典相结合方面，起到了一定的整合作用。

经堂教育虽对传播宗教知识、巩固和延续伊斯兰教、抵御封建王朝对信教民族的民族同化政策，促进各民族文化交流等方面起过积极的作用，但它毕竟是一种宗教教育。随着社会的发展，时代的进步，它的局限性也日益明显，其教育从形式到内容都不能适应近代教育发展的要求，“永久定守旧有的课题，不稍紊乱”的教育方式，不利于学习先进的文化科学知识，成为束缚信教民族的教育向前发展的一种阻力。这对信仰伊斯兰教各民族的进步繁荣是不利的。因此，在清末民国，一些信仰伊斯兰教的知识分子和开明宗教上层人士，积极展开了改革经堂教育，推行近代新式教育的活动。

第六节　藏传佛教寺院教育

甘肃的藏族，可以追溯到上古时期的羌、戎等部族。这些部族经过几千年的发展，并与其他各族融合，逐渐形成在甘肃省总人口中比例较大的少数民族之一——藏族。藏族主要分布在今甘南藏族自治州和天祝藏族自治县以及祁连山和陇南山区的部分地区。甘肃藏族和其他民族一样，也有一套自己的传统教育方式，其古代教育主要体现在拉卜楞寺寺院教育方面。

一　拉卜楞寺的组织机构及教育制度

拉卜楞寺，全名为“尕旦夏知布达尔吉扎西伊苏旗委琅”，简称“拉章扎西旗”，又因拉卜楞寺寺主第一世嘉木样曾学经于拉萨哲蚌寺扎西郭莽扎仓，出任过该扎仓的堪布，所以康藏地区的藏族群众习惯把扎西旗寺称为“安多扎西郭莽”（意为安多地区的吉祥多门院）。拉卜楞是“拉章”的变音，意为僧侣的宫殿。它位于夏河县城西北，建于康熙四十九年（1710），是我国著名的藏传佛教格鲁派六大寺院（其他五大寺院为甘丹寺、哲蚌寺、色拉寺、扎什伦布寺、塔尔寺）之一。

拉卜楞寺自嘉木样一世创建后，经历代寺主嘉木样大师和广大僧众200多年的不断扩建和完善，已成为包括显、密二宗的闻思、续部下、续部上、医学、时轮及喜金刚六大学院，108个属寺和八大教区的大型寺院，是西藏以外藏传佛教格鲁派的又一中心和西北地区最高佛教学府，其发展昌盛，为其他藏传佛教和寺院所不及，最盛时期，僧人达3600余人，从而赢得了“卫藏尼哇”（第二西藏）之称。

拉卜楞寺的建筑规模，到中华人民共和国成立前夕，建有经堂6座，大小佛殿48座。其用途可分为经堂、佛殿、囊欠、僧舍及其他五类。整个建筑宏伟壮观，庄严肃穆，具有鲜明的藏族风格和特点。在整体设计、建筑工艺、艺术风格方面都表现了极高的工艺水平。拉卜楞寺不仅是藏传佛教和宗教信仰中心，同时也是教育文化中心。

拉卜楞寺建立后，随着教区的不断扩大，辖寺的不断增加，寺院的组织机构也随着历代嘉木样而不断健全和完善起来。在二世嘉木样时期，拉卜楞寺的政教大权在嘉木样的直接掌管下，设有两套机构，即磋钦措兑和仲贾措兑，也指上、下议会。上议会系嘉木样的佛宫组织，负责嘉木样本人及嘉木样大囊的有关事宜。下议会是拉卜楞寺的最高权力机构，在嘉木样领导下，负责全寺宗教和财务。

到五世嘉木样时期，鉴于原来的组织人员多，机构庞大，不易领导，对拉卜楞寺的组织机构进行了调整，成立了由嘉木样亲自领导、襄佐主持的嘉木样办公厅，取代磋钦措兑和仲贾措兑两个机构，统辖寺院及部落的政治、经济、宗教、军事等大政。

拉卜楞寺的下一级组织是各个扎仓（学院），它是僧人学习的基层教务组织，即脱塞林扎仓，居玛巴扎仓、居多巴扎仓、吉多扎仓、丁科扎仓和曼巴扎仓等，分别学习教典佛经、教义，研习天文、历算、医药等。每个扎仓设有赤哇一人，管理本扎仓的一切事务。其下设格贵、翁则、吉哇和干巴等，分管扎仓内的学经、纪律、财务等事务。

格鲁派在其发展的过程中，逐渐形成了强大的“政教合一”的统治势力，在藏传佛教各派中处于压倒一切的优势。其寺院的教育体系之完整、规模之庞大、影响之深远，也是其他教派所不及的。拉卜楞寺的教育制度，主要体现在六大学院的教育上，在甘肃境内各格鲁派寺院中是很有代表性的。

藏传佛教格鲁派寺院，一般都是显、密双修的。而显宗学院则是格鲁派僧人学习的根本，在格鲁派寺院中占有重要的地位。下面就拉卜楞寺六大学院做一介绍。

1. 闻思学院

俗称大经堂，是拉卜楞寺僧人学习显宗的场所。一世嘉木样创建于康熙五十年（1711）。该学院规模之大、学级之多、年限之长、修课之繁，为其他学院所不及。本学院的一切规矩、律议，都是依照拉萨哲蚌寺郭莽学院的规矩进行。以研究三藏（论藏、律藏、经藏）、三学（戒律、禅定、胜慧）及四大教义（毗婆沙、经部师、唯识师、中观师）为主，通过师授、背诵和辩论的形式，达到通晓五大论——《因明论》、《般若论》、《中观论》、《俱舍论》、《戒律论》为要旨。因此，它的内容包括因明、般若、中观、俱舍和戒律五大部。这五大部为僧人必修课程，学级共分 13 级，一般最少需要 15 年方可学完。

因明部。全部学程为五年，分五个学级。一至四年级为集类，五年级为因明。所谓集类，是五大论的启蒙课程。所谓因明，即佛家逻辑和认识论。学习的教材主要以印度法称大师著的《释量论》和宗喀巴大师、甲曹杰、凯珠杰以及第一世嘉木样大师撰写的《因明论》、《因明大疏》为主，旁及印度有关著作和西藏各大寺著名学者的著作等。赛·俄旺扎喜所著的《集类论》，也是主修课程之一。

般若部。全部学程为四年，分为四个学级。所谓般若，意为智慧，达到彼岸的意思。学习的教材主要以印度弥勒著的《现观庄严本颂》，宗喀巴著的《现观庄严广论》、《金珠喜说论》，甲曹杰著的《现观庄严名义释广解》，第一世嘉木样著的《现观庄严论大疏》为主，旁及印度传译之名著和西藏各大寺著名学者的著作。

中观部。学程为二年，分为两个学级。所谓中观论，系佛教宗派之一。它取佛家常说的“断见”和“常见”两种见解的中间观点，即不断不常之折中观点，所以又叫中观学派，着重阐明信徒从发菩提心，直到佛果功德完成为止。学习的教材主要以印度龙树著的《中观本颂》，月称著的《中观明句论》，佛护著的《中观佛护释》，以及宗喀巴著的《入中论广释》和《入中论摄义》，甲曹杰著的《中观广论摄义》，第一世嘉木样大师著的《中论大疏》等，旁及印度传译和西藏各大寺著名学者之名著等。

俱舍部。四年学程，只为一学级。所谓俱舍，意为对法藏论，包括“颂”及“论”两种。学习的教材主要以印度世亲大师著的《俱舍颂》和《俱舍自解》为主，还有宗喀巴著的《俱舍论》及第一世嘉木样大师著的《俱舍大疏》、《教灯俱舍摄义》等，旁及印度传译和其他著作。

戒律部。只此一级，修业期限不定。所谓戒律，就是学习理论后，以修行持戒为主的学部。教材以印度功德光大师著的《戒律本有》为主兼及宗喀巴、甲曹杰、凯珠杰师徒三人所著的《菩萨戒释》和《比丘戒释》，以及第一世嘉木样大师著的《律部大疏》等。

学经僧人在闻思学院学习期间，主要是采取背诵和辩论相结合的方法进行学习。除背诵外，常以辩论为主要形式。辩论分为三种：第一种在讲经院进行，这是最普遍的一种。可分为三种情况进行，一是本级僧侣互相问答，答辩者1—2人，提问者不限；二是答辩者2人到上级班去辩论，由上级僧侣提问；三是答辩者2人到下级班去辩论，由下级级长或学习优秀者提问，其他僧侣也可发问。第二种是每年农历4月19日至24日举行的辩论大赛，寺主嘉木样活佛亲自主持。闻思学院高僧和僧侣全部参加，答辩者为五年级至十二年级的僧侣。提问者为各级级长，有地位的活佛以及推选出的优秀僧侣。第三种叫“磋朗”，意为法会的辩论，在七月法会和重大的喜庆日子里，在大经堂举行，由两人行走答辩，一人行中排道中，另一人行左排道中。一人发问，一人答辩。经过一个阶段后，则倒过来由后者发问，前者答辩。辩论者是僧侣中的优秀者，两旁高僧也可帮助提问者提出疑难问题。闻思学院僧侣这种独特的学习方法，富有启发性，它可以激发僧侣们的思考，开阔思路，对防止思想僵化具有积极意义。

闻思学院的学位分为三个等级——“然江巴”、“尕仁巴”和“多仁巴”。“然江巴”，指凡般若部毕业或六至十二年级的学僧，可以自愿申请，经法台同意，参加考取“然江巴”学位。考试科目以《因明论》和《般若论》为主。凡考试及格者，均授予“然江巴”学位。“尕仁巴”，指僧人学习到俱舍级完毕这一阶段的称谓。凡俱舍部学完四年功课者，全部为“尕仁巴”。“多仁巴”是闻思学院的最高学位，考生必须是俱舍部毕业者。但考取名额有限，且“尕仁巴”人数又很多，故轮到报考机会往往需要十多年，甚至几十年。“多仁巴”在正式考试前，还要经嘉木样大师进行预考，合格者方能参加正式考试。“多仁巴”考试全年分两次，一次在正月十七至二十一日，另一次在七月初九至十三日。考取名额，每年只有两名。“多仁巴”考试非常严格，所以僧人们考取“多仁巴”是非常困难的。如果取得“多仁巴”学位，便有较多的自由，寺院的一切经常性集会活动可不再参加，有的可著书立说，弘扬佛法，有的进入密宗学院修习密宗，有的便可被派为活佛的经师或属寺的经师等。

2. 续部下学院

系密宗学院。由一世嘉木样于康熙五十五年（1716）主持修建，是拉卜楞寺成立最早的学院之一。一般有僧人100余人，设初、中、高三个学级，修业年限要看每个人的勤惰与智慧而定。初级要求学僧必须背诵《怖畏九首金刚经》等六部经。升级时，必须背诵《大自在生起与圆满次第经》等三部经中的一部，方可升入中级。中级要求学僧必须背诵《集密自入经》、《烧坛经》、《续部经》、《佛赞》80卷，并要求学会用彩色细砂制造坛城。升入高级时，必须背诵《四注合解经》。高级按照《生起与圆满次第经》中规定的程序进行修习，每年2月通过密宗教义辩论考取“俄仁巴”学位，每次只录取1名。

3. 时轮学院

系密宗学院。是二世嘉木样遵照六世班禅罗桑华丹益西的法旨，于乾隆二十八年（1763）兴建的。该学院除学习有关的时轮密乘外，主要对时轮天文、历算，如三种日的概念、日月的位置、五星的位置及日食、月食等进行研究。学院有学僧100余人，分初、中、高三个学级，年限不固定。初级主要学习《妙吉祥名号经》、《无上供养经》、诸佛赞、五大护法的《满足心愿经》、《普济经简释》等，能背诵上述经者，方可升入中级班学习。中级要求学僧学习和背诵《时轮金刚经》、《证菩提经》。升高级班时，必须背诵《时轮金刚生起与圆满次第经》。高级主要学习天文、历算、声明、诗词、梵文及藏文书法等，并研究时轮金刚和怖畏九首金刚的生起与圆满之道。

4. 医药学院

建于乾隆四十九年（1784），是培养藏医药人员的专门机构，僧人除从事一般宗教活动外，主要学习藏医学名著《四部医典》和

《晶珠本草》等。

《四部医典》为吐蕃时期藏医玉妥·元旦贡布所著，是集藏医、汉医和印度医学医疗技术的理论，并加以选择自成体系的一部藏医学典籍。分为四部分。第一部分为总则部，完整系统地罗列了藏医理论体系的纲目，并用大树主干、枝叶来说明。医学院内墙壁上绘有这种图解。每株树之主干、分枝、叶片、花果均有定数，代表具体条目，并附以文字说明，条理清晰。第二部分为叙述部，系统地讲述生理、病理、药物、配方及治疗原则等。第三部分为秘诀部，论述各种疾病的分类及治疗等。第四部分为后序部，论述诊断、制剂、药物炮制、针灸、外科手术等。

《晶珠本草》是一部比较著名的药物学教材，记载的药物有2000多种，临床常用的有四五百种。

藏医学是我国医药学中的一个重要组成部分，至今已有1000多年的历史，它是藏族人民根据医学理论和藏区阴湿高寒的特点同疾病作斗争的经验总结，也是藏族同各民族之间文化交流的结晶。藏医理论体系有一个特点，就是以“龙”、“赤巴”和“瓦干”为中心的“三机”学说。它贯穿于生理、病理、诊断、治疗、药物、护理等各个方面，成为藏医药学理论的总纲。

医药学院也分为初、中、高三个学级。初级学僧必须背诵《皈依经》等六部经。中级学僧必须背诵《论读》、《药王经》、《马王白莲经》、《佛赞》80卷、《总药王经》，方可升入高级。高级主要研究《四部医典》及《菩提道次第广论》等。医药学院主要活动是由高级班优秀学僧向初、中级班传授医药技术知识。每年4月、6月和8月出外采药3次，根据采集的根茎、花叶、枝干标本，识别药物在不同生长季节的生态变化和药物性质；7月下旬进行药物炮制加工等。医药学院自创建以来，培养了大批藏医学人才，在防病治病方面发挥了积极的作用。

5. 喜金刚学院

拉卜楞寺密宗学院之一。四世嘉木样于光绪五年（1879）仿照布达拉宫南杰扎仓建立的。主要研究密宗喜金刚的生起和圆满次第之道，兼修天文、历算、藏文文法、正草书法、音乐、法舞等。

喜金刚学院分初、中、高三个学级，学习年限不固定。初级要求学僧主要背诵《无上供养经》等，并考试音韵、音乐等。升入中级时，必须背诵《金刚手大轮生起与圆满次第经》。中级主要学习汉历天文历算、藏文文法、书法、练习跳舞等。升入高级时，必须背诵《喜金刚生起和圆满次第经》，并要求学会汉历天文历算。高级要求学僧必须遵守“三律”，防止身语之恶行，多授灌顶口诀、禅坐静修密宗之道，以求正果。喜金刚学院每年 2 月考试一次，录取“俄然巴”一名。

6. 续部上学院

拉卜楞寺密宗学院之一，是五世嘉木样于 1941 年建成的。主要学习密宗、受法师之灌顶口诀，研究生起与圆满次第之道，修行密宗真谛。该学院分初、中、高三级，学习年限不固定。

该学院每年 12 月 11 日至 15 日举行辩论考试，取得“俄然巴”学位，但每年只录取 1 人。

在甘肃其他格鲁派寺院也存在类似寺院教育情况，但在学制、教学方法以及教学水平等方面，同拉卜楞寺寺院教育相比则远为逊色。僧人要深造时，必须到一些大的或著名的寺院去学习。

二　寺院教育的作用及特色

以拉卜楞寺为代表的藏传佛教寺院教育，有着悠久的历史。它的教育思想体系发展演变并渗透到信教民族社会的各个领域，具有浓厚的民族色彩和地方特点，对信教民族的思想文化有着重大影响和作用。

拉卜楞寺自建寺以来，培养出了一大批佛学造诣高深、医学和天文历算知识丰富的学者。历世嘉木样，尤以一世和二世最为著名。两位大师先后主持拉卜楞寺 50 余年，由于他们的不懈努力，使拉卜楞寺成为显密双修、机构严整、制度健全、治学严谨的宗教学府，为甘、青、川僧侣所敬仰，且以到拉卜楞寺学习为荣。拉卜楞寺人才济济，学者辈出，除一世、二世嘉木样外，还有贡唐・丹贝坚修、贡唐・贡却丹贝卓美、贡唐・罗哲、阿莽・贡却坚参、德哇・加洋土丹尼玛、火尔藏・久美日贝桑盖、哲贡巴・贡却旦巴然吉、拉科多吉强等，都是拉卜楞寺有声望的学者。他们之中有的对显密教义有精湛的研究；有的对藏医、藏药有很深的造诣；有的精通藏历天文历算；有的擅长藏文书法和诗韵等。

拉卜楞寺的学者的著述，为后世留下了一笔宝贵的财富。一世嘉木样一生著作甚丰，主要有《因明疏》、《因明探讨》、《佛历表》等15部。其中以五部《大论论疏》最为著名，被蒙藏地区很多寺院奉为课本。他于1716年所著的《佛历表》，上起藏历第一绕迥（1027），下至成书之前，按年记载佛教大事，如高僧大德的出生、入天，主要著作、各大寺院的修建情况都有记述，并收录同一事件的不同记载备考等，是一部研究藏传佛教历史的重要著作。二世嘉木样的主要著作有《第一世嘉木样传》、《塔尔寺志》、《班禅洛桑华丹益喜传》等。贡唐·贡却丹贝卓美学问渊博，著述达11部之多，精于中观论，他写的《世故老人箴言》、《水树格言》最为著名，脍炙人口，广为流传。其中《水树格言》被誉为继《萨迦格言》之后，又一部享有盛名的格言诗。哲贡巴三世丹巴然吉耗费12年心血，所著的《安多政教史》，是一部记述安多藏区佛教发展历史的专著，对安多藏区主要寺院的历史、佛教各派的著名人物都有较详细的记述，是研究安多藏区佛教历史的重要文献，在史学界享有很高的声誉。根据拉卜楞寺现已整理出的1万多册藏本目录统计，该寺学者及高僧大德著述者达30人以上，其著作达200余部。

拉卜楞寺保存了丰富的文化典籍。据统计，该寺现藏经卷约为6万册，为全国现有佛教寺院藏经最为丰富者。这些经书按其内容分为全集、哲学、密宗、医药、声明、历史、宗教、传记、工巧、历算、诗词等17类。有著作6163种，不同刻本6955部。为研究藏传佛教文化提供了丰富的文字资料。另外，拉卜楞寺还藏有金汁、银汁、珊瑚、松耳石、珍珠等粉汁写成的《金刚经》，有用黄丝线在黑缎上织的《善为经》，还保存有木刻经版7万余块，为研究藏传佛教文化，提供了实物资料。

作为藏传佛教文化的重要组成部分——寺院教育，在其发展的历史过程中，形成了一整套完整的教学体系，创造了独有的特点。

藏传佛教的寺院教育，大部分建立在自然的单一的畜牧业经济的基础上，深受佛教思想的影响。因此，反映在政治、观念、物质、制度等各种文化现象上，都或多或少地带有宗教文化的色彩。

藏传佛教寺院教育从其历史渊源上看，受到印度佛教文化和中原儒家文化的辐射和影响，但由于地理环境、社会生产方式的制约及传统思想的禁锢，一直保留着本民族的特色。

藏传佛教寺院教育过程中，显宗重理解，崇专精，尚背诵，而且有严格的考试制度和严谨的答辩程式；密宗则重修行，崇实践，修习经论，次第分明，先显后密，显密并重是其主要的特点。

学位级别分明，学制长而严谨，学程严格，教材固定，为藏区造就了一批学识渊博的饱学之士。同时，由于寺院的环境幽雅，学僧的日常生活有保障，他们中的好学者便专心于佛学的学业上，潜心攻读每一级学位，经历数十年的学习和修行之后，成为宗教学者，通过他们的努力，使佛学事业发扬光大。

参考文献

一　文献类

［1］《十三经注疏》，上海古籍出版社 1997 年版。

［2］《十三经注疏》整理委员会整理，李学勤主编：《周礼注疏》，北京大学出版社 1999 年版。

［3］《十三经注疏》整理委员会整理，李学勤主编：《孟子注疏》，北京大学出版社 1999 年版。

［4］（汉）司马迁撰：《史记》，中华书局 1959 年版。

［5］（汉）班固撰，（唐）颜师古注：《汉书》，中华书局 1962 年版。

［6］（宋）范晔撰，（唐）李贤等注：《后汉书》，中华书局 1965 年版。

［7］（唐）房玄龄等撰：《晋书》，中华书局 1974 年版。

［8］（北齐）魏收撰：《魏书》，中华书局 1974 年版。

［9］（唐）李百药撰：《北齐书》，中华书局 1972 年版。

［10］（唐）令狐德棻等撰：《周书》，中华书局 1971 年版。

［11］（梁）沈约撰：《宋书》，中华书局 1974 年版。

［12］（梁）萧子显撰：《南齐书》，中华书局 1972 年版。

［13］（唐）姚思廉撰：《梁书》，中华书局 1973 年版。

［14］（唐）姚思廉撰：《陈书》，中华书局 1972 年版。

［15］（唐）李延寿撰：《北史》，中华书局 1974 年版。

［16］（唐）李延寿撰：《南史》，中华书局 1975 年版。

［17］（唐）魏征、令狐德棻撰：《隋书》，中华书局 1973 年版。

［18］（后晋）刘昫等撰：《旧唐书》，中华书局 1975 年版。

[19]（宋）欧阳修、宋祁撰:《新唐书》，中华书局1975年版。

[20]（宋）薛居正等撰:《旧五代史》，中华书局1976年版。

[21]（宋）欧阳修撰，(宋）徐无党注:《新五代史》，中华书局1974年版。

[22]（元）脱脱等撰:《宋史》，中华书局1977年版。

[23]（元）脱脱等撰:《辽史》，中华书局1974年版。

[24]（元）脱脱等撰:《金史》，中华书局1975年版。

[25]（明）宋濂撰:《元史》，中华书局1976年版。

[26]（清）张廷玉等撰:《明史》，中华书局1974年版。

[27] 赵尔巽等撰:《清史稿》，中华书局1977年版。

[28]（唐）李林甫等撰，陈仲夫点校:《唐六典》，中华书局1992年版。

[29]（唐）杜佑撰，王文锦等点校:《通典》，中华书局1988年版。

[30]（唐）李吉甫撰，贺次君点校:《元和郡县图志》，中华书局1983年版。

[31]（北宋）王钦若等编:《册府元龟》，中华书局1960年版。

[32]（宋）宋敏求编:《唐大诏令集》，中华书局2008年版。

[33]（宋）王溥撰:《唐会要》，中华书局1955年版。

[34]（宋）司马光编著，(元）胡三省音注:《资治通鉴》，中华书局2012年第2版。

[35]（宋）司马光撰，邓广铭、张希清点校:《涑水纪闻》，中华书局1989年版。

[36]（宋）李焘撰，上海师范大学古籍整理研究所、华东师范大学古籍整理研究所点校:《续资治通鉴长编》，中华书局2004年第2版。

[37]（宋）乐史撰，王文楚等点校:《太平寰宇记》，中华书局2007年版。

[38]（宋）曾巩撰，王瑞来校证:《隆平集校证》，中华书局2012年版。

[39]（清）彭定求等编:《全唐诗》，中华书局1960年版。

［40］（清）董诰等：《全唐文》，上海古籍出版社 1990 年版。

［41］（清）吴广成撰，龚世俊等校证：《西夏书事校证》，甘肃文化出版社 1995 年版。

［42］（清）顾祖禹撰，贺次君、施和金点校：《读史方舆纪要》，中华书局 2005 年版。

［43］（清）张澍辑录，周鹏飞、段宪文点校：《凉州府志备考》，三秦出版社 1988 年版。

［44］陶保廉著，刘满点校：《辛卯侍行记》，甘肃人民出版社 2002 年版。

［45］袁珂校注：《山海经校注》（增补修订本），巴蜀书社 1993 年版。

［46］罗振玉、王国维：《流沙坠简》，中华书局 1993 年版。

［47］中国社会科学院考古研究所编：《居延汉简甲乙编》，中华书局 1980 年版。

［48］文化部古文献研究室、中国社会科学院历史研究所、甘肃省文物考古研究所、甘肃省博物馆编：《居延新简》，文物出版社 1990 年版。

［49］甘肃省文物考古研究所编，薛英群、何双全、李永良注：《居延新简释粹》，兰州大学出版社 1988 年版。

［50］谢桂华、李均明、朱国炤：《居延汉简释文合校》，文物出版社 1987 年版。

［51］甘肃省文物考古研究所：《敦煌汉简》，中华书局 1991 年版。

［52］吴礽骧等：《敦煌汉简释文》，甘肃人民出版社 1991 年版。

［53］张德芳、胡平生编撰：《敦煌悬泉汉简释粹》，上海古籍出版社 2001 年版。

［54］王尧、陈践编著：《吐蕃简牍综录》，文物出版社 1986 年版。

［55］王尧、陈践译注：《敦煌本吐蕃历史文书》（增订本），民族出版社 1992 年版。

［56］国家文物局古文献研究室、新疆维吾尔自治区博物馆、

武汉大学历史系编：《吐鲁番出土文书》，文物出版社 1991 年版。

[57] 黄布凡、马德译注：《敦煌藏文吐蕃史文献译注》，甘肃教育出版社 2000 年版。

[58] 上海古籍出版社编：《宋元笔记小说大观》，上海古籍出版社 2001 年版。

[59] 项楚：《敦煌变文选注》（增订本），中华书局 2006 年版。

[60] 唐耕耦、陆宏基编：《敦煌社会经济文献真迹释录》（第 2 辑），全国图书馆文献缩微复制中心 1990 年版。

[61] 郑炳林：《敦煌地理文书汇辑校注》，甘肃教育出版社 1989 年版。

[62] 河南省文物研究所、河南省洛阳地区文管所：《千唐志斋藏志》，文物出版社 1983 年版。

二　著作类

[1] 安作璋、熊铁基：《秦汉官制史稿》，齐鲁书社 1985 年版。

[2] 白滨编：《西夏论文集》，宁夏人民出版社 1984 年版。

[3] 陈寅恪：《隋唐制度渊源略论稿》，河北教育出版社 2002 年版。

[4] 陈梦家：《汉简缀述》，中华书局 1980 年版。

[5] 岑仲勉：《中外史地考证》，中华书局 2004 年版。

[6] 范玉梅：《裕固族》，中华书局 1975 年版。

[7] 葛剑雄：《西汉人口地理》，人民出版社 1986 年版。

[8] 郭厚安、陈守忠主编：《甘肃古代史》，兰州大学出版社 1989 年版。

[9] 郭厚安主编：《悠久的甘肃历史》，甘肃人民出版社 1988 年版。

[10] 甘肃文物考古研究所编：《秦汉简牍论文集》，甘肃人民出版社 1989 年版。

[11] 甘肃文物考古研究所、西北师范大学历史系编：《简牍学研究》（第 2 辑），甘肃人民出版社 1998 年版。

[12] 甘肃省图书馆书目参考部编：《西北民族宗教史料文摘·

甘肃分册》，甘肃省图书馆 1984 年版。

[13] 高荣主编：《河西通史》，天津古籍出版社 2011 年版。

[14] 汉语大字典编辑委员会编：《汉语大字典》（缩印本），湖北辞书出版社、四川辞书出版社 1992 年版。

[15] 侯丕勋：《汗血宝马研究》，甘肃文化出版社 2006 年版。

[16] 列宁：《哲学笔记》，人民出版社 1956 年版。

[17] 刘光华：《秦汉西北史地丛稿》，甘肃文化出版社 2007 年版。

[18] 刘光华主编：《西北通史》（第一卷），兰州大学出版社 2005 年版。

[19] 林幹：《匈奴史》，内蒙古人民出版社 1977 年版。

[20] 林耀华主编：《民族学通论》（修订本），中央民族大学出版社 1997 年版。

[21] 李并成：《河西走廊历史地理》，甘肃人民出版社 1995 年版。

[22] 李兴华、秦惠彬、冯今源、沙秋真：《中国伊斯兰教史》，中国社会科学出版社 1998 年版。

[23] “国立中央”研究所：《历史语言研究所集刊》第 19 册，商务印书馆 1949 年版。

[24] 宁夏文物管理委员会办公室、宁夏文化厅文物处编：《西夏文史论丛》（第 1 辑），宁夏人民出版社 1992 年版。

[25] 齐陈骏：《河西史研究》，甘肃教育出版社 1989 年版。

[26] 前田正名：《河西历史地理研究》，陈俊谋译，中国藏学出版社 1993 年版。

[27] 孙培青：《中国教育史》，华东师范大学出版社 1992 年版。

[28] 魏晋贤：《甘肃省沿革地理论稿》，兰州大学出版社 1991 年版。

[29] 吴廷桢、郭厚安主编：《河西开发研究·古代卷》，甘肃教育出版社 1993 年版。

[30] 吴正科：《黑水国古城》，甘肃人民出版社 1998 年版。

[31] 吴生贵、王世雄等校注：《肃州新志校注》，中华书局 2006 年版。

［32］王宗维：《汉代丝绸之路的咽喉——河西路》，昆仑出版社 2001 年版。

［33］王国华主编：《金张掖风情》，兰州大学出版社 1998 年版。

［34］武威市志编纂委员会编：《武威市志》，兰州大学出版社 1998 年版。

［35］薛英群：《居延汉简通论》，甘肃教育出版社 1991 年版。

［36］西北师范大学历史系、甘肃省文物考古研究所编：《简牍学研究》（第 1 辑），甘肃人民出版社 1997 年版。

［37］西北师范大学文学院历史系、甘肃省文物考古研究所编：《简牍学研究》（第 3 辑），甘肃人民出版社 2002 年版。

［38］西北师范大学文学院历史系、甘肃省文物考古研究所编：《简牍学研究》（第 4 辑），甘肃人民出版社 2004 年版。

［39］薛平拴：《陕西历史人口地理》，人民出版社 2001 年版。

［40］严耕望撰：《唐代交通图考》，上海古籍出版社 2007 年版。

［41］姚薇元：《北朝胡姓考》，科学出版社 1958 年版。

［42］杨建新：《中国西北少数民族史》，宁夏人民出版社 1988 年版。

［43］杨建新、卢苇：《丝绸之路》，甘肃人民出版社 1988 年版。

［44］杨建新、马曼丽主编：《西北民族关系史》，民族出版社 1990 年版。

［45］郁贤皓：《唐刺史考全编》，安徽大学出版社 2000 年版。

［46］袁行霈主编：《国学研究》（第四卷），北京大学出版社 1987 年版。

［47］袁祖亮：《中国古代边疆人口研究》，中州古籍出版社 1999 年版。

［48］袁林：《西北灾荒史》，甘肃人民出版社 1994 年版。

［49］周伟洲：《吐谷浑史》，宁夏人民出版社 1985 年版。

［50］周伟洲：《唐代党项》，广西师范大学出版社 2006 年版。

［51］洲塔、乔高才：《甘肃藏族通史》，青海人民出版社 2004 年版。

［52］中国长城学会：《长城国际学术研讨会论文集》，吉林人民出版社 1995 年版

［53］朱解琳：《甘宁青民族教育史简编》，青海人民出版社 1993 年版。

三 论文类

［1］安志敏：《甘肃山丹四坝滩新石器时代遗址》，《考古学报》1959 年第 3 期。

［2］安忠义、强生斌：《河西汉简中的蔬菜考释》，《鲁东大学学报》2008 年第 6 期。

［3］白音查干：《汉长城考察与研究》，《内蒙古师大学报》1987 年第 1 期。

［4］陈炳应：《西夏的诗歌、谚语所反映的社会历史问题》，《西北师大学报》1980 年第 2 期。

［5］曹隆恭：《关于中国小麦的起源问题》，《农业考古》1983 年第 1 期。

［6］陈守忠：《公元八世纪后期至十一世纪前期河西历史述论》，《西北师院学报》1983 年第 4 期。

［7］陈文华、张忠宽：《中国古代农业考古资料索引（12）——农作物》，《农业考古》1987 年第 1 期。

［8］陈溯洛：《甘州回鹘始末与撒里畏兀儿的迁徙及其下落》，《西北史地》1988 年第 1 期。

［9］陈剩勇：《清代社学与中国古代官办初等教育体制》，《历史研究》1995 年第 6 期。

［10］陈秀实：《汉将霍去病出北地行军路线考——〈汉书〉"涉钧耆济居延"新解》，《西北师大学报》1998 年第 6 期。

［11］陈时龙：《论明代社学性质的渐变与明清小学学制的继承》，《教育史研究》2000 年第 3 期。

［12］敦煌文物研究所考古组、敦煌市文化馆：《敦煌甜水井汉代遗址的调查》，《考古》1975 年第 2 期。

［13］甘肃省博物馆：《甘肃武威皇娘娘台遗址发掘报告》，

《考古学报》1960 年第 2 期。

［14］甘肃省博物馆：《武威磨嘴子三座汉墓发掘报告》，《文物》1972 年第 12 期。

［15］甘肃省博物馆文物工作队等：《永昌鸳鸯池新石器时代墓地的发掘》，《考古》1982 年第 2 期。

［16］甘肃省博物馆文物工作队：《甘肃永昌三角城沙井文化遗址调查》，《考古》1984 年第 7 期。

［17］甘肃省文物考古研究所：《永昌三角城与蛤蟆墩沙井文化遗存》，《考古学报》1990 年第 2 期。

［18］甘肃省文物考古研究所等：《甘肃民乐县东灰山遗址发掘纪要》，《考古》1995 年第 12 期。

［19］高荣：《汉代河西的行政区划、职官建置及其特点》，《西北史地》1997 年第 1 期。

［20］高荣：《汉代河西人口蠡测》，《甘肃高师学报》2000 年第 1 期。

［21］甘肃省文物考古研究所：《武威塔儿湾新石器时代遗址及五坝山墓葬发掘简报》，《考古与文物》2004 年第 3 期。

［22］《贤者喜宴》，黄颢译，《西藏民院学报》1981 年第 1 期。

［23］黄颢：《藏文史书中的弭药》，《青海民院学报》1985 年第 4 期。

［24］何双全：《居延汉简所见汉代农作物小考》，《农业考古》1986 年第 2 期。

［25］何立平：《略论西汉马政与骑兵》，《军事史研究》1995 年第 2 期。

［26］何双全：《甘肃敦煌汉代悬泉置遗址发掘简报》，《文物》2000 年第 5 期。

［27］金宝祥：《吐蕃的形成、发展及其与唐的关系》，《西北史地》1985 年第 1—2 期。

［28］金滢坤：《敦煌陷蕃年代研究综述》，《丝绸之路》1997 年第 1 期。

［29］靳桂云：《中国早期小麦的考古发现与研究》，《农业考

古》2007 年第 4 期。

[30] 劳干：《汉代兵制与汉简中的兵制》，《历史语言研究所集刊》1948 年第 10 期。

[31] 刘美崧：《回纥更名回鹘考》，《江西师范学院学报》1980 年第 1 期。

[32] 李古寅：《汉代河西军屯劳动者成份和生活状况》，《社会科学》1983 年第 4 期。

[33] 吕达：《元明清三代的社学考略》，《上海师范大学学报》1986 年第 3 期。

[34] 李璠：《甘肃省民乐县东灰山新石器遗址古农业遗存新发现》，《农业考古》1989 年第 1 期。

[35] 李并成：《河西走廊东部新发现的一条汉长城——汉揟次县至媪围县段长城勘察》，《敦煌研究》1996 年第 4 期。

[36] 李裕：《中国小麦起源与远古中外文化交流》，《中国文化研究》1997 年秋之卷。

[37] 李根蟠：《古籍中的稷是粟非穄的确证》，《中国农业科学》2000 年第 5 期。

[38] 刘满：《西北黄河古渡考（二）》，《敦煌学辑刊》2005 年第 4 期。

[39] 宁笃学：《民乐县发现的二处四坝文化遗址》，《文物》1960 年第 1 期。

[40] 唐嘉弘：《关于西夏拓跋氏的族属问题》，《四川大学学报》1955 年第 2 期。

[41] 魏怀珩：《武威皇娘娘台遗址第四次发掘》，《考古学报》1978 年第 4 期。

[42] 王炳华：《新疆农业考古概述》，《农业考古》1983 年第 2 期。

[43] 武威地区博物馆：《甘肃古浪县老城新石器时代遗址试掘简报》，《考古与文物》1983 年第 3 期。

[44] 武威地区博物馆：《古浪县高家滩新石器时代遗址试掘简报》，《考古与文物》1983 年第 3 期。

[45] 吴礽骧:《河西汉塞》,《文物》1990 年第 12 期。

[46] 王国华、徐万和:《浑邪王归汉年代辩证》,《西北史地》1996 年第 4 期。

[47] 王日根:《"社学即官办初等教育"说质疑》,《历史研究》1996 年第 6 期。

[48] 王昱:《再谈西平亭与西平郡城》,《青海民族研究》2007 年第 2 期。

[49] 徐乐尧、余贤杰:《西汉敦煌军屯的几个问题》,《西北师院学报》1985 年第 4 期。

[50] 西北大学考古专业等:《甘肃安西潘家庄遗址调查试掘》,《文物》2003 年第 1 期。

[51] 西北大学考古系等:《甘肃敦煌西土沟遗址调查试掘简报》,《考古与文物》2004 年第 3 期。

[52] 杨保隆:《高句骊族族源与高句骊人流向》,《民族研究》1998 年第 4 期。

[53] 赵丛苍:《西河滩遗址发掘主要收获及其意义》,《西北大学学报》2005 年第 3 期。

[54] 赵毅、刘晓东:《明代"社学"之社会属性辨析》,《东北师大学报》2007 年第 1 期。

后　记

1991年，我当中学老师时，在一份内部刊物上发表了一篇学术论文，虽是内刊，但看到自己的名字变为铅字时，心情无比激动；经过不断地努力，走上了一条焦虑、困惑、思索、艰辛之路；一晃20多年过去了，现已步入“知天命”之年，还一事无成，深感不安。如今，承蒙学兄刘再聪鼎力相助，西北师范大学协同创新中心大力支持，使拙作付梓刊行，在此深表感谢。

在书稿的完成过程中，恩师侯丕勋先生在百忙之中阅读书稿并作序，胡小鹏老师就书稿存在的不足提出了宝贵的修改意见，我所带的硕士研究生和本科生刘玉璟、孙亮亮、韦双龙、秦菲、雷兴鹤、王志达帮助收集资料，并写了一些章节的初稿，在此一并致谢。

书稿即将刊行，但因本人学识、能力有限，还存在许多不足，敬请方家不吝赐教批评指正。

这部书稿可看作结点，也是起点，学术研究永无止境，需要不断认识、思考、深化与提高，“路漫漫其修远兮”，我将不断地去追求和探索。

黄兆宏

2015年12月30日